近世民衆宗教と旅

幡鎌一弘 編

山形隆司—荻野裕子—望月真澄—
青柳周一—神田秀雄—兒山真生—北川央

法藏館

はじめに

幡鎌一弘

天理大学おやさと研究所は、天理教教義および伝道論を中心に、宗教・地域を調査研究している研究機関である。その定例の活動の一つとして、宗教研究会を組織し、テーマを絞りながら議論を重ねてきている。本書は、二〇〇五年度から二〇〇七年度に行なっていた宗教研究会「都市と旅――巡礼・布教――」の報告書である。

企画にあたり、関心事を羅列したような文章だが、以下のように簡単な趣意書を作成した。

今回の研究会では、近世から近代初期における宗教展開を分析する一つの切り口として、「都市と旅」をキーワードとする。

「都市」と宗教の関係では、城下町などが発展し、そこで流行神が勧請され（あるいは勧請されたものが流行する）、人々の大規模な参詣行動が引き起こされたという点があげられる。そもそも、人々を特定の霊場に引き付け、そこに宿泊施設などが形成されることには（門前町の形成）、都市的な要素を含みこんでいる。

もっとも、これを都市と農村というような二項対立的に把握することなく、人・物・情報出版の流れが都市の文化・意識を地方にもたらしていく、生活の「都市化」の問題として考えていきたい。流行神がしばしば廃れるような、変動の大きさもまた都市的な要素として視野に入れたいし、金光教・黒住教・天理教といった教派神道が、明治初期に大阪で大きく展開していたことについても注意しておきたい。また、名所図会や独案内の類によって、旅行情報が共有化され、それをもとに名所旧跡を旅する行為などが近世社会で一般に見られるようになる。旅に対する人々の意識は大きく変化していたと思われる。

「旅」には、巡礼・観光・布教という要素が含まれている。近世においては、西国・坂東・秩父・四国などの霊場をめぐる巡礼が盛んに行なわれた。近世中期には、行旅難渋者の対応が整備されたこともあり、伝統的な聖地だけではなく、富士山や大山あるいは金毘羅などへの参詣が、江戸・大坂などの大都市と結びついて発展した。もちろん、巡礼の形態には変化があり、また信仰に基づくものとは限らず、多くは観光化していった。

一方、勧化が江戸幕府によって体制化され、多様な宗教者が勧進をしながら村々を廻る光景が目立つようになった。伊勢・熊野・出雲などの御師の配札活動があり、あるいはねだり・たかりの類として村方から排除されるような者がいる一方、宗教者の旅行が人々の新たな信仰心を喚起した例もある。また、日蓮宗の千カ寺参りや黒住教の伊勢参り等、旅は信仰上重要な修行の一つである。

平田篤胤などの旅は自らの知見を広げるだけではなく、理解者（信者）の獲得に大きな力を持った。また、吉田家・白川家という神道の家元は順在という役人の地域派遣によって、配下の獲得や組織の引き締めを行なっていた。これらには、しばしば講釈などが伴っていた。

旅を金銭的に保障する「講」組織も、信者組織としての「講」と重なっていることも注意しておきたいし、各地で施行宿がいとなまれていた。

このように、「旅」あるいはそれを保障するいくつかの機構をツールとして、近世の宗教は展開しているといってもよいし、そのこと自身「都市化」と呼んでもいい現象だと思われる。やや議論をひろげれば「近代化」と結びつく。民衆宗教の布教のあり方もそこを基点として展開している。

上記のような問題関心から、歴史学・宗教学・民俗学の研究者と共同で、近世から近代に日本における宗教の多様な側面を展望してみたい。

一言でまとめてしまえば、対象とする分野や方法は異なりながらも、「旅」という言葉のなかに、巡礼・布教・観光など多様な概念を含めて共通の論点とすることで、近世から近代にかけて展開した宗教・信仰の動態あるいはそれを受容する地域をめぐって、新たな論点を見出すことができるのではないか。あるいは個別の宗派史研究にとどまりがちな研究成果を、押し広げて議論できるのではないか、と考えてみたのである。

このような企画段階での問題意識を、もう少し具体化したものが幡鎌の小論である。ここでは、重複する議論をして無駄な紙面を費やすことを避け、まずは、幡鎌以外の本書所載の各論文を簡単に紹介しておこう。

最初の三論文は、直接・間接に富士山への登拝に言及する論考である。従来の民衆宗教論で注目されてきた江戸の富士講とは違ったイメージを提供してくれている。

山形隆司氏「近世における畿内からの富士参詣とその信仰――大和国を中心に――」は、従来全く注目されていなかった大和国における富士信仰を掘り起こした。そして、それが、独自の教義や信仰行動を培った関東の富士講と異なり、山上講（大峯信仰）の基盤の上に成り立ち、それと融合していたことを指摘している。

荻野裕子氏「富士参りの歌——伊勢志摩からの富士参詣——」は、富士参詣が盛んな伊勢・志摩からの富士登山の行程を復元し、「富士参りの歌」に歌われた秋葉山・鳳来山などの参詣が、実際の道中記に含まれていることを示した。そして、このような歌には、参詣者の安全祈願や参詣できない者の模擬体験としての意義があるとまとめている。

望月真澄氏「江戸庶民の身延山巡拝——法華信仰の形態を探る——」は、江戸の法華信徒が身延山へ参詣する信仰形態を扱ったものである。江戸から甲州街道を通り身延山に登った後、東海道側へ下りて江戸に帰る巡拝のなかで、法華信徒が、各地の法華霊場のみならず、富士山を含めた一般の名所・旧跡をめぐっていた実態を明らかにしている。

次の青柳周一氏「一八世紀における地域の「成り立ち」と名所——下坂本村と唐崎社について——」は、前三論文で取り上げられたような参詣者を受け入れ、観光地的な性格を帯びた地域社会に視点を置いた立論である。北国街道沿いにある名所としての唐崎と下坂本村との関係を、宗教者を含めて多角的に論じ、参詣者のもたらす利益が地域社会で共有化されていくことを明らかにした。

次の二論文は、典型的な民衆宗教の成立と伝播を扱ったものである。

神田秀雄氏「化政期における社会的交通の展開と民衆宗教の成立——如来教の事例に即して——」では、江戸と上方の中間に位置し、経済的・文化的拠点であった名古屋という背景を重要な要素として、如来教の成立と展開を論じたものである。そして、如来教を、近世社会における都市と交通の発展をつぶさに反映したものであり、創唱宗教の近世的な展開をもっとも典型的に表す事例と結論づけた。

児山真生氏「旅する信仰——明治期四国地方の金光教を事例に——」では、初期の金光教が金毘羅や西国札所の巡礼あるいは廻船問屋や商人などを媒介として広がり、瀬戸内海が信仰の出合う空間であったことを指摘した。あわせて、教派意識とは別の位相において、信仰が地域社会に受容されていることを明らかにした。

最後の、北川央氏「関東における大神楽事情――伊勢・江戸・水戸、三つの大神楽の関係――」は、芸能者を専論としたものである。江戸の大神楽が伊勢神宮・熱田社に発し、それぞれの信仰を背景に展開する一方、水戸大神楽が西宮社の戎信仰を背景としている事実を紹介して、関東の大神楽に関する通説の修正を迫っている。

議論の詳細は、個別に論文を味読していただくしかないが、道によって結ばれ都市的な要素を持った地域社会のなかでの民衆の活動が、宗教の成立や成長を促し、あるいは民衆の活動を通して教えが受容されていったことが示されている。同時に、個別宗派の問題となりがちな民衆宗教（如来教・金光教）や日蓮宗を、都市生活のなかで広く位置づけることができたのではないかと思っている。

次に、本書のテーマである旅を俯瞰する意味をこめて、旅にかかわる史料として、近世後期から明治初年に作られたいくつかの定宿帳を参照してみることにしたい（断りのない限り天理大学附属天理参考館所蔵）。

一つ目は、天保一〇年（一八三九）に発行された「浪華組道中記」である。浪華組は、文化一三年（一八一六）に大坂の松屋源助が、伊勢講の定宿を参考に、安全な旅行を保証するために結成した宿屋組合である（今井金吾監修『道中記集成　第三九巻』大空社、一九九七年）。この「浪華組道中記」には、大坂・江戸を始点として、東海道・中仙道などの主要街道と畿内の参詣道が記されている。

本書にかかわる記述をいくつかあげてみよう。最初にでてくる東海道を西に向かうと、関（三重県亀山市）を過ぎて「右いせ参宮道」がある。北川氏の伊勢信仰にかかわる道である。

東海道の蒲原（静岡県静岡市清水区）を過ぎたところの岩淵に「此間ふじ川あり、舟わたし、左り川つ、ミあがれば、ミのぶ参詣道なり」と記されている。あるいは「甲府郡内通り江戸道」（甲州街道）の大月（山梨県大月市）のところには、「右ふじ山みち」とあるのは、望月氏の論じる身延山・富士参詣の道である。

中仙道では、脇街道の「中仙道垂井宿より名古や道」（美濃路）と「名古やより中仙道大井迄」（善光寺道）、あるいは善光寺・諏訪社への参詣道が付け加えられている。神田氏によって、如来教の教えが広がったと指摘された道筋である。

大津から敦賀へ向かう「西江州道中記」（北国街道）では、唐崎の休み所としてかぎや庄兵衛、下坂本の宿屋に新まや新太郎が書き上げられている。青柳氏の論考が直接対象とした場所である。

大坂近辺では、伊勢・奈良・京・高野山・大峯山・和歌山などを結ぶ多様な道筋が示されるが、大峯信仰は山形氏が大和の富士信仰の基盤として指摘している。讃岐国金毘羅や阿波国撫養への船宿は、児山氏が扱った金光教の伝播に重要な役割を果たした。

二つ目は、嘉永四年（一八五一）「道中細見定宿帳」である（大阪府立中之島図書館所蔵）。先の浪華組が改称した浪花講や関東講あるいは東国組・仲吉講がかかわって、富士谷東遊志が編んだものである。ここでは、奥州筋・西国筋が加わって東北から九州までのかなりの範囲が網羅されている。

この冊子の「東海道之部」にある「甲府より身延山参詣、東海道岩渕沖津迄」は、望月氏の論考で取り上げられた道である。また、「掛川より秋葉鳳来寺参詣御油迄」は、荻野氏が扱った富士参りの歌に歌いこまれた参詣道である。甲州街道は、「江戸より甲州郡内通り中仙道下諏訪迄」と記されるが、幡鎌の扱った野田成亮は、この道を通って信濃から甲斐に入り、江戸へ向かっている。

このように、本書で扱われた事例は、定宿帳という小さな冊子の内容と少なからずリンクしている。宗教の展開と旅とが密接にかかわっていることを傍証していよう。

同じく幕末のものと思われる折本形式の「浪花講定宿付」をみれば、伊勢・高野山・住吉社では御師や宿坊が名を連ねている。寺社も浪花講の一員として欠くべからざる要素であった。御師や宿坊にとっては、浪花講によって確実に参詣者を獲得することができたに違いない。

付け加えるならば、嘉永四年の「道中細見定宿帳」にも掲載された京の伊勢参宮西国順礼五軒屋仲間は、上京した人々の神体勧請や守札下付などの願い出を、神道の本所である白川家に取り次いでいた。神道の発展もまた宿屋によって支えられていたことになる（幡鎌一弘「徳川時代後期の神道と白川家」『天理大学おやさと研究所年報』第一二号、二〇〇六年）。宿屋で紹介される案内人までを視野にとれば、参詣人と寺社とを媒介する宿屋が、都市における寺社の存立構造に不可欠のものになっていたといっても過言ではないだろう。

民衆宗教にとっても事情はさして変わらない。明治七年（一八七四）九月の「黒住講定宿記」は、岡山の吉田庄吉を発起人、三宅忠兵衛・丸亀定宿中を世話方として発行されたものである。岡山の黒住本講社、京都神楽岡の宗忠神社が含まれ、姫路を経て大坂、京、伊勢へと向かう道筋に宿屋が指定されている。幡鎌の小論で紹介したように、黒住教は伊勢参詣を重んじている。ところが、この定宿記には、徳島撫養から丸亀までの四国の宿屋、岡山では下村・田の口から由加神社（神仏分離により兪伽山蓮台寺から分離）が加わっている。そもそも丸亀定宿中が世話人だったように、金毘羅参詣の宿屋・船宿が、黒住講社を支える重要なシステムとして利用されていたのである。金光教同様、黒住教の参詣行動や信仰の伝播に宿屋が果たした役割は小さくないだろう。

最後に、明治二〇年ごろと思われる灯籠講の定宿帳をみてみよう。これは岡山・金毘羅から伊勢へ至るものだが、名所に該当する部分に、岡山の黒住神社（明治一八年に完成した宗忠神社）、大和では大日本神武天皇御陵が加わっている。また、楠公の石塔と説明されていたところは楠神社（湊川神社）となっている。つまり、伝統的な名所に新たに国家神道・民衆宗教（教派神道）が書き加えられてきているのである。宿屋のネットワークは、これらを名所として並列的に認識させ、人々を旅に誘っていたのである。

これらの定宿帳に登場した宗教を、たとえば国家神道・教団仏教・民衆宗教・民間信仰というように、全体構造として重層的に把握するのが歴史学の常套手段だろう。しかし、現実には、この定宿帳のように、それらがどこかで並列的にも認識されていたのではなかろうか。

本書の構成は、定宿帳のように並列的であり、それは歩いて旅する民衆の感覚に近いものだと考えたい。しかし、逆にいえば、構造的な把握に弱さを持っているということになるが、それはひとえに編者の力量不足である。読者の忌憚ないご意見を賜りたい。

近世民衆宗教と旅＊目次

近世民衆宗教と旅

旅からみる近世宗教

幡鎌一弘

旅は明らかに、すべての社会的構築物に含意されている前提——個人とは、ひとつの真実の、一貫した人格と性格をもっているものである——を覆す働きを持っている。

（エリック・リード『旅の思想史』[1]）

民間宗教者は、少なからず説経節や加持祈禱によって定住民を脅かしたり、あるいは死のイメージを語りこんだりして、はったりを利かせたたくみな善意と悪意を突きつけつつ宗教活動を展開したわけである。

（西海賢二『近世遊行聖の研究』[2]）

はじめに

近世社会では、多くの人々が寺社に参詣しただけではなく、回国し、旅を生業にする民間宗教者が多様に存在した。豊かに展開する近世の旅と宗教との関係については、歴史学・宗教学・民俗学・地理学あるいは都市史・交通史・芸能史・巡礼研究など、実に多様な分野から多様な方法でアプローチされている。

限られた紙面での研究史整理は容易ではないが、[3] さしあたり出発点としたいのは、西山松之助氏の「行動文化論」である。江戸庶民が、神社・仏閣への参詣、湯治、納涼、開帳など多様な文化的行動に加わったことをとらえ、自己解放であり、身分階層を逆転させるものと把握されている。[4] さらに原淳一郎氏は、ここに身体的自己解放(信仰性)と精神的自己解放(行楽性)の二つを導入して議論を深めた。[5] 宗教と旅の関係を考えようとする本稿において、旅に伴う自己同一性(アイデンティティ)の流動化という側面は、重要な論点になるからである。

この点をさらに深めるために、エリック・リード氏の『旅の思想史』におけるキーワードである mobility という用語を参照してみたい。彼のいう mobility は、旅の構造(旅立・移動・到着)に一貫して働く変化の力を指している。実際には、「移動・流動・遊動・機動」などと訳し分けられているように、含意するところは多岐に及ぶ。本稿で彼の mobility に注目するのは、主に二つの理由による。一つには、エピグラフに記したようなアイデンティティの問題と密接にかかわる点、二つ目に、近世の旅における mobility つまり移動の意味の大きさという点からである。

第一の点は、mobility の過程での多様な環境への順応が、自己同一性(アイデンティティ)の流動化をもたらすというだけではなく、自己同一性の概念を根本から揺るがしているところにある。生きるため、旅先の土地に対応するために、それぞれで自らの姿を変えるのが旅人だと、リード氏はとらえるのである。共同体と主体(個人)とは対立するもので、共同体から自立するのが主体であると考えるのではなく、基盤となる共同体があって初めて主体は立ち上がってくる。[6] このような近年の社会学の理解と共通し、旅は、主体を生み出す共同体をつぎつぎと取り替える営みにほかならず、主体に強い影響を与えるのである。

右の視角は、思想史研究と結びつけられることで、いっそう意義を高めるだろう。八木清治氏が、思想史研究において、「多様な人々の移動経験のもつ思想史的意味を考察する機会を逸している」と評しているように[7]、旅と思想との関係はいまだ可能性の残された分野である。しかも、旅することによる思想形成と同時に、形成した自らの思想を宣布する活動も、旅には伴っている。思想（belief）の深化と実践（practice）とが折り重なりながら、思想家・宗教家として成長するということを、本稿では考えたい。さらに庶民レベルへの教えの宣布は、しばしば講釈や説経節と同じ手法がとられる点にも注意すべきだろう[8]。同時にこれを「布教」と考えれば、浄土真宗などの教団宗教、あるいは近世後期から近代に急速に発展した民衆宗教のそれにも直結していくのである。

第二の点は、近世の旅の形態に深くかかわっている。そもそも、幕藩体制においては、都市(城下町)に政治・軍事・経済・文化が集中的に配備されていくから、農村との間を結ぶ道の機能は社会を成り立たせている根幹でもある[9]。河・海を利用した舟運も展開するが、移動手段は基本的に徒歩であった。

一般的にいって、旅には、離れた土地に①「いる」ことと、②「移動する」ことの二つの意味があるが、徒歩を主要な交通手段とすれば、「移動」（mobility）のプロセスのほうが時間とエネルギーのかなりの部分を費やすことになる[10]。たしかに、たとえば伊勢・京都・大坂・金毘羅などを巡るようにして旅していくことをみると、大局的にみれば、移動は主要な目的地を結ぶ経過にすぎないかもしれない。しかし、現実には、移動するなかで新たな目的地が発見されているのではなかろうか。

一方、旅人を受け入れるシステムは、近世社会において広く展開していた。青柳周一氏の「観光地域史」は、大量の観光客(ゲスト)とそれを受け入れる地域社会(ホスト)の関係から検討を加えようという提案である[11]。ただ、近世的な旅の性格を考えると、鉄道網が発達し駅を基点に観光客が移動する近代社会とは異なり、あらゆる道筋は人々が通り過ぎる場所ではなく、いわば途中下車可能な場所として、多かれ少なかれホストの機能を持つことになるといわざるをえない。旅人であるゲストを迎えるホストの役割は、観光地の限定された場所にあるのではなく、今日以上に広く街道に沿って展開していたと思われる。さらに、回在する宗教者(ゲスト)を迎え入れ、行倒れを送り継ぐ村(ホスト)の機能などまで視野を広げれば[12]、ゲストとホストとの関係は、近世社会において張り巡らされた道に沿うように、構造的に広がっている問題といってもよいだろう[13]。

だとすれば、徒歩によって旅するゲストは、ホストとなる地域社会と濃厚な関係を持つことになる。再び第一の点に立ち返るならば、地域社会であるホストがゲストたる旅人に及ぼす影響――アイデンティティの流動化――は、徒歩であるがゆえに、鉄道・自動車・飛行機など近代的な交通手段に慣れきった私たちとは、全く異なる次元で起こる可能性があった、と仮定できるのである。

以上のような問題設定から、本稿では、旅する宗教者の、その旅の現場を、①受け入れる側の村・町あるいは家(ホスト)の立場、②宗教者(ゲスト)の実際の行動とその意識、に注目しながら議論する[14]。

そこで、さらに具体的に以下の二点について留意したい。第一に、ゲストである宗教者については、桂島宣弘氏や神田秀雄氏の方法を戦略的に取り入れ、民間宗教者(修験者)である野田成亮と国学者である平田篤胤という一見異なったタイプの人物を取り扱う。桂島宣弘氏が、従来別々に扱われてきた国学と民衆宗教とを思想史の次元で統合させ[15]、神田秀雄氏が、徳本らの民間宗教者・平田篤胤・如来教を、具体的に人々が救済を求めた一九世紀の社会という共通の土俵において検討した[16]、その顰《ひそみ》に倣おうというわけである。私もまた、巡礼・参詣(pilgrimage)、観光(tourism)、布教(mission / propagandism)、勧進(solicit contributions)・托鉢(mendicant)など多様な局面を持つ旅(mobility)に着目して、身分制を重視する歴史学研究と思想史研究――前者がpracticeを、後者がbeliefを重んじる宗教研究[17]――といった区分を乗り越え、宗教と旅に関する学問分野の壁を流動化させてみたい[18]。

第二に、多様な宗教者が回在し、あるいは多様な宗派の参詣講が展開していたことは周知に属するが[19]、宗派にかかわらず、旅を支え講釈（教義）を受け入れていくホスト側に共通する文化的次元に注目する。その際、本稿で扱う一九世紀の社会は、すでに庶民の間で旅行経験が一般化し、さらにいろいろな出版物が普及している。つまり、都市文化が広範に展開し、吉田伸之氏のいう「『江戸』の普及[20]」が、すでにかなり進んでいる時代だと押えておきたい。そして、そのことが旅人にどのような影響を及ぼし、彼らの思考や行動を拘束していたのかに注意を払いたい。

一　ホストの立場――丹後宮津の事例から――

ホスト側の定点観測をするために、丹後国宮津山王社神主牧家の日記を紐解いてみよう[21]。寛政期（一七八九～一八〇一）以後、神主の牧家が吉田家の配下であったことから、吉田家学館の玉田永教の神道講釈や（寛政一〇年一二月）、吉田家の大角東市が来訪して宮津藩神職を組織化したことがあったが（文化元年〈一八〇四〉一〇月）、天保期（一八三〇～四四）以後、知識人の来訪が記されるようになる。

たとえば、天保三年九月二一日にやってきた京都西陣天道社小笠原隠岐は古代語の研究家であるという。日記には「真ニ偏痴奇ノ学也」と感想が加えられている。吉田家学館玉田司馬之助は、弘化五年（一八四八）正月から二月にかけて訪れた。花道の家元である園家の門人錦章亭が、市中の門人とともに拝殿で活花をするというパフォーマンスもあった（安政五年〈一八五八〉五月二八日）。国学者の中園愛種は嘉永三年（一八五〇）五月から安政二年にかけて、たびたび訪問している。須磨琴の弾手で伊予国の神主真鍋豊平[22]（千疋神社神主、弘化四年八月一七日）、阿波国の平田篤胤門人で古代文字研究の岩雲花香（安政四年八月一八日・文久三年〈一八六三〉一二月二一日）、神道国教化政策に影響を与える大国隆正（安政七年九月一九日）などが立ち寄った。これらに具体的な記述はないが、一夜の宿の合間にそれぞれの教説の講釈はあっただろう。

以下では、講釈の具体的な様子がわかる一、二の事例を追ってみよう。

吉田家学館の木村茂手伎は、元治二年（一八六五）五月にやってきた。講釈は、五月六日の夜に始まっている。講師謝礼は氏子の負担だったようで、神主が依頼して町人から集め、一〇〇疋が支払われた。鳥居に講釈開催の旨を掲示し、六日夜に一〇〇人、七日夜にも八〇～九〇人が集まった。八日夜にはいったん城下の別の神社（分宮）へと席を移したが、町方から「天満宮御伝」のリクエストがかかり、一〇日に再び牧家で講釈が行なわれている。単に講釈を聞くという受身の姿勢ではなかったわけだ。講釈が夜行なわれるのは仕事に差し支えないための配慮だが、町方から要請した天神の講釈は昼間行なわれた。

ところでなぜ、天神の講釈がリクエストされたのだろうか。いうまでもなく、天神は、手習い・学問の守護神として寺子屋に祭られた最も身近な神である。寺子屋の教育の普及とともに天神信仰も広がり、浄瑠璃「菅原伝授手習鑑」も創られていた[23]。さらに吉田家の学館玉田永教には『菅家世系録[24]』、平田篤胤には売れ筋の著作『天満宮御伝記略[25]』があり、庶民教化の定番であった。リクエストをかけた町人は、定番の演題だということを承知していただろう。リクエストされた講師には、それに見合った語りが要求されることはいうまでもない。

同じように、たくさんの人が集まって行なわれた講釈が、ほかに二つある。一つは、心学講釈である。天保一五年（一八四四）一一月一日、城下の別の神社に来ていた手島・梅本といった心学講釈を氏子の町々が呼んで、牧家において行なわれることとなった[26]。講師が城下に来訪しているのを聞きつけて、氏子が呼び寄せたのである。二日、朝から組頭が来て準備をし、昼過ぎから子供相手の講釈が行なわれ、五つ前から四つ（午後七時～九時頃）には大人相手の講釈があった。翌三日にも同じように午後は子供、夜は大人の講釈で六〇〇人が集まった。四日には、昼間は志のある人のために席を分け、「心の講釈」あるいは「心学手引」を説き、夜は前日と同じように講釈が行なわれた。心学の講師は、大衆への語りと熱心家への教え、子供への話に分けて対応していたのである。

もう一つは、京都を中心に活動した黒住教の赤木忠春を招聘した時である。赤木忠春は、黒住宗忠の没後、京都で吉田家に対して霊神号・明神号を宗忠に与えるよう交渉していた。拠点となった吉田村には「神道講釈」の看板を掲げたという[27]。嘉永五年五月一四日、そんな赤木が、近郷の石田村・岩清水村の商人宅に逗留しているのを知った山王社の神主は、わざわざ面会に行った。ここには神職仲間や和歌会などでの知己がいたから、噂を聞きつけたのだろう。牧は、一七日に誓紙を捧げて彼に入門し、自らのところで講釈するよう招待した。二一日から行なわれた昼夜の「講談・御まじない」では、参詣人がおびただしく集まったと記している。「御まじない」とは黒住教の呪術的な救済行為（禁厭）のことをさしている。二二日には講座は昼夜三座、二三日は昼二座行なわれた。一〇月に再び来訪したが、この時には聴聞は少なかった。

牧家での講釈はなかったが、翌嘉永六年四月一三日、二代目黒住宗信は伊勢参宮の帰りに宮津に立ち寄っている。日記には、「備前国黒住先生伊勢参宮之帰、当国へ茂被寄、今日島谷へ被着候、参宮之供いたし信心者千余人古今無双之参宮之由申候」と書き留められている。一〇〇〇人が、高弟を中心に一組五〇人、二〇組分けられ、幟を立てて参宮、さらに京都から天の橋立まで行き、備前に帰国した大旅行だった[28]。

このように、時期はズレているものの、吉田神道・石門心学・国学・民衆宗教（黒住教）の講釈が、同じ屋敷で行なわれていた。たしかに、黒住教は吉田家の配下になっていたし、平田国学も吉田家の学に採用されていたという点では、心学を含め同じ神道系の学とみることができるかもしれない。とはいえ、私たちはしばしばこれらを、別のジャンルの学として整理し理解しようとしている。しかし、当時の人々に、そもそも大きな懸隔はなく、かつまた講釈を受け入れる方法にもさして違いはない。

最後に、回在する宗教者が、新たな宗教の萌芽となった事例を付け加えておこう。「牧家日記」天保一五年六月七日条に、千カ寺（日蓮宗の回国修行者）が病人を拝み回り、狐憑きを引き起こしていたことが記されている。嘉永二年、宮津からやや離れた網野村で、同じ天保一五年に、やはり千カ寺を百姓久左衛門が家に泊めたことをきっかけとする事件が起こった。この二つの事例はおそらく関係があるだろう。

嘉永二件の事件とは、以下のようなものだった。この千カ寺が所持していた鬼子母神の絵像を同家にあった大黒天の絵像と取り替えたところ、一〇年来の女房の病気が治った。女房は鬼子母神の絵像を厚く信心し始めてしまう。家内の神を千カ寺によってもたらされた来訪神（鬼子母神）と取り替え、家の神を祭る場所を神殿と位置付けなおし、井戸を掘り替え、土蔵を新築するなど屋敷を模様替えした。そして霊験の噂を聞きつけて参詣してきた人たちを泊め、鬼子母神を信仰させ始めたのである。ところが宮津藩は、いち早く人々を誑惑するものと判断してこれを禁圧し、女房を追放、関係者も処罰したのである[29]。教団化を果たす前に弾圧されてしまった事件ではある。しかし、止宿した民間宗教家（千カ寺＝ゲスト）はホストとなった家の民俗宗教（大黒天）を否定しつつ、そこに新たな霊験を発生させた。島薗進氏のいう教団宗教と狭義の民間宗教の間の習合宗教の次元を、回在する宗教者が担ったといってよかろう[30]。

このように、民俗宗教から先鋭的な国学の次元までの多様な宗教・思想が、旅する宗教者・思想家によって地域にもたらされていた。ホストとなる村や町あるいは家の側からみれば、宗教者（ゲスト）が巡業し、地域がそれを受容して宿を貸し、拠点となる場所で講釈が行なわれるという構造は、宗派が違ってもさして変わらない。一九世紀は、おそらく講釈が地方で重ねて行なわれる時代であり、会場となる場所――多くは町・村の有力者の家である――を基点に、多様な教説がせめぎあっていた時代なのであろう。そして最終的な思想の選択権はホスト側にあり、宗教者・思想家はホストに対して自己の有用性を示さなければならなかったのである。

また、講師となる宗教者・思想家は、山王社へ立ち寄ろうと当初から考えていたばかりではなく、来訪を聞きつけた町方や神主が招聘した場合もあった。講師の旅行はある拠点なり地域なりを目指して向かってはいるものの、その先々では、その地域のネットワークに沿いながら、展開していったのである。そのネットワークは、都市や村落上層がすでに享受していた一定の知識（文化）の上に成り立ち、また旅する宗教者の行動もそれに規定されていた。次に検討する野田泉光院成亮の旅から、さらにそのことを明らかにしていこう。

二　多様な相貌――野田成亮の旅――

1　民俗的基盤の変容

本章と次章では、ゲストである宗教家の旅の実際を、彼らの日記によってたどってみることにしたい。一人目は野田泉光院成亮である。

成亮は、日向国佐土原の当山派修験で、文化九年（一八一二）九月に門弟の平四郎を連れて、九峰登山を目指す回国修行に旅立った[31]。文政元年（一八一八）一一月までの足かけ七年に及ぶ大旅行である。地域によって差（藩政策や浄土真宗・日蓮宗の分布状況）があるものの、野田成亮のような修験者のみならず六十六部・千カ寺・二十四輩（浄土真宗）などが回国できたのは、彼らを受け入れる民俗信仰や習俗（民俗的基盤）があったからだと、安丸良夫氏は強調する。[32] 安丸氏のいう民俗信仰や習俗は、「近世社会の全体性にとって周縁的な現実態」と定義され、祭礼・葬祭、講による行事など、日常生活を深く規定しているものである。安丸氏は、こうした前近代的な民俗的基盤が近代化の過程で改編され、国家と文明の対極へと分割・貶価させられていくと主張した。このことに特に異論はない。

とはいえ、安丸氏は論旨である古き民俗を説明するために成亮の旅日記を書き抜いたが、これはかなり恣意的な読み方で、実際には社会変動をうかがわせる内容が多い。たとえば、成亮が目指した各地の霊地・霊山は、貨幣経済のなかで変質し観光地化していたのは明らかだ。安芸国宮島は霊場にもかかわらず人心は悪く、他国の者からむさぼり取るのを手柄として義理も情もなく、木賃も高いと、彼は感想を漏らす（七一頁）。また、登山の役銭を前もって蓄えておくのは旅の心がけの一つであり（一三九頁）、日光（一五六頁）、立山（一六〇頁）、羽黒山・湯殿山・月山（一六三頁）では、相応の役銭を払った。[33] 強力や案内など慣れない旅人に不可欠な費用も含まれているとはいえ、霊地の奥深くまで貨幣経済が浸透していたのである。

秩父・坂東の各霊場でも門前には木賃宿はなく、成亮は何度か茶屋に宿泊しているし（一五一〜一五二頁）、真宗門徒の参詣の多い吉崎では旅籠屋に泊まった（一三〇頁）。泊まりはしなかったが、享保年間（一七一六〜三六）に江戸で流行した大杉大明神の安波本社でも「花表前茶屋多し」（一七八頁）だった。いうまでもないことだが、門前町が形成されていくという点では、流行神も伝統的な社寺も全く同じであり、貨幣経済が民俗を変質させていくというならば、成亮が見たものは、変質後の空間にほかならない。

野田成亮は、道々においてそれを実感していたはずである。通常回国者が渡島を禁じられていた肥前国樺島では、たしかに、占いを頼みに数多くの人が成亮のもとを訪ねて来ていて、旅の民俗的基盤は健在である。ここで彼は、回国者の少なさが歓迎された理由だと考えていた（二五頁）。一方、「川保宿立、辰の刻、此所より田丸城下の方へ赴けば西国順礼道故托鉢等一切なし、因て元熊野往還とて古道あり、此方へ行き葛原村と云ふに笈頼み置き托鉢す」（伊勢国度会郡、二三〇頁）という、伊勢から熊野へ向かう西国巡礼の道筋での記述から浮かび上がる現実は、樺島の裏返しだろう。巡礼者が多い街道筋では、物珍しさも崇敬も色褪せて容易に托鉢できないことを熟知していたので、彼は古道を選んだのである。成亮が普通の旅人が通る街道を使わないのは、主要な街道筋ではもはや托鉢による旅行が難しかったからなのだ[34]。特定の場所だけが観光地ではなく、街道筋そのものが、何がしかの観光地的性格を持っていたのである。

このように、安丸氏とは別の視点で野田成亮の日記を見ると、貨幣経済の浸透による社会変化の証言を容易に導き出せる。一九世紀初期には、霊地・霊山は人・物・金を吸引し、都市的な場（観光地）として展開し、そこへアクセスする道も観光地的な性格を持っていた。伝統的な社寺も浄土真宗あるいは民俗的基盤に立つ流行神も、参詣地であることにさして違いはなく、ここに宗派あるいは宗教の新旧の区分を持ち込む意味はさしてないのである。

2　地域社会のネットワーク

民俗的基盤以外に、野田成亮の旅を支えたものは何だったのだろうか。一般的にいえば、長期の旅を続けうる制度は幕藩体制下において整備され、往来手形所持者は傷病時に保護され、場合によっては村単位で送り継ぎされた[35]。村役人宅へ出向いて宿の交渉をしたり、平四郎が病気で立ち往生した時に、さしあたり村堂で逗留を許されたりしたのも（遠江国榛原郡川崎村、二〇六〜二〇七頁）、こうした制度が根拠になっている面を捨象できない。

彼は、その日の宿のあてもなく歩いていた場合もあっただろうが、いくつかの所縁をたどることも少なくなかった。三宝院の配下であることや、佐土原藩の庇護を受け藩主の代参として入峰するという身分は、旅を続けるための所縁の一つである。修験見聞役により菊の紋の付いた提灯の使用が三宝院から認められていて、宿を借りる際、「三宝院配下因て菊の紋拝領あり」と見得を切ったこともある（丹波国桑田郡下村、九九頁）。その威光で待遇が変わったという記載は稀ながら（日向国飫肥城下、七頁）、朝廷権威が彼の旅をどこかで支えていたことは疑いない。

後者では、京（伏見）・大坂・江戸の藩邸や蔵屋敷、小倉の佐土原藩御用達問屋に立ち寄り逗留し、手紙を受け取ることができた。佐土原藩出身の知己・縁者を訪ねることもあり（三九・九五頁）、佐土原出身の六十六部が世話になった出羽国置賜郡成田村へ礼状を届けに立ち寄り、一宿を得ている（一六八頁）。

すでに小島卓氏は、旅をする上でのこのような人脈（幕藩権力・宗教組織・個人）の問題を指摘している。ここでは、旅宿の確保、すなわち生きるという目的のために、権威や権力さえもが相対化され選択的になっていることが重要だろう。権威による社会編成を強調する研究では、見落しがちな実態だからである。そして、自ら持ついくつかの資源を地域社会に連携させ、それが広がりをみせた時、旅はとても豊かなものになった。

文化一二年（一八一五）から年末にかけての甲斐国での旅程を振り返ってみよう（図1参照）。彼は、最初に巨摩郡在家塚村の修験者文殊院を拠点とした。ここでは、修験道の奥義を伝授しただけでなく、弓術も教えた。そして、寄って来た修験者・百姓宅で次の宿を得た。道々で祈禱を依頼された家で泊まり、さらにその親類宅を宿とし、これらの所縁が重なって山梨郡下積翠寺村で年宿（年越しの宿）をとった。なにより甲斐国で重要だったのが俳人宅である。在家塚村では青羊という俳人と知り合い、青羊の父の追善のために詠んだ漢詩と俳句は、後に追善歌集「陸廼芭」に収められた。[36] この歌集によれば、在家塚の次に立ち寄り、求められて一句を詠んだ上今井村には、城南連という社中があった。同歌集にかかわった俳諧師匠の来雪（朝気村）には逢えなかったものの、横根村庄屋と

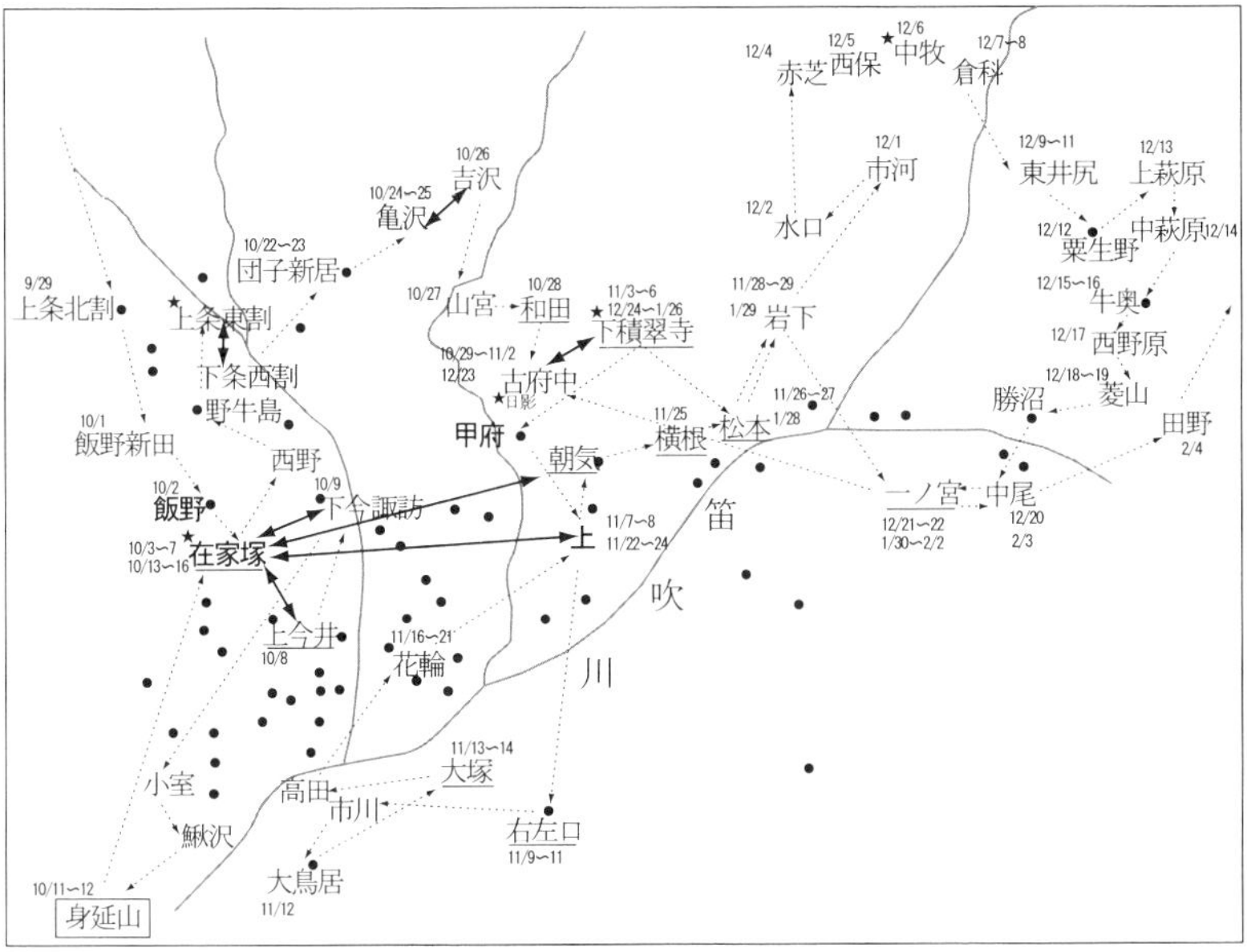

図１　甲斐国での野田成亮の旅程（文化12年９月～13年２月）

下線	俳人所在の村	………→	旅程
太字	山伏所在の村	←→	在地の関係
★	祈禱した村		
●	青羊追善歌集に名のある村		

は来雪の話題になり、俳諧の話で時を過ごした。雪で立ち往生した時に立ち寄った家で一句詠んで、「発句にて宿貫ふたり」となったこともある。一二月二四日に、年宿のため下積翠寺村へ帰ってみると、最初に立ち寄った時に詠んだ発句が堂頭奉納俳諧発句寄に入選していた。修験者の成亮は俳人として持てはやされたのである（一三五～一四一頁）。

成亮は、修験者としての加持祈禱の力や俳諧・武術（弓術）の知識を武器にして、①身分的関係（修験者）、②文化的関係（俳人仲間）、③家（それらの親戚縁者）といった人間関係をうまく手繰り寄せることで、宿を確保することができた。逗留した在家塚村が地域の俳諧の拠点であったということも、人脈の広がりにとって幸運だったに違いない。

このように検討を加えてみると、甲斐国で年宿を提供された民俗的な基盤の骨格には、地域社会の家のネットワークがあったことになる。地域社会における家の自立とそれらの持つ一九世紀に展開していた文化的諸関係[37]、さらにそれをもとに築かれていた信頼に担保され、それぞれに顔を替えつつ、地域の民俗信仰や習俗にも深くかかわりながら、成亮は托鉢していたのである。

3　名所めぐり

修行の旅とはいいつつも、成亮は名所旧跡をたびたび訪ねている。京都・江戸などの名所はもとより、城跡（播磨国竹田、一二一頁。甲斐国甲府・要害山、一三八頁。上野国前橋、一五三頁）や伯耆国船上山の後醍醐天皇古跡（八一頁）などを訪ねたのは、彼の歴史意識によるものだろう。地元の人に教えられ好奇心を掻き立てられたこともあるが、一般の旅行者と同じように、案内記や名所記などをあらかじめ参照していた[38]。

その一つが橘南谿『東西遊記』である。日記の冒頭に「名所旧跡実事は東西遊記にゆづりて不記、又噓なる処えは其実を記す」（八頁）とあるから、『東西遊記』は、成亮の日記が読まれる時の前提となるテクストだった。一寸坊蛇（肥後国葦北郡簸瀬村、一三頁）、壺の石碑（陸奥国多賀城碑、一六七頁）、津波の碑文（紀伊国牟婁郡長島村、二三一頁）などへの訪問は、このテクストに由来する。越前国大野領打波村では、『東西遊記』の「化石渓」に関する記述を批判していた（一二八頁）。しかも、成亮は京都で南谿の『北窓瑣談』も読んでおり（九六頁）、南谿に相当刺激を受けたのだろう。『東西遊記』が、近世後期の知識人たちの旅行熱を煽ったという評価[39]も首肯できる。

さらに成亮は、江戸では『江戸砂子』を参照し（一五〇頁）、俳人らしく『奥の細道』と『俳諧名所小鏡』も意識した。下野国で『奥の細道』にある「室の八島」へ立ち寄り、近くにあった「花見の岡旧跡」は「親鸞聖人旧跡」であって、「小鏡などに記せる名所にあらず」と評している（一五四頁）。加賀国山中温泉から多太神社までの記事は、『奥の細道』を念頭に置いて書いている（一三〇頁）。

修行とはいいがたい史跡見物は、橘南谿に刺激され、奇談異聞を求める好事家的文人としての特徴を持つ、とさしあたりはいえるように思われる。しかし、それだけでは十分ではないだろう。[40]

成亮の旅から離れるが、彼の旅の背景を確認しておこう。先の記述の「花見の岡」は、享和三年（一八〇三）に刊行された『二十四輩順拝図会』[41]にあるような真宗信仰上の旧跡であった。この『二十四輩順拝図会』は、親鸞あるいはその高弟たちにゆかりある地を記した案内記である。にもかかわらず、江戸でいえば、浅草寺・妙音院（姥ケ池の伝承）・寛永寺・吉原の遊廓・隅田川（梅若伝説）・泉岳寺（赤穂義士廟）・日本橋などのように、およそ真宗信仰とは無関係の場所も含まれている。大和や備後・伊勢のように、多くの名産が書き上げられている国もある。『二十四輩順拝図会』は観光の要素を多分に含んでいるのである。

浄土宗の二十五箇所の巡拝地は、西国・四国・二十四輩の開祖信仰に倣って創出されたものだが[42]、弘化四年（一八四七）以後に姫路の往誉浄盛が編んだ『円光大師二十五箇所・四十八願所道中記』[43]の旅程には、京都の名所と二十五箇所・四十八願所とが混然と盛り込まれていた。このように、祖師信仰が濃い聖蹟巡礼でも、観光的な要素が色濃く存在していた。一般の名所記の流布を考えれば、信仰に基づく聖地・霊地への巡礼であっても、名所への憧れを掻き立てられるようになっていたのである[44]。

野田成亮もその埒外にあったわけではないし、むしろ積極的に、そのなかに身を置いたのだろう。たとえば、宿主から「回国行者ならば諸所に面白きこともあらん、学者等にも御出合あらん」と声をかけられたこともある（一六頁）。甲斐国でも呼び止められて名所の話を求められ（一三九頁）、彼の日記の話を聞きに村人が宿に集まることもあった（七四・八八・一一五・一二九頁）。庶民だけではなく、江戸藩邸でも奥方に「異事珍物名所等」を話しているから（一九九頁）、身分の上下に関係なく、旅によって得られた知識への期待が高く、成亮はそれに応えていたのである。

各地の名所が諸本で宣伝され、民衆に至るまで文字の上で常識化しつつあり、実際に宿主が『東西遊記』を出してきて話題にしたこともある（六五頁）。このような状況下では、文字の知識を超えた何らかの実体験をあわせなければ――「化石渓」の記述の間違いを指摘するような――、人を惹きつける語りにはならないだろう。それどころか、逆に旅の信憑性も失われるかもしれない。もっといえば、生きるための宿の確保も覚束なくなる。彼が修行の途次に名所を訪ね回るのは、自らの知的好奇心もさることながら、当時の社会全体のなかで、人々の名所への関心の高さ、知識の浸透に規定され、旅物語りに何らかのプレミアをつけて民衆の知的欲求をも満たすためには、名所の実見が不可欠な要素になっていたからだったのである。

4　講釈と伝授

彼の旅の重要な糧に、加持祈禱とならんで講釈がある。前述の名所語りもそのバリエーションの一つである。実際には、占いから始まり、祈禱、加持（この両者では道具立てが異なる）、講釈（その内容も多様である）、そして特に望む修験者や在家に対して、宗教教義のテクストを書写して秘伝を授けた。従者の平四郎は、成亮と異なって、より一般的な軍書講談（八六頁）や六部の念仏曲が持ちネタだったから（一一七頁）、二人合わせればバリエーションはさらに広がった。

成亮たちは、自らの資源を細分化して段階をつけ、相手を見て細やかに対応していたようだ。心学講師が席を分けて講釈したのとも似ている。

講釈とはやや異なるが、語りのテクニックがうかがえる一例として争論でのやり取りを参照してみよう。配札中に言いがかりをつけられた事件で、平四郎は相手の山伏の装束が正式でない弱点を衝いていく。さらに作法をよく知らないとみるや、自分は九州中の袈裟頭を見舞っているので、各地の大先達の礼儀はよく知っているといい、旅によって相手が知らない多様な知識を得ている強みに引き込んで、相手を黙らせるのである（四二頁）。

自分の旅の経験に引き込む論法は、第一章で触れた吉田家学館玉田永教が広島藩で起こした真宗との争論でも同様だった(45)。成亮が書き留めたところによれば、玉田は、真宗門徒が祓札を川に流し、聖徳太子への崇敬を否定し、法事を行なわないのはなぜかと問い、真宗側は、祖師以来の宗門の立て方であり、本山からの指示であると回答した。ここで玉田は、京吉田家に滞在し東西本願寺の掟も知っているが、そのような本山の指示は聞いたことがない、その書付をすぐ出してみよと反論して、僧侶たちを黙らせてしまった。末寺が本山の教学に従ったのは事実ながら、本山の明確な指示はなかったのである(46)。普通なら京都の本山の権威を持ち出されて怯むところだが、玉田は、権威を持ち出したところが実は相手の弱点だと見切り、自分が京都で経験したことを強調したのである（七一〜七二頁）。

このようなやり取りは、日常的に宿を借りる民衆に対して、講釈を繰り返し、あるいは民衆からの問いかけに答えつつ旅の糧を得ていたことの延長線上にある。その点では、玉田永教も野田成亮もさして変わらず、旅の経験とその場で発せられた言葉／声に力があると彼らは熟知していたのだろう。

成亮の説いたテクストは、「秘訣集十二道具」（八二頁）など修験の教義に関するものより、むしろ『実語経』『童子教』『孝経』『大学』『論語』『孟子』『中庸』など儒教の初歩の講義が多い。これもまた、民間の知的欲求のありように規定されたのである。

この『大学』の講釈が、「近所の者共は勿論、医師・出家等迄数十人恰も大阪阿《(ママ)》弥陀ケ池の説法の席の如く集れり」となったこともある（二四六頁）。阿弥陀池すなわち大坂堀江新地の和光寺境内では、神道講談・心学・軍談・昔噺が盛んに行なわれていた(47)。つかの間のことにせよ、成亮の講釈は都市でのそれを髣髴とさせたのである。

では、具体的に何をどのように説いたのか。日記には講釈の内容の一部が引き写されている。

夫れ人間は陰陽五行の精気を受けて生する者也、陰陽とは天と地との気、五行とは水火木金土也、其根源を尋ぬれば、天に一理あり、其一理と云ふは、万古不易にして、天地崩るゝも一理、世界建立も一理也、此一理と云ふ事は、儒道の言葉にて、神道にては天津御祖の神と云ひ、仏道にては阿弥陀如来、大日如来と称す、名は変れども、道理は同物なり。形も無く、心も無く、因て志慮分別と云ふもなし、只、万物を生々し、慈愛愍みを心とす（後略）。（丹波国桑田郡萱野村、九〇頁）

これは、真宗門徒に対し「安心決定」について説いたものである。陰陽五行説をもとにしつつ、儒教の「一理」に神道・仏教を習合させていく(48)。このあと、天の一理と人間の心が同一であることをいい、心の背後にある七情（よろこび・はらたち・あわれみ・おそれ・しわき・かなしみ・たのしみ）を過不足なく節度よく保ち、浩然の気を養うことでゆったりと生きることができ、体が朽ちても心は生きていて此の世を涅槃とする、と説明するのである。安丸氏は、天の一理に帰着する成亮の宗教思想を「朱子学的合理主義を通俗化した三教一致説」と分析している。現世における涅槃を説くように、現世主義を強調しているし、通俗道徳を説いている。ここで注意したいのは、対句を多用したリズムのよさと、平易さである。多少の知識があれば、感覚的にも知的にも受容できるように説いたのである。気をつけておきたいのは、本当に平易で誰にでもわかるという類の話し方ではない。おそらく宿を提供する村落上層の持っていた知識の上を狙って、彼らの知的好奇心を満足させつつ講釈を展開したというところがポイントだろう。

あわせて重要なのは、この一文も含め説教の内容を示した箇所が、他の日記の文体とさして異ならないことである。彼には「佐土原なまり」があり、実際の講釈で発する言葉から方言を除いて書き記したとも考えられる。しかし、おそらくそうではあるまい。彼は、陸奥・出羽では言葉が通じないと嘆いており（一六八頁）、逆にみれば、方言を用いた講釈は成り立たないのである。つまり、講釈の言葉（発話）は書き言葉的に語られて初めて、全国のどこに行っても可能だったと考えておきたい。また、それゆえに受容層も内容も一定の枠組みを持たざるをえなかったのではなかろうか。

ついで、講釈から進んで秘書を伝授する場合をみよう。修験道関係の伝授は豊島修氏がまとめているので[49]、ここでは、具体的に周防国都濃郡櫛ケ浜村の金正院に宿泊した様子をあげてみよう。金正院には、本人の望んだ「片供法」の伝書を書写して渡した。また、同村には、日本を神国と考え、真宗の弥陀一仏を信じがたいとして神道・仏道・儒道を学んでいる門徒がいた。彼に対しては、法談の後、中臣祓七つ伝・法界調伏・三鳥の伝・武術用集・易筮伝を伝え、さらに山伏二字の釈義をしている（六七～六八頁）。このテクストの内容を正確には把握できないが、「中臣祓七つ伝」は吉田兼雄による「神道七伝鈔」の類の神道書であろうし、法界調伏は修験の行法、易筮とは「周易筮」（四〇頁）あるいは「修験易筮該用」で、修験で行なわれた占いの一種であろう[50]。「三鳥の伝」は、成亮が和歌ではなく俳諧をもっぱらとしたので、「俳諧三鳥秘伝」と推定される。松永貞徳に由来する俳諧書で、和歌の「三鳥伝」同様、神道色（両部神道）をもって説明されている[51]。これらは門徒側からの希望によって伝授されており、村落上層には、高度な宗教的知識に対する強い欲求があったことになる。しかも、この場合、提示されたものは、かなり神道色が強いものだった。成亮には、それに応えるだけの素養があったのである。

たしかに、彼の思想は、総体的にみれば「朱子学的合理主義を通俗化した三教一致説」かもしれない。しかし、実際には、そのような主張をするより、神職に垂加神道を伝授したかと思えば（七七頁）、求められて浄土宗で重要視される一枚起請を書き渡しているように（八九頁）、個別に対応しているほうが多い。

当然、そのようなことをしていれば、不信がられることもあったが、成亮は、そのような批判に屈することはない。修験なのに法華経で托鉢するのはおかしいと托鉢先で衝かれた時、成亮は、修験の「依経用否」[52]をふまえて、相手の宗旨にあわせて経を用いる（たとえば、浄土宗なら阿弥陀経、禅宗ならば大悲呪）と言い切るのである（二一一〜二一二頁）。

もちろん無節操にそのつど言葉を弄していたのではない。「人の得意を見込み言葉を飾るは修行者の本意にあらず」といって、相手に気に入られるような追従を禁じ、偽りはあとで露見するものだから、「今日々々の言語可慎々々」（二一八頁）といっている。彼の内面では、民衆からのニーズの多様性と内面的な統一性が常にせめぎあっていたと考えるべきだ。それによって彼の信念は高められていっただろう。「依経用否」を強調することで、多様な宗派を止揚する立場を獲得したのである。そして、それは如来教や金光教すなわち民衆宗教が、都市という場で、多様な願いを受け止め、多様な神仏とその霊験を統合・止揚して誕生してきたプロセスときわめて類似したものなのである[53]。

たしかに彼は身分としては修験者であり、佐土原藩の地位も保持していたけれども、修行の旅においては、六十六部とさして変わらない底辺の次元にもあった。彼が相手とする者も同じように底辺の民衆から藩主に至る幅の広いものである。藩における地位や朝廷権威もそれを相対化して都合にあわせて選択していたし、先々の地域社会あるいは家のニーズにあわせて経を読み（その限りにおいては、それぞれの宗派の僧侶となる）、祈禱師、占い師、講釈師、儒者、神学者、俳諧師などと多様な相貌をみせていた。彼が最初からこのような性格を持っていたとは考えがたく、三〇回以上に及ぶ大峯登山のための旅の経験や、この時の旅行でいえば、神道講釈の玉田永教の風聞[54]、浄土宗の徳本との遭遇[55]、日光例幣使に群参する民衆（一五三頁）など、旅の過程で多様な宗教の実践や霊験を希求する民衆のエネルギーを肌で感じていたことも、彼にそのような性格を与えていたと思われる。

旅を通して、それぞれの場によって姿を変える多様性を内包する経験と、それを統合し止揚する姿勢に、宗教家としての力量が培われていたといってよいだろう。

三　言霊というポリフォニー——篤胤の下総旅行——

1　転換点としての旅

二人目の旅人は平田篤胤である。野田成亮と違い、ここで取り上げるのは、文化一三年（一八一六）四月から五月にかけての一月余りの短い下総国への旅である（図2）。にもかかわらず、この旅は、篤胤および彼の学舎の気吹舎にとって、モニュメンタルな意味を持つと位置付けられている[56]。その根拠の一つは、篤胤生前の門人の五分の一が下総国の人であり、この地にまとまった支持基盤を獲得したことである。第二に、この旅行の途次で「天の石笛」（長さ五〇センチメートル程の石笛）を得たことをきっかけに、学舎を「気吹舎」に、名乗りを石笛にちなんだ「大角」（軍用に吹き鳴らした楽器・はらのふえの意）に改めたことである。後者について、十分な説明はなされてい

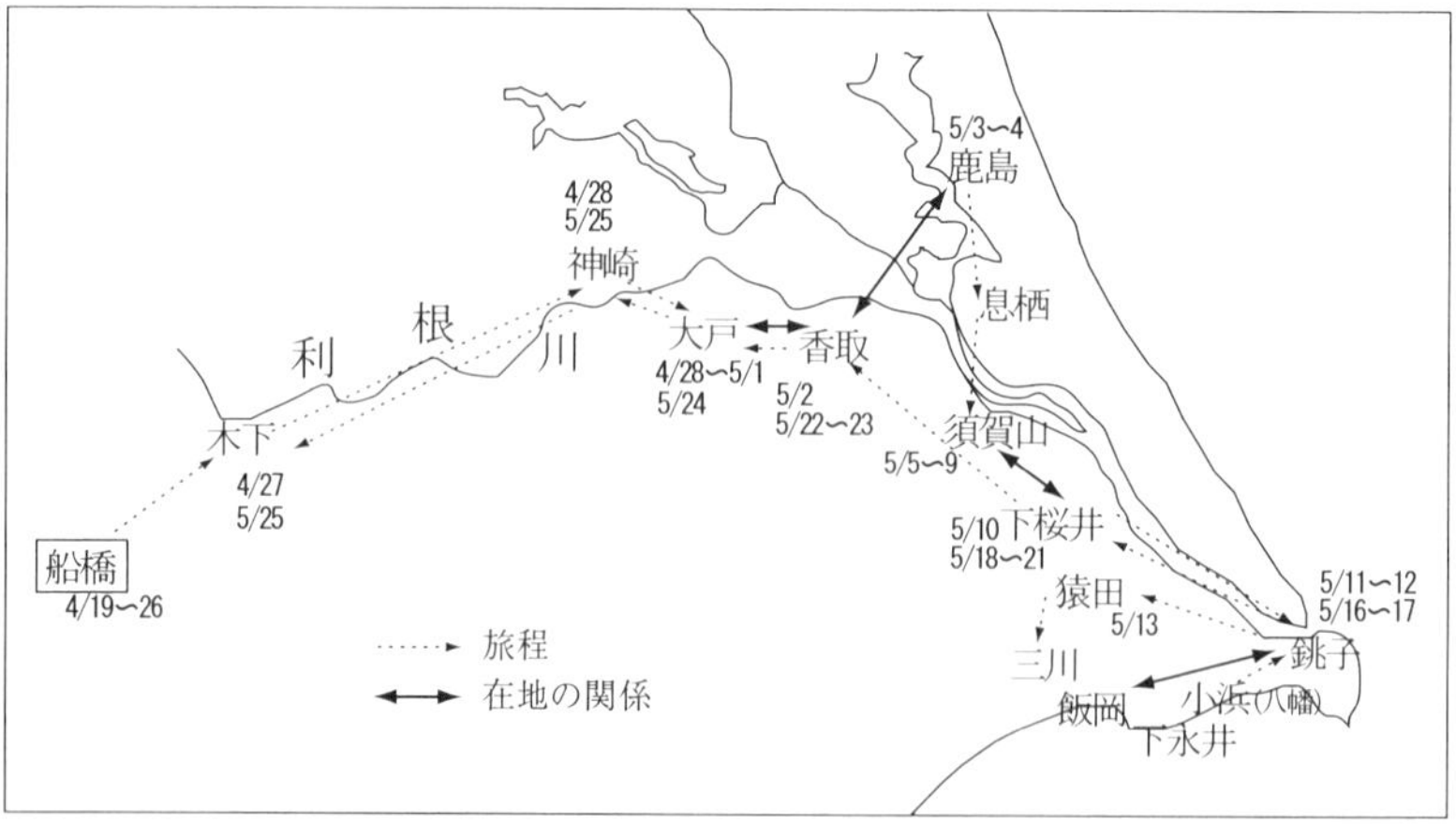

図2　下総国での平田篤胤の旅程（文化13年4～5月）

ないが、米田勝安氏は、この時のインパクトを「神秘的インスピレーション」と表現し、「時代を超越した古代人との一体感とが重なり合った文化概念の確立」を強調する。[57] しかし、「神秘的インスピレーション」の内実について、篤胤の旅に即して深めてみる余地は多分に残されている。

この旅行については、吉田麻子氏が新たに以下の点を示している。[58] まず、下総旅行では、通説でいわれるような出版費用の募集はなく、[59] 古道学（国学）宣布が重要であること。ついで、篤胤に鹿島神宮神官の北条内蔵、あるいは銚子新生町の宮内嘉長を紹介したのが篤胤門人の湯浅定憲であり、篤胤はあらかじめ下総の知識人の状況を知っていたこと。三点目に、下総旅行での聞き書きが『古史伝』に活かされていて、幽界研究に根底でつながるということである。この三点とも本稿と密接にかかわっている。

篤胤が実際にどのように行動したのか、そしてその行動が篤胤の著作にどのような影響を及ぼしたのかという論点は、それぞれ別に展開している篤胤の思想研究と篤胤を受容して展開する在村国学研究との二つを接続するだろう。後者でいえば、山中芳和氏は下総の国学について、村落社会の指導的階層である村役人層の国学受容を問題化した(60)。この場合、篤胤そのものを深める必要はなく、「下総国学」として展開している(61)。一方、前者では篤胤が思想を民衆化したとの射程を持っていても(62)、実際には篤胤と民衆との接点が深められていたわけではない。子安宣邦氏は、テクストの生産者である篤胤が、「語りの受け手を予想し、受け手に己れを同化させながら、受け手の期待に応えることのできる言説の型をもって語り始め」、「語りの向こうに民衆を見出し」「国学が救済論的課題を負う」と位置付けたものの、「一般的な民衆を聴徒としてもったかどうか」は、さしあたり問題とはせずに、belief のみを扱っていく(63)。

しかし、篤胤は、旅という practice を通して、聴衆でもあり、宿主でもあり、さらには将来的には支持者となっていくだろう民衆に直接語っていただけではなく、民衆の知識を吸収し、自らも変化していたと思われる。遠藤潤氏は思想史研究と社会史研究の両者を有機的に結びつけることを提唱しているが(64)、旅は、二つの結節点になりうるだろう。また、吉田氏は別の論文において、篤胤が、研究や成稿の段階で、門人たちの協力を必要としていたと結論付けていて(65)、篤胤と門人とが相互にかかわりながら気吹舎が成長したことを想定している。このように研究史を振り返ってみると、本格的な門人組織が誕生した直接の契機である篤胤の旅を深めてみる意義は大きいといって差し支えないだろう。

2　旅の基盤

この地域では、江戸湾・利根川水系の舟運、あるいは鹿島・香取・息栖の三社参詣などで交通網が整備されていた。篤胤の旅行の翌文化一四年（一八一七）には、野田成亮あるいは俳人の小林一茶も利用している。篤胤は、この旅にいくつかの情報と目的地を持っていたが、そのすべてを自力で訪ね歩いたわけではなく、実際の旅程は地域の人々に支えられるところが大きかった。たとえば、大戸村大戸社から香取社へは、門人となった大戸社神主山口忠栄が同道して香取にある忠栄の父忠雄の実家に泊まり、香取社の香取伴庫に面会している。さらに篤胤は、香取伴庫の書状によって鹿島社大宮司塙則瓊に二泊の宿を借りることができた。須賀山村では多田庄兵衛宅に泊って数日間講釈し、高橋正雄に伴われて菰敷原の松を見物した。次に、高橋正雄・五十嵐光通らと下桜井村向後喜右衛門宅へ向かった。篤胤はここに泊まるつもりはなかったが、請われて一泊して講釈した。銚子に着いて石上鑑通家を拠点とし、猿田村猿田神社などを訪問した時にも、宮内嘉長・石上鑑通が周辺を案内している。そこで、飛木という神木の逸話などを篤胤に話した源六は、鑑通の元で以前働いていたという[66]。下総国になじみがなかった篤胤の旅は、門人となった人々の既存のネットワークによって初めて成り立ち、豊かなものになった。この点は、野田成亮と全く同じである。

ところで、この旅程のなかで最も長く逗留したのは、鹿島や香取あるいは銚子（石上鑑通宅）ではなく、最初に向かった船橋神社であった。この訪問で学館となることが決まっており、下総国の多くの門人を獲得したことと同様に、船橋神社での学館の地位は、意味のあることだったと思われる。ここでは、大宮司の富上総介直利・右近直義父子と神役土屋蔵人清道（後、江戸柳原富松町扇稲荷祠官）が入門するが、富直利の紹介者は土屋清道だから、最初に篤胤と接点を持ったのは土屋清道である。土屋清道は、『玉襷』第一〇巻において、神葬祭への改式を説く役割を与えられている[67]。文政三年（一八二〇）から四年にかけて篤胤に仕えているから[68]、熱心な門人になっていったのだろう。では、船橋神社と篤胤を結んだのは誰だろうか。推測の域を出ないが、これも湯浅定憲だった可能性がある。後のことになるが、文政六年、湯浅定憲は船橋社人として、富上総の紹介によって白川家の門人になっていて[69]、湯浅定憲と船橋神社とにはただならぬ縁があるからである。

湯浅定憲は石見国の出身で、京都に住み、文化一二年（一八一五）五月に篤胤に入門した[70]。鹿島社の北条内蔵に会うなど下総国を回り、篤胤に状況を報告したのだろう。文化一三年三月に京都に戻る予定だったが、帰京は遅れることになったという[71]。篤胤と下総地方を結びつけたきっかけも、湯浅定憲による旅だったのである。湯浅定憲は、文政六年に白川家の門人、あるいは同家学頭となり、同年上京した篤胤を京都で世話している[72]。ちなみに、第一章で紹介した宮津山王社の神主は、加悦まで来ていた湯浅定憲の講釈を聴聞することになる（「牧家日記」天保一二年〈一八四一〉一〇月二日）。

下総国の門人からは、下総に止まらない新たな人脈が広がり、入門直後から篤胤の著作に深い関係を持つ者も出た。文政三年六月出版『天満宮御伝略記』の序には、文化一三年に入門した高橋正雄と高橋の紹介で文政二年に門人となった江戸南新堀の根岸延貞（多田屋新兵衛）の名前が掲げられている[73]。根岸延貞の生業は、紙・下り傘・下り素麺・明樽・醤油酢を扱う問屋で、文政七年の『江戸買物独案内[74]』に載せられている商人である。

さらに、船橋神社富直利の紹介による小島元吉（葛飾郡松戸宿、綿屋、文化一三年入門）に続く系譜には、小島と同時入門の武蔵国埼玉郡越谷新町で油屋を営む山崎篤利がいる。山崎篤利は敬神の心厚い素封家で、出版費用を提供して篤胤を支えた。入門の翌文化一四年には、篤胤に『霊能真柱』の刷り立て費用を貸している[75]。文政二年に開板された『古史徴』に、「序文」あるいは「目録大意」を寄せているが[76]、山崎篤利は学者ではないようで[77]、実際には篤胤がこの一文を書いたとされている[78]。おそらく根岸延貞も山崎篤利と同じように経済的に篤胤を支援したのであろう[79]。このことをもってすれば、文化一三年の下総旅行は、下総の人々に、国学を宣布しつつ実質的に出版経費を募集する、すなわち勧進が目的だったとみてよい。少なくとも、結果的にそうなっている。江戸（都市）に居住していた篤胤の下総への旅行が、下総での展開のみならず、武蔵を含めた江戸近郊の村落上層との、あるいは円環的に江戸商人との結びつきを生み出し、篤胤を経済的にも支えたとすれば、それは都市と村落の文化的・経済的な関係を象徴する出来事である[80]。

3　伝授・講釈・対話

篤胤は旅の先々で、『霊能真柱』や『玉襷』を説くという講釈の次元、当時上梓されていた著作である『霊能真柱』の頒布、そして講本の提供という三つの手法によって、国学を宣布しつつ門人を獲得した[81]。ここでは、講本の提供と、講釈の二つを取り上げてみよう。

まず、講本の提供である。船橋神社で学館となることが決まった翌日に、「校合、寮にて終る、のりとをかく」と日記に記された部分がそれに当る。これだけではよくわからないので、山崎篤利の場合を参照してみよう。たとえば、山崎篤利が写した『俗神道論弁』の奥書には、「文政二年二月廿日夕方より廿一日朝までに篤利が家に宿りてみづから訓点を加へて与ふるものなり　篤胤（花押）」と記され、篤胤は、篤利が写した本の誤脱を朱書きで訂正している[82]。船橋神社での「校合」とは、講本を貸与・書写させ、それを篤胤が校合したという意味だろう。秘本を提供して支持者を獲得するのは、玉田永教などの神道の講釈師がとったのと同じ手法である[83]。講本の提供は、重要な門人への厚遇の証である。なお、付言すれば、「古史や系図を見せたれバ、手洗ひ、口すゝぎ、をがミて開たる由なり[84]」というから、篤胤の出版物（『古史系図』『古史徴』）そのものが、物神化していくことになる。

講釈は頻繁に行なわれているが、一方的に話すばかりではなく、「腹ぬちにたくはへたる疑どもをも問まつり」（『天石笛之記』）とあるように、講釈の合間に聴衆の疑問に答えていた。その意味では、講釈というより対話である。また、篤胤が記したメモのなかには、講釈の反応を通して新たな認識を得たことがうかがえる記述がある。多田庄兵衛宅での講釈では、「此夜よりミはしらをとく、第四図までとく」と記したあとで、「西村遠里が天学指要かならずミルベシ」と書かれている。いうまでもなく、『霊能真柱』は、宇宙論・世界観を説いた本で、十の挿絵のうち第四図は天《あめ》・地《つち》・泉《よみ》が生成し始めるところである。一方、『天学指要』は、天文学を初学者向けにわかりやすく書き、天文学を広く流布させた本の一つである。[85]『霊能真柱』に『天学指要』が引用されているわけではなく、おそらく篤胤はこの本を読んでいなかった。唐突に書き加えられたのは、篤胤の宇宙論に関して、聴衆からこの本をもとにした質問が出たからだろう。伝承や由緒など、日記に数多く記録されているところをみると、篤胤は、一方的に話すのではなく、民衆の知識——それは民俗的なものに限らず、かなり高度な読書によるものも含めて——にも、深い関心を持ち注意を払ってメモを作ったのである。[86] ここに、篤胤の講釈の現場の多声性（polyphony）が浮かび上がってくる。

講釈や見物の合間に次のような箇条を差し挟んでいるところからすると、著作への刺激を受けていたことがうかがえる。

○イサナミノ命戸グヒの論をかくべし、このときいまだ食なき前也
△神拝式コ、トムスビノ所ニテ、言霊の幸ふ国と云ふわけを云て、儒仏を信じ儒仏の語を唱ふるものハ、不吉となりて子孫たゆるわけを云べし
○十六日　浜めぐり、仁兵衛・半七同道、外河をみる〈コノコト玉だすきニカクベシ〉

二箇条目が示すように、講釈の現場において、儒教・仏教を信じることこそ家の不吉——貧病争といってよいだ

ろう――あるいは断絶の原因であるとして、国学の正当性をかなり強烈に主張したに違いない。その救済論の根底に「言霊の幸ふ国」が確信されてきていたのである。

ここでの「神拝式」とは、同年上木された『毎朝神拝詞記』であり、その解説書が『玉襷』である。『玉襷』は、文化一〇年（一八一三）頃の成立時には三巻であったが、文政七年以後に増補され一〇巻となった(87)。篤胤の思想は確実に変化し深められていったが、下総への旅行は、そこに何がしかの影響を与えていたのである。増訂後の第七巻には、万葉集を引用しつつ、興台産霊命《コトトムスビノミコト》について、以下のように説明されている。

倭国は、言霊ノ神の佐け幸はふに依リて、言語の麗き国なる故に、其美き詞をもて、寿言すれば寿ぐまにまに、天地の諸神の感坐て、福へ給ふ由を詠たり（中略）此神の利心と、言語とに幸へ給ふ事は、何れの国も、同じ御恵みは蒙れども、御国は神国なる故に、言語の道、殊に正しく伝はりて、活用また比類なく、麗しき国なれば、別て古語にも、言霊の祐くる国とは云ヒ継しなり、言霊と云を、実に神在けりとは得尋ねず、徒に寓言のごとく解たる説のみ聞ゆるは、是レまで興台産霊ノ神の事迹を考へたる人の、一人も無りし故なり(88)

先の一箇条を念頭に置いてこの箇所を読めば、下総旅行での経験によりながら記されたといって差し支えないだろう。儒教・仏教への配慮からさして批判めいたことは記されていないが、日本は言霊として神が助け幸わう国であることを強調し、言霊が神だという概念を単なる寓言と考えるのではなく、真実として受け止めるべきことが述べられている。明言は避けられているが、講釈の現場では、もっと露骨に不幸の原因を儒仏の信仰に帰結させていたのであろう。なにより、言葉の持っている力を不吉や家の断絶からの救済の次元で確信したのが下総旅行だったのである。

4 「気吹舎」への思い

事前に情報を得ていたとはいえ、篤胤は、旅程や宿泊・講釈の場所のすべてを決めていたわけではない。神職や村落上層（ホスト）の作り出していたネットワークに乗って、宿を借り、求めに応じて講釈しながら、さらなる支持者を獲得した。出版に目が向きがちであるが、この時には篤胤は対面的な講釈＝布教によって人々を国学に感化しようとしたのであり、その意味で民衆宗教的な要素を強く孕んでいたといえる。

その一方で、門人の日常のなかで伝えられている由緒や伝説、あるいはその場所を教えられた。案内し伝承を語るのは、神主や上層農民といった在村の知識人たちであり、ここでの篤胤は聞き手に回る。私たちは、ここまで、ゲスト＝宗教者＝教説を宣布する人、ホスト＝地域の住民＝教えを享受する人と、どちらかといえば固定的にとらえてきた。もちろん経済的には、ホストが優位に立っていたのだが、旅において、講師（先生）と聴衆（門人）という関係もまた揺らぎ、しばし逆転することもあったのだ。

こうした旅の象徴的出来事が「天の石笛」との遭遇だった。そもそも篤胤は、「天の石笛」を持って帰ることなど、旅の出発時点では、全く予想だにしなかったはずだ。たしかに篤胤は、嘉長・鑑通に対して、「このわたりに、猿田ノ神また玉ケ崎明神とまをすがおはすとかねて聞おれり」と言い出して、二人に案内を求めて銚子で小旅行に出かけたから（『天石笛之記』）、当初から念頭にあった場所だったようにもみえる。しかし、その前の五月七日の日記に「猿田村猿田神社」と書かれているところからすると、旅の途中でその場所に強い関心を示したのだろう。「かねて聞おれり」とは、ちょっとしたはったりを利かせた物言いで、本当は多田庄兵衛宅に泊まっていた数日前のことだった可能性が高い。そして源六に妙見宮のある「ほらかい石」の話を聞き、翌日それを見物に行った。その先の小浜村の八幡宮で、「ほらかい石」のなかに、土にまみれ草に埋もれた石を見つけ、「此ぞ天の磐笛なりと人の告知らするやうにおぼえ」、手にとって吹き鳴らしてみるのである。

彼が石笛に出会ったのは、人々のネットワークに導かれたからだ。それは、単なる偶然が重なったようにもみえる。しかし、彼の信念からすれば、それは多くの人々の言葉が折り重なりつつ連鎖し、いわば人々の声を通した「言霊」の polyphony を通して、必然的にたどりつくべきものだった。ホストのネットワークは、単なる篤胤の旅の受け皿ではなく、言霊の神の導きの糸となって、彼の内面を突き動かした。彼が国学宣布の旅という practice のなかで、身をもって「言霊の幸ふ国」であることを実感し、宗教的信念（belief）を確固たるものにしたからこそ、彼は自らの名乗りや学舎名を改めなければならなかった。短いながらも、旅の経験が、篤胤の思想を革新していったのである。

おわりに

野田成亮と平田篤胤とを比べると、そもそも教えの多面性を持つ修験者の成亮と、逆に仏教・儒教を排して国学の宣布を行なった篤胤とは、教えの内容や他宗に対する姿勢では、全く逆の立場にあった。篤胤がその後、気吹舎という門人組織を抱えたのに対して、成亮が自前の信者組織とはおよそ無縁であったということも、際立った違いといわざるをえない。

しかし、かくも違った二人のゲストではあるが、旅をめぐる活動を切り取ってみると、共通点も少なくない。彼らの旅は、程度の差こそあれ、巡礼・参詣であり、観光であり、布教でもあり、また生活／出版の糧を得るという点では、勧進・托鉢でもあった。

旅の先々で彼らが第一に求められたのは、宿を提供した家あるいはそれを取り巻く村などの地域社会（ホスト）が直面している困難の解決である。おそらくその困難も一様ではなかったろう。その際、ホストのニーズに応えて、多様な宗教性を提示してみせたのが成亮であり、逆に国学を強調したのが篤胤であったということになる。

ただ、成亮にせよ篤胤にせよ、説かれていた教えや向きあう姿勢が一貫して変わらなかったわけではない。教えの形成に旅が影響を及ぼしていたと考えるべきで、成亮の場合は多様な宗教性を止揚することで思想的到達を遂げ、篤胤の場合は、旅のプロセスのなかで神（コトトムスビ）の存在を自覚し、信念を固めることになった。つまり、旅の経験のなかで教え説き、ホストとの対話を通して教義が昇華していくプロセスがあったのである。

こうした対話が可能なのも、実はホスト側にも、すでに相当の知識が蓄積されていたからにほかならない。なにより、ゲストの旅は、ホストの文化的なネットワークに支えられていたのである。ホストとなった人々が、ゲストである講師を前に、地域独自の伝承を語る時、教える立場と享受する立場は逆転し、ホストが講師の立場に立つことになる。そのような場合でなくても、すでに都市からもたらされた出版物や情報を通して、ホスト側の知識もある程度の水準にあったと思われるし、ホスト側からの要求（リクエスト）も高かったに違いない。講師と聴衆の関係が揺らぎ逆転するような局面が、思想家にとって重要な意味を持っていたのである。ゲストの旅は、ホストの持つ文化的なネットワークと知的な枠組みに影響されて展開していたのである。

ゲストたる宗教者は、ホストたる人々を満足させるために、多様な引き出しを用意した。赤木忠春は「御まじない」と講釈を資本に、野田成亮は加持祈禱・講釈など多様な内容を駆使して、托鉢しつつ旅を続けた。さらに野田成亮の場合、講釈とテクストの伝授という二つの次元を使い分けるという点で、平田篤胤・玉田永教の神道講釈との共通性がみられる。さらに篤胤や永教は、自著の版本と写本の区別もしていた。思想家独自の講本あるいは直筆の奥書などは、ホストの心を揺さぶったに違いない。心学講釈では子供・一般大衆と熱心な人に分けて話を説いて、限られた人にだけ奥義を説いた。つまり、宗教者・思想家は、自らの資源を細分化し、対象を見極め、手段と内容を選んでいたのである。旅のなかで教えを伝える手段は、ホストとの関係において、私たちの予想する以上に成熟していたのである。

註

（1）エリック・リード『旅の思想史　ギルガメシュ叙事詩から世界観光旅行へ』（伊藤誓訳、法政大学出版局、一九九三年）三五七頁。

（2）西海賢二『近世遊行聖の研究』（三一書房、一九八四年）二九頁。

（3）西海賢二「「浮浪」（はぐれ）と「宿縁」（めぐり）文献目録」（『絵馬に見る民衆の祈りとかたち』批評社、一九九九年）に掲載された膨大な研究目録を参照されたい。その後も、身分的周縁という近世史の研究動向から、民間宗教者に多くの光が当てられるようになった（塚田孝ほか編『身分的周縁』部落問題研究所出版部、一九九四年。『シリーズ近世の身分的周縁』一～六、吉川弘文館、二〇〇〇年、特に第一・第二巻。『身分的周縁と近世社会』一～九、吉川弘文館、二〇〇六～〇八年、特に第五巻・第六巻）。さらに最近では、青柳周一・高埜利彦・西田かほる編『近世の宗教と社会Ⅰ　地域のひろがりと宗教』（吉川弘文館、二〇〇八年）が参詣文化を取り扱っている。西海氏もこうした研究の流れを受けて、木食観正を扱った『近世遊行聖の研究』を『近世の遊行聖と木食観正』（吉川弘文館、二〇〇七年）として増補した。

（4）西山松之助「江戸町名主斎藤月岑」（西山松之助編『江戸町人の研究　四』吉川弘文館、一九七五年）。

（5）原淳一郎『近世寺社参詣の研究』（思文閣出版、二〇〇七年）。

（6）上野千鶴子氏によれば、フーコー氏、ラカン氏以後、「他者の秩序への従属者」「まったき能動的行為者」の両義性ゆえ、もはや一つの主体としてのアイデンティティを語ることはできず、言語論的に主体化とは他者になるという意味でのエイジェンシー（バトラー氏による）を紹介する（「脱アイデンティティの理論」〈『脱アイデンティティ』勁草書房、二〇〇五年〉）。このエイジェンシーとリード氏のいう旅人の概念は、ごく近い関係にある。かといって、リード氏は主体の概念を手放してはいないし、私の立場も同じである。

（7）八木清治『旅と交遊の江戸思想』（花林書房、二〇〇六年）一一頁。

（8）さしあたり、関山和夫『説教の歴史的研究』（法藏館、一九七三年）、真野俊和「聖たちの布教と説経」（『図説日本仏教の世界七　聖と救済』集英社、一九八九年）など。辻本雅史「マスローグの教説――石田梅岩と心学道話の「語り」――」（『江戸の思想』第五号、一九九六年）では、心学の語りによる普及を明らかにしている。史料（テクスト）から議論を構築する歴史学にとって、音色・抑揚・韻律を伴った声を復元的に理解することは容易ではなく、テクスト化された時点ですでに異質なものになっているが、一回性の発話の持つ意味の大きさには留意しておきたい。このような問題に関係して、兵藤裕己「語りの場と生成するテクスト――九州の座頭（盲僧）琵琶を中心に――」（民俗芸能研究の会／第一民俗芸能学会編『課題としての民俗芸能研究』ひつじ書房、一九九三年）は、テクスト化された講釈の台本の持つ普遍性や聴衆の知識の上で成り立つ語りについて論じている。

（9）吉田伸之「城下町の構造と展開」（佐藤信・吉田伸之編『都市社会史』山川出版社、二〇〇一年）。

（10）真野俊和『日本遊行宗教論』（吉川弘文館、一九九一年）二三～二四頁。

（11）青柳周一「参詣の道・生計の道」（『地方史研究』二六八号、一九九七年）、「人の移動と地域社会史・試論」（『関東近世史研究』四八号、二〇〇〇年）、『富嶽旅百景　観光地域史の試み』（角川書店、二〇〇二年）など。

（12）柴田純「近世のパスポート体制――紀州藩田辺領を中心として――」（『史窓』第六二号、二〇〇四年）。

（13）その点でいえば、交通史や宿場をめぐる研究なども視野に入れなければならないが、本稿では果たしていない。

（14）私は、「方法としての〈私〉」と称して、ミニマムな〈私〉の視点から多様な宗教の関係性を運動論的に分析してみたいと考えている（拙稿「近代日本の宗教像」〈池上良正他編『岩波講座宗教1　宗教とはなにか』岩波書店、二〇〇三年〉など）。本稿でも、こうした姿勢を持ちつつ、ゲストの内面の変化に多角的に迫ってみたい。

（15）桂島宣弘『幕末民衆思想の研究――幕末国学と民衆宗教――』（文理閣、一九九二年、増補改訂版、二〇〇五年）。

（16）神田秀雄「近世後期における「救済」の〈場〉」（『江戸の思想』第一号、一九九五年）。ただし、平田篤胤が現実に救いを求める人間との対話に欠けていたという理解には従えない。

（17）磯前順一氏によれば、belief は概念化された信念体系、practice は非言語的な慣習行為をさしているが（「近代における「宗教」概念の形成過程」〈『近代日本の宗教言説とその系譜』岩波書店、二〇〇三年〉）、最近では practice を政治的社会的領域に拡大させている（「〈日本宗教史〉を脱臼させる」〈『宗教研究』第八二巻第二輯、二〇〇八年〉）。

（18）田中智彦氏は、近世中期以後の旅を、①武家の旅（参勤交代・転封）、②公的な旅（訴訟など）、③商用・業務の旅、④芸能者・宗教者の旅、⑤病気治療の旅、⑥社寺参詣、に分けている（『聖地を巡る人と道』岩田書院、二〇〇四年、二八七頁）。ここでは、④を中心に分析しているが、より広いパースペクティブからすれば、宗教性を前面に出した用語を出す必要もないかもしれない。他の旅であっても、何らかの宗教性とかかわることはありえるからである。

（19）新城常三『新稿　社寺参詣の社会経済史的研究』（塙書房、一九八二年）、桜井徳太郎『講集団成立過程の研究』（吉川弘文館、一九六二年）など。

（20）吉田伸之「『江戸』の普及」（『日本史研究』第四〇四号、一九九六年、のち『身分的周縁と社会＝文化構造』部落問題研究所、二〇〇三年、所収）。思想の在村への広がりの一例として、拙稿「神学者」（横田冬彦編『身分的周縁と近世社会五　知識と学問をになう人びと』吉川弘文館、二〇〇七年）も参照されたい。

（21）「牧家日記」は宮津市教育委員会の写真帳を利用させていただいた。本章での日付は、特に断わらないかぎり、同日記による。

（22）史料には天神社と注記される。多治比郁夫「真鍋豊平」（『大阪府立図書館紀要』第二号、一九六六年）。管宗次『京大坂の文人　続々』（和泉書院、二〇〇八年）六三～七二頁。

（23）遠藤泰助『天満天神信仰の教育史的研究』（講談社、一九六六年）。

（24）文化六年序本。田坂順子「『菅家世系録』翻刻と解題」（一）～（三）（『福岡大学総合研究所報』第一九五・二〇二・二一一号、一九九七・一九九八年）。
(25) 国立歴史民俗博物館編『明治維新と平田国学』（同、二〇〇四年）三九頁。玉田の「菅家世系録」より簡略で受け入れられやすかったと思われる（影印は『新修平田篤胤全集　補遺二』名著出版、一九七八年、所収）。
(26) 石川謙『石門心学の研究』（岩波書店、一九三八年、七六八・七八七頁など）によれば、手島訥庵・梅本魯斎と推定される。
(27) 河本一信『赤木忠春』（黒住教日進社、第二版、一九八〇年）二三～二六頁。
(28) 宗信の伊勢参宮から京都・三丹地方の旅行については、本多応之助『誠勤徳顕録』（黒住忠明校訂、黒住教日進社、一九八四年）二一八～二二一頁参照。
(29) 「臨時留」（京都府立総合資料館所蔵宮津藩政記録）嘉永二年五月一六日条。この時期の宮津藩の宗教政策については、拙稿「幕末における宮津藩の宗教政策」（『日本宗教文化史研究』第八巻第一号、二〇〇四年）参照。
(30) 島薗氏の「習合宗教」（あるいは民俗〈宗教〉）については、さしあたり「民間信仰研究の課題と方法」（『民間信仰調査整理ハンドブック　上・理論編』雄山閣、一九八七年）参照。
(31) 「日本九峰修行日記」（『日本庶民生活史料集成　第二巻』三一書房、一九六九年）所収。野田成亮に関する記述の頁数はすべて同書による。管見に入った主な先行研究は、以下の通り。宮本常一『野田泉光院　旅人たちの歴史二』（未来社、一九八〇年）。豊島修「近世山伏の遊行回国――『日本九峰修行日記』を通して――」（『尋源』第三三号、一九八二年）。小島博巳「廻国行者と天蓋六部――『日本九峰修行日記』の提起する二、三の問題について――」（『宗教民俗研究』第三号、一九九三年）。石川英輔『泉光院江戸旅日記』（講談社、一九九四年）。小島卓「野田泉光院の回国と近世社会――近世における人の移動と「情報」――」（『史泉』第八四号、一九九六年）。
(32) 安丸良夫「「近代化」の思想と民俗」（『日本民俗文化大系一　風土と文化』小学館、一九八六年）。
(33) 富士山でもいろいろな費用を支払わなければならなかったが（前掲註(11)青柳著書一五八～一七四頁）、回国者の山役は免除された（二〇四頁）。
(34) この点については、すでに小島卓氏が「私的世界」の移動として指摘している（前掲註(31)論文）。
(35) 前掲註(12)柴田論文。なお、この点を小島卓氏は、「公的世界」の移動として把握する（前掲註(31)論文）。

(36) 天理大学附属天理図書館所蔵。清水茂夫「青羊・真貫・静良の研究――田舎蕉門の実態――」(『山梨大学教育学部研究報告』第一八号、一九六八年)によれば、在家塚村の青羊は名主を勤める豪農だったが、文化九年に没した。成亮が逢った青羊はその子だろう。青羊の追悼文を書いたのが来雪庵陶氷だった。当該地域の俳諧の分析には、松本武秀『近世甲州学芸史の研究』(山梨日日新聞出版局、一九九七年)がある(西田かほる氏のご教示による)。

(37) 杉仁「化政期の社会と文化」(青木美智男・山田忠雄編『天保期の政治と社会』有斐閣、一九八一年)で明らかにされた地域文化の展開と深くかかわっている。

(38) 前掲註(5)原著書、五・六章。

(39) 宗政五十緒「解説」(『東西遊記二』東洋文庫、平凡社、一九七四年)二七三頁。

(40) 前掲註(7)八木著書、五七頁。

(41) 『真宗史料集成第八巻』(同朋舎、一九七四年)九五一~九五二頁。なお、二十四輩については、田中久夫「『親鸞聖人御旧跡二十四輩参詣記』の行程」(『歴史地理』第九二巻三・四号、一九七五年)、石崎直義「越中人の二十四輩順拝の旅」(『歴史地理学紀要』第二七号、一九八五年)、柏原祐泉「近世真宗遺跡巡拝の性格」(『論集日本仏教史 第七巻 江戸時代』雄山閣、一九八六年)など参照。

(42) 「円光大師遺蹟二十五箇所案内記」(宝暦一二年)。同書については、山本博子「法然上人二十五霊場と御影信仰」(『日本宗教文化史研究』第一一巻第一号、二〇〇七年)など参照。

(43) 天理参考館蔵。題箋が失われており、表題は仮題。発起人は姫路松原荘赤西七三郎とある。浄土宗の四十八願所については、山本博子「阿弥陀巡礼」(『高橋弘次先生古稀記念論集浄土学仏教学論叢 第一巻』山喜房佛書林、二〇〇四年)など参照。

(44) 前掲註(5)原著書、第六章で、歴史的素養と参詣行動の関係を論じている。

(45) 史料上「神道者」とのみあるが、玉田のことである。玉田永教については、引野亨輔「講釈師」(前掲註(20)『身分的周縁と近世社会五 知識と学問をになう人びと』)参照。

(46) 久田松和則「御祓大麻をめぐる真宗僧と伊勢神主との宗論」(『皇學館大学神道研究所紀要』第二四輯、二〇〇八年)参照。

(47)『摂津名所図会大成其二』(浪花叢書第八、浪速叢書刊行会、一九二八年)二〇九頁。大阪市史参事会編『大阪市史　第二』(大阪市参事会、一九一四年)五六九頁、参照。
(48)阿弥陀は理仏であり、「天の一理」に阿弥陀と名付けたとも説明する(二一三頁)。
(49)前掲註(31)豊島論文、四二頁。
(50)宮家準『修験道思想の研究』(春秋社、一九八五年)九三二頁。
(51)島本昌一「貞徳伝書『歌書伝授秘訣』・『俳諧三鳥秘伝』」(『近世初期文芸』第一五号、一九九八年)。
(52)行者は仏経を所依とするのではなく、経のための所依となるべき存在で、依経を立てる必要がないという考え(前掲註(50)宮家著書、二一頁)。
(53)神田秀雄「近世後期における宗教意識の変容と統合」(『日本史研究』第三六八号、一九九三年)参照。
(54)先に触れた事例以外にも、青羊追悼歌集「陸廼芭」には「京都　永教」の俳句があるから、甲斐国の在家塚村に玉田永教も訪れていたようである。
(55)彼は、直接徳本から十念・六字名号を受け(一五二頁)、信濃ではあちこちで徳本の六字名号碑を見ている(一五八頁。西海賢二『念仏行者と地域社会　民衆のなかの徳本上人』大河書房、二〇〇八年、一一五〜一四〇頁、参照)。徳本の出身地の紀州ではその生家を訪れ、入信の様子を書き留めている(二三五頁)。
(56)伊藤裕『大壑平田篤胤伝』(錦正社、一九七三年)一一二〜一一三頁。田原嗣郎『平田篤胤』(新装版、吉川弘文館、一九八六年)一五一〜一五二頁。
(57)米田勝安・荒俣宏「いま、よみがえる平田篤胤」(米田勝安・荒俣宏編『別冊太陽　知のネットワークの先覚者平田篤胤』平凡社、二〇〇四年)四四頁。
(58)吉田麻子「平田篤胤の常陸・下総訪問——文化十三年『かぐしま日記』と文政二年『二度の鹿嶋立』を中心に——」(『近世文芸研究と評論』第五六号、一九九九年)。日記は、吉田麻子・宮地正人「文化十三年平田篤胤「かぐしま日記」」(宮地正人編『国立歴史民俗博物館研究報告』第一二二集、二〇〇五年)。以下断りのない限り、同論文ならびに史料を利用する。
(59)渡辺金造氏は、下総旅行の目的を、観光、古道学宣布に加え、出版費用募集のためだったと推定し(『平田篤胤研究』六甲書房、一九四二年、三三五～三三六頁）、その後もその理解が継承されている。
(60) 山中芳和『近世の国学と教育』（多賀出版、一九九八年）三三一頁。
(61) 川名登「草莽の国学『下総国学』について」（『千葉経済短期大学商経論集』第五号、一九七三年）。
(62) 芳賀登『芳賀登著作選集第五巻　平田篤胤の学問と思想』（雄山閣、二〇〇二年）。特に「平田学と民衆宗教運動」参照。
(63) 子安宣邦『平田篤胤の世界』（ぺりかん社、二〇〇一年）二五八・二六四頁。こうした論点を持つものに、宮城公子「平田篤胤と民俗的世界」（『幕末期の思想と習俗』ぺりかん社、二〇〇四年）などがある。
(64) 遠藤潤『平田国学と近世社会』（ぺりかん社、二〇〇八年）七頁。
(65) 吉田麻子「気吹舎における出版と費用」（『東洋文化』復刊第九〇号、二〇〇三年）三二頁。
(66) 「天石笛之記」（旭市史編さん委員会編『旭市史　第二巻』旭市、一九七三年）。なお、同史料を分析したものに板坂耀子「『天石笛之記』が描く平田篤胤」（『語文研究』第八六・八七号、一九九九年）がある。
(67) 『新修平田篤胤全集　第六巻』（名著出版、一九七七年）五八七～五八九頁。
(68) 「文政三～四年平田篤胤自筆日記」（『国立歴史民俗博物館研究報告』第一二二集）所収。
(69) 近藤喜博編『白川家門人帳』（清文堂出版、一九七二年）四六八頁。最初に入門を願い出たのは文化一四年だった。
(70) 「誓詞帳」（『新修平田篤胤全集　別巻』名著出版、一九八一年）一八頁。以下、門人の入門履歴は同史料による。
(71) 「文化十三年三月十五日藤田有成宛平田篤胤書状」（前掲註(59)渡辺著書、八四六～八四八頁）。
(72) 熊澤恵里子・宮地正人・吉田麻子「文政六年平田篤胤上京日記」八月二二日（宮地正人編『国立歴史民俗博物館研究報告』第一二八集、二〇〇六年、所収）。
(73) 『新修平田篤胤全集　補遺二』一五五・一五四頁。
(74) 西山松之助編『江戸町人の研究　第三巻』（吉川弘文館、一九七四年）所収。
(75) 前掲註(59)渡辺著書、三三一～六四頁。
(76) 『新修平田篤胤全集　第五巻』（名著出版、一九七七年）一二一・一二五頁。

(77) 前掲註(59)渡辺著書、六三頁。
(78) 前掲註(59)渡辺著書、三三二～三三三頁。
(79) 吉田麻子氏は前掲註(65)論文で、校閲者として名前がのる人物を経済的な助成者とする通説を批判する。すべての校閲者を経済的助成者とするのはたしかに問題だが、学問的あるいは経済的その他の支援方法の多様性は視点として確保されるべきだろう。
(80) 小野将「「国学」の都市性」(鈴木博之ほか編『シリーズ都市・建築・歴史6　都市文化の成熟』東京大学出版会、二〇〇六年、四〇二頁)では、草莽の国学について都鄙関係を基盤に検討することを示唆している。後述するように、鄙はすでに単純な鄙ではなく、都市から浸透していた在村における文化的な知識が逆に篤胤を揺るがしていたと思われる。
(81) 篤胤が、出版ではなく講釈に力点を置いたことについては、桂島宣弘氏が指摘しているが、出版・写本・講釈の有機的な連関までは言及がない(「平田派国学者の「読書」とその言説」『江戸の思想』第五号、一九九六年、のち『思想史の十九世紀』ぺりかん社、一九九九年、所収)。
(82) 前掲註(59)渡辺著書、六一～六二頁。
(83) 引野亨輔氏は、玉田永教が板本と写本を使い分けて自らの秘伝を権威化したと指摘している(前掲註(45)引野論文、六八～七〇頁)。門人にとって篤胤の秘伝書がいかに魅力的なものだったのかについては、吉田麻子「平田篤胤『古今妖魅考』の出版事情」(『書物・出版と社会変容』第一号、二〇〇六年)を参照されたい。
(84) 「文政二年平田篤胤「二度の鹿島立」」三月二七日(『国立歴史民俗博物館研究報告』第一二二集、所収)。
(85) 日本学士院日本科学史刊行会編『明治前日本天文学史　新訂版』(臨川書店、一九七九年)一七四頁。
(86) 文政二年の旅においても、たとえば、大高善兵衛宅で皆川淇園の『易原』『助字詳解』『虚字詳解』を見て、「必見るべき物なり」と記している(「二度の鹿島立」四月一八日)。
(87) 前掲註(67)全集、五四九～五五〇頁。
(88) 前掲註(67)全集、三八四～三八五頁。

〈付記〉　校正終了時に、青柳周一氏から「近世における地域の伝説と旅行者――「西国順礼略打道中記」を中心に――」（笹原亮二編『口頭伝承と文字文化――文字の民俗学　声の歴史学――』思文閣出版、二〇〇九年）をいただいた。本論と密接に関係しているが、論旨に組み込むことができなかったことをお詫びしたい。青柳氏の論考が掲載された『口頭伝承と文字文化』に収められた諸論文とあわせて参照していただけたら幸いである。

近世における畿内からの富士参詣とその信仰
――大和国を中心に――

山形隆司

はじめに

近年、富士山に対する信仰を掘り下げ日本文化の特性に迫ろうとする研究がなされ、多大な成果をあげている(1)。これは、富士山が現代まで日本の象徴として多くの人々の心を捉えてきたことのあらわれでもある。しかし、これまで近世の富士信仰については、もっぱら江戸や関東の事例が研究対象となってきた。そのなかでも戦国時代末期から近世初期に富士山麓の人穴で修行をした角行藤仏やその流れをくみ享保期（一七一六～三六）以降に江戸で活動した村上光清や食行身禄、彼らが興した富士講に研究が集中してきた(2)。これらの富士講では、仙元大菩薩のお告げによる「御身抜」と称する掛軸を本尊として祭壇に掛け、「お伝え」と呼ばれる教典を勤行に用いるなど、教義・行法に際立った独自性がみられるのである。

そこで、本稿では畿内からの富士参詣とその信仰の特性について大和国を事例として考察したい。畿内における富士信仰の研究は残された史料の少なさもあって低調であるが、江戸や関東とはかなり異なった様相をみせている。これにより、富士信仰が地域社会に受容される際には多様な形態をとったことを提示できるのではないかと考える。(3)

一　近世前期における富士参詣

畿内・西国からの富士参詣者は、地理的な理由から主に富士山表口（南口）を通ることが多かったと考えられている。近世初期の富士登山の記録として、興福寺の僧侶による慶長一三年（一六〇八）の記録が知られている。(4)これによれば、僧侶は大宮浅間社で垢離《こり》をとり、そこで一泊し、その後、村山興法寺の大鏡坊で一泊し、ここでも垢離をとっている。そして、御室大日・中宮・不浄ケ嶽・砂払いを経て山頂へ達し、八葉やお鉢も拝して下山している。また「気ツマリ死スル物数人、死人見テ気モツムス計也」という記述からは、この当時の富士登山が非常な危険を伴うものであったことが分かる。

現在、奈良市矢田原町には富士参詣曼荼羅図（写真1）が伝えられている。(5)本図は、上部に日輪・月輪を描き、その下には山頂に来迎する阿弥陀三尊を目指し松明を手に登拝する行者、中程に村山興法寺の伽藍と龍頭の滝で垢離をとる行者、大宮浅間社の社殿と湧玉池で垢離をとる行者、さらにその下には富士川を舟で遡る行者の姿が描かれている。これは先にみた興福寺の僧侶の登山ルートと一致しており、本図の存在は富士山南口の大宮浅間社あるいは村山興法寺によって南口へ登山者を誘導する活動が行なわれていたことを示唆するものといえる。

また寛文八年（一六六八）には津藩領で富士参詣について禁令が出されており、この頃には庶民の参詣も一般化していたことが分かる。同じ禁令は享保四年（一七一九）にも出されており、それによれば内容は以下のとおりで

ある。(6)

【史料1】

富士参り西国順礼之事

一、富士参西国順礼之儀先年より町郷中へ相触有之候通心得違無之様ニ愈相守可申候、それ共無拠訳ニ而参度者ハ大庄や共へ相断聞届之上可越也、附り金銀所持之輩ハ尤心ニ可任也、おのれが銭有俣ニ貧者を催し令同道ハ此つゐへに依而身上つぶるゝもの在之由風聞候、自今以後他人を催す事堅可為停止事、貧者之富士参は大形は実儀ニあらず、百日之間人之方ニ而食酒をむさほり、耕作ハ村中之助をうけ、朝暮囲碁・双六諸勝負を事とし、己かたのしミ他人をつゐやす大泥坊と云は是也、堅停止之事

右之通町年寄三人大庄や十人評定所へ呼寄書附之通申渡候様ニ申付、且又寺々法談之儀他僧を招キ法談致し候事無用ニ可仕段申達候様ニ申付遣

右　享保四年八月廿六日　奉行

町老郷大庄や共

写真1　富士参詣曼荼羅図
奈良市矢田原町

これは貧しい者が富士参詣することを禁じたものであるが、裕福な者は「貧者を催し令同道ハ此

つゐへに依而身上つぶる、もの在之」とあるように費用の面で非常に負担が大きかったにもかかわらず、連れ立って富士参詣に出かけることが多かったことが分かる。

二　大和国における富士信仰の受容

次に富士信仰が大和国において広く受容されていたことを、富士山の登山口に残された史料と現在も奈良県内に残る石造物からみていきたい。

南都（奈良）清水町の住人であった新右衛門が寛文四～六年（一六六四～六六）にかけてたびたび富士山中に「室」と呼ばれる休泊小屋や六地蔵の建造を行なったことが、富士山南口の村山地区にあった興法寺大鏡坊の記録書にみえる。[7]

【史料2】

「富士山室小屋建立古帳面写

嘉永七寅四月

寺社御奉行

松平豊前守殿江写上扣」

（抜粋）

室建立覚

一、六地蔵　大和室三所之内
　寛文六年七月、大和南都先達新右衛門再建有之
一、砂振
　寛文五年巳五月、大和湊（添）上郡南都清水町先達新右衛門・小先達久右衛門再建、奈良室卜云
一、弐合　大和室卜云
　寛文四年辰六月、大和南都先達新右衛門再建

　これは、南都の住人が富士山先達として登山道の整備に協力したことを示すものである。この史料では、南都清水町先達新右衛門・小先達久右衛門の名前だけが挙がっているが、多額の費用を要するこのような工事には、実際には多くの人々の寄進があったと考えられる。すこし時代は下がるが、元文五年（一七四〇）五月の「大和室建立奉加帳」では、「建立取立」として、大和国添上郡美濃庄村・伊右衛門、同郡田中村・右衛門、同郡石川村・善十郎、同郡中城村・善郎、同郡帯解村・勘七の名前が筆頭に挙げられているが、ほかに勧化に応じた三九六〇もの町・村・寺院・個人の名が記載されている[8]。その大半は個人名であるが、村中で寄進しているものや寺院の名が記されたものもある。この史料に記載のある村名・寺院名を一覧にしたものが表1である。これによれば、勧化に応じた村が大和国の北部・中部に広がっていることが確認できる。

　また、このような富士信仰の広がりは、現在までに明らかになっている奈良県内に残る富士信仰関係の石造物にも反映されている。表2は、これらの石造物のデータを一覧表にしたもので、図1はその所在地を地図上に落としたものである。

表1　「大和室建立奉加帳」（元文五年）に記載のある町村

郡名	村　名
添上郡	南都〈南都の内〉六軒町・中通町・七軒町・地蔵町・笠屋町・下清水町・十輪院町　美濃庄村　田中村　石川村　中城村　帯解村　森本村　白土村　蔵之庄村　南庄村　今市村　稗田村　大江村　若槻村　南永井村　西永井村　下三橋村　萱生村　横田村　紀寺村　東九条村　藤原村　八嶋村　鹿野園村　木辻村　川上村
添下郡	郡山町〈郡山町の内〉車町・岡町　丹後庄村　本庄村　杉村　番條村　菅原村
平群郡	阿波村　西畑村
広瀬郡	箸尾村　林口村
山辺郡	丹波市村　佐保庄村　かつさ（上総）村　深野村　いなば（稲葉）村　針ケ別所村　福住之内上入田村　下入田村　毛原村　石上村　豊井村　小倉村　田部村　前栽村　蘭生村
式上郡	外山村　笠間村　出雲村　初瀬川上町　初瀬柳原町　初瀬森町　慈恩寺村　黒崎村　粟殿村　金屋村
式下郡	屏風村　伴堂村　大木村　唐古村
宇陀郡	本郷村　岩清水村
十市郡	下尾村
高市郡	今井町
郡名不詳	田中村（添上・添下・高市）　中村（添上ほか）　芝村（添下・式上）　岩室村（山辺・宇陀）　南郷村（広瀬・葛上）　池田村（添上・葛下）　大野村（添上ほか）　観音寺村（添上・高市）　高田村（添下・葛下・十市）　石川村（添上・高市）　山田村（添下他）　桜井村（葛上・十市）
寺院名または院号	矢田山（北僧坊・大門坊・南僧坊・新之坊・念仏堂・舎利堂・満栄堂）　不動寺（美濃庄村）　福万寺（南都）　蓮成院（南都）　地蔵院　阿弥陀寺　恵松院　神宮寺　龍福寺

図1をみると石造物は大和国北部・中部に分布しており、とくに奈良町、北東山間部の東山中と呼ばれる地域、北西山間部の高山地区（現、生駒市）、奈良盆地中南部の明日香地区への集中が著しい。このほか、大和国北東部に境を接する南山城および伊賀では、現在でも富士講が行なわれていることが報告されており、大和国周辺にも信仰の広がりをみることができる(9)。

石造物の建立年代については寛永三年（一六二六）～明治三一年（一八九八）に及んでおり、表2にみえる銘文には「西国卅三所」（3・4）、「四国順礼／西国順礼」（9）、「秋葉山／金毘羅大権現／天照皇太神宮／大峯山上／牛頭天王」（21）、「秋葉大権現／稲荷大明神」（25）、「金毘羅大権現／天照皇太神宮」（26）、「金毘羅大権現」（36）、「秋葉山／大峯山」（43）、「秋葉山／大峯山／天照皇太神宮」

（49）など多様な神仏の名が刻まれている。このことから、富士信仰の神仏が、大和国内で信仰されていたほかの神仏と共存するかたちで祀られていたことがうかがえる。また「富士垢離」（1・5・8）、「富士大権現垢離」（2）、「富士垢離三十三度成就処」（6）の銘文が刻まれたものは、後にみる「富士垢離」修行を記念して建立されたものであると考えられる。ここでは、以上のように大和国北部・中部では近世の比較的早い段階から旧来の神仏と共存するかたちで富士信仰が広く普及していたことを確認しておきたい。

『浅間神社の歴史』[10]によれば、大宮浅間社の末社は畿内に三社あり、いずれも奈良県にあるとして以下の神社が記載されている。すなわち、添上郡東市村大字鹿野園村社八坂神社（現、奈良市）・生駒郡郡山町北郡山村社植槻八幡神社境内社（現、大和郡山市）・同郡三郷村大字勢野村八幡神社境内社（現、生駒郡三郷町）である。このうち鹿野園村社八坂神社については、関連する記事が奈良の地誌である『南都名所八重桜』（延宝六年〈一六七八〉刊）第七巻の京終村「富士権現」の項にみえる[11]。

【史料3】

京果（終）村乃氏神として本社ハ伊勢・春日、中頃富士権現を勧請す、此ゆへハ人王百九代太上皇帝（後水尾天皇）乃御宇慶長十八年中に此京果むらと鹿野苑と乃水論乃有之とき、京果村乃百姓等鹿野園の百姓を射ころす、去によつて大公事となりて駿州に下着し、東照大権現様御前乃沙汰となり相済、此とき乃祈願によりて富士権現を勧請せり

ここでは、京終村で伊勢・春日の神に加えて富士権現が勧請された経緯が記されている。京終村と鹿野園村の間で慶長一八年（一六一三）に水争いが発生し、裁判のために京終村の住人が駿河に赴いた際に富士権現を勧請して

表２　大和国における富士信仰関係石造物一覧

番号	型式	地域	紀年	西暦	銘文
1	光背五輪板碑	磯城郡田原本町八田　西方寺	寛永三年八月	一六二六	寛永三年／奉供養富士垢離人衆祈安楽／八月時正日／建之
2	舟型石碑	磯城郡田原本町阪手　阿弥陀寺	寛永八年六月	一六三一	寛永八年／辛未六月吉日／奉御冨士大権現垢離供養二世安楽也
3	建物壁面	奈良市古市町　延命寺跡	寛永一七年三月二一日	一六四〇	【種子（バン）】／冨士山／奉供養西国中辺二［　］／西国卅三所／寛永十七［　］／三月廿一日
4	尖頭型石碑	奈良市二名町　杵築神社	寛永二〇年二月	一六四三	四国□□／冨士山□奉為修行供養□／西国卅三所／寛永廿年／二月吉日
5	自然石碑	奈良市矢田原町小字センゲン	正保四年六月八日	一六四七	【種子（アーンク）】／正保四年／六月八日／奉供養冨士垢離
6	自然石碑	奈良市大安寺町大安寺門前推古天皇社	寛文元年六月一六日	一六六一	寛文元年辛丑六月十六日／奉供養冨士垢離三十三度成就処／和州添上郡大安寺村／施主／庄屋／源衛門　敬白
7	円柱型石碑	奈良市杣ノ川町	寛文三年六月	一六六三	寛文三天／六月今月／冨士権現／法師順良／道賢（ほか5名）
8	方柱型石碑	奈良市月ケ瀬石打　阿弥陀寺	延宝九年五月二八日	一六八一	延宝九年／五月廿八日／奉供養富士垢離二世安楽
9	舟型石碑	宇陀市榛原区萩原　極楽山墓地	元禄元年一一月二六日	一六八八	四国順礼／富士山順礼／西国順礼供養／萩原村中／為法界／元禄元年／十一月廿六日
10	板碑型石碑	山辺郡山添村菅生公民館前　アダゴの森	享保三年七月八日	一七一八	享保三年／七月八日／南無浅間大菩薩
11	自然石碑	生駒市高山町庄田　木願寺	元文元年六月八日	一七三六	【種字（バン）】／元文元天／辰六月八日／奉供養冨士浅間／高山／講中
12	円柱型石碑	奈良市水間町　西岸寺	元文五年六月	一七四〇	【月輪】／冨士大権現／【日輪】／元文五年／六月吉日
13	自然石碑	奈良市丹生町	宝暦三年六月七日	一七五三	宝暦三年／南無浅間／六月七日
14	石仏台石	生駒市高山町前田　法楽寺	明和三年二月八日	一七六六	明和三戌年二月八日／大門村／奥又右衛門／冨士浅間大菩薩
15	石灯籠	宇陀郡曽爾村伊賀見　地蔵寺	明和七年五月	一七七〇	明和七荒庚寅天五月吉日建／奉拝富士権現前／施主講中／世話人　北畑重五良
16	石灯籠	高市郡明日香村越　許世都比古命神社	安永二年七月	一七七三	冨士大権現／当村中／安永二巳歳七月
17	石灯籠	大和郡山市長安寺町　厳島神社	安永二年一二月	一七七三	安永二癸巳十二月吉日／冨士大権現
18	石灯籠	天理市長柄町　白鳥神社	寛政五年六月	一七九三	冨士大権現／常夜燈／講中／寛政五癸丑歳六月吉祥日
19	自然石碑	山辺郡山添村吉田　目作寺	寛政一二年四月八日	一八〇〇	寛政十二庚申天　当［　］／冨士山／卯月八日／施主　市良兵衛
20	自然石碑	奈良市都祁南之庄町　国津神社	享和三年一月	一八〇三	【種子（キリーク）】／富士浅間大菩薩／享和三亥年正月吉日
21	石灯籠	高市郡明日香村平田	文化元年六月	一八〇四	冨士山／秋葉山／金毘羅大権現／天照皇太神宮／大峯山上／牛頭天王／文化元年甲子年六月吉日
22	石灯籠	奈良市二名町　杵築神社	文化二年三月	一八〇五	文化二乙丑天三月吉日／冨士山常夜燈／同行十九人
23	角柱型石碑	橿原市南浦町	文化二年一一月	一八〇五	【月輪】文化二丑年十一月建之／冨士大権現／【日輪】講中

24	自然石碑	宇陀郡曽爾村塩井　明安寺	文化一三年八月二九日	一八一六	冨士権現／文化十三　八月廿九日
25	石灯籠	高市郡明日香村越　許世都比古命神社	文化一三年一一月	一八一六	富士大権現／秋葉大権現／稲荷大明神／文化十三年丙子十一月
26	石灯籠	高市郡明日香村阿部山集落入り口	文政二年五月	一八一九	冨士大権現／若連中／金毘羅大権現／天照皇太神宮／文政二年己卯五月
27	自然石碑	桜井市山田	文政六年	一八二三	文政六年建之／【日輪】／冨士大権現／【月輪】
28	四角柱型石碑	奈良市西木辻町　聖天堂	天保六年六月	一八三五	天保六未年六月吉日（人名4名）／奉献／冨士山／大師講（人名3名）
29	石灯籠	生駒市真弓　伊弉諾神社	天保一〇年六月	一八三九	天保十己亥年六月日／奉納冨士大権現
30	圭頭型石碑	奈良市三碓町	天保一〇年一二月	一八三九	富士山／天保十己亥年十二月日建之／施主　九兵衛
31	自然石碑	山辺郡山添村広瀬	天保一四年九月	一八四三	冨士山／天保十四年九月吉日
32	石灯籠	高市郡明日香村檜前　於美阿志神社	弘化二年九月	一八四五	冨士大権現　当村　氏子／弘化二乙巳年九月日
33	石灯籠	桜井市三輪　エビス神社	嘉永元年六月	一八四八	嘉永元年戊申六月建立／冨士大権現
34	自然石碑	山辺郡山添村西波多　春日神社	嘉永三年六月	一八五〇	嘉永三戌六月日／中西□／冨士大権現
35	石灯籠	高市郡明日香村御園　天満神社	安政二年五月	一八五五	富士大権現／安政二卯五月日
36	石灯籠	高市郡明日香村野口　野口神社	安政三年一二月	一八五六	冨士大権現／金毘羅大権現／安政三辰十二月日
37	石灯籠	高市郡明日香村大根田　八王子神社	安政三年一二月	一八五六	冨士大権現／氏子／安政三辰年十二月日
38	自然石碑	橿原市膳夫町　三柱神社	明治一一年二月一六日	一八七八	冨士山／明治十一年寅二月十六日
39	自然石碑	奈良市都祁白石町　薬師堂	明治二二年一月	一八八九	明治廿二年一月／冨士大権現
40	自然石碑	奈良市杣ノ川町　五社神社	明治三一年三月	一八九八	□士山大権現／明治卅一天三月吉日
41	自然石碑	奈良市二名町　杵築神社	欠年	＊	冨士浅間大菩薩
42	自然石碑	奈良市二名町　杵築神社	欠年	＊	冨士浅間大菩薩
43	石灯籠	橿原市南浦町	欠年	＊	秋葉山／冨士山／大峯山／講中
44	富士山型石碑	奈良市西木辻町　聖天堂	欠年	＊	冨士大権現／講中／泉庄
45	自然石碑	生駒市真弓　伊弉諾神社	欠年	＊	冨士浅間大菩薩
46	自然石碑	桜井市池之内	欠年	＊	冨士大権現
47	自然石碑	奈良市都祁小山戸町　都祁山口神社	欠年	＊	【種子（バン）】／冨士浅間大菩薩
48	自然石碑	橿原市石原田町　市杵島神社	欠年	＊	冨士山
49	石灯籠	高市郡高取町吉備　春日神社	欠年	＊	富士山／秋葉山／大峯山／天照皇太神宮
50	自然石碑	高市郡明日香村阿部山集落入り口	欠年	＊	富士大権現
51	自然石碑	天理市下仁興町　九頭神社	欠年	＊	【種子（キリーク）】／浅間大菩薩

仲芳人「奈良県における富士信仰碑」『あしなか』二〇三（山村民俗の会、一九八七年）・同「奈良県における富士信仰碑Ⅱ」『あしなか』二三二（同、一九九三年）・『奈良市石造遺物調査報告書』（奈良市教育委員会、一九八九年）より表作成・加筆訂正

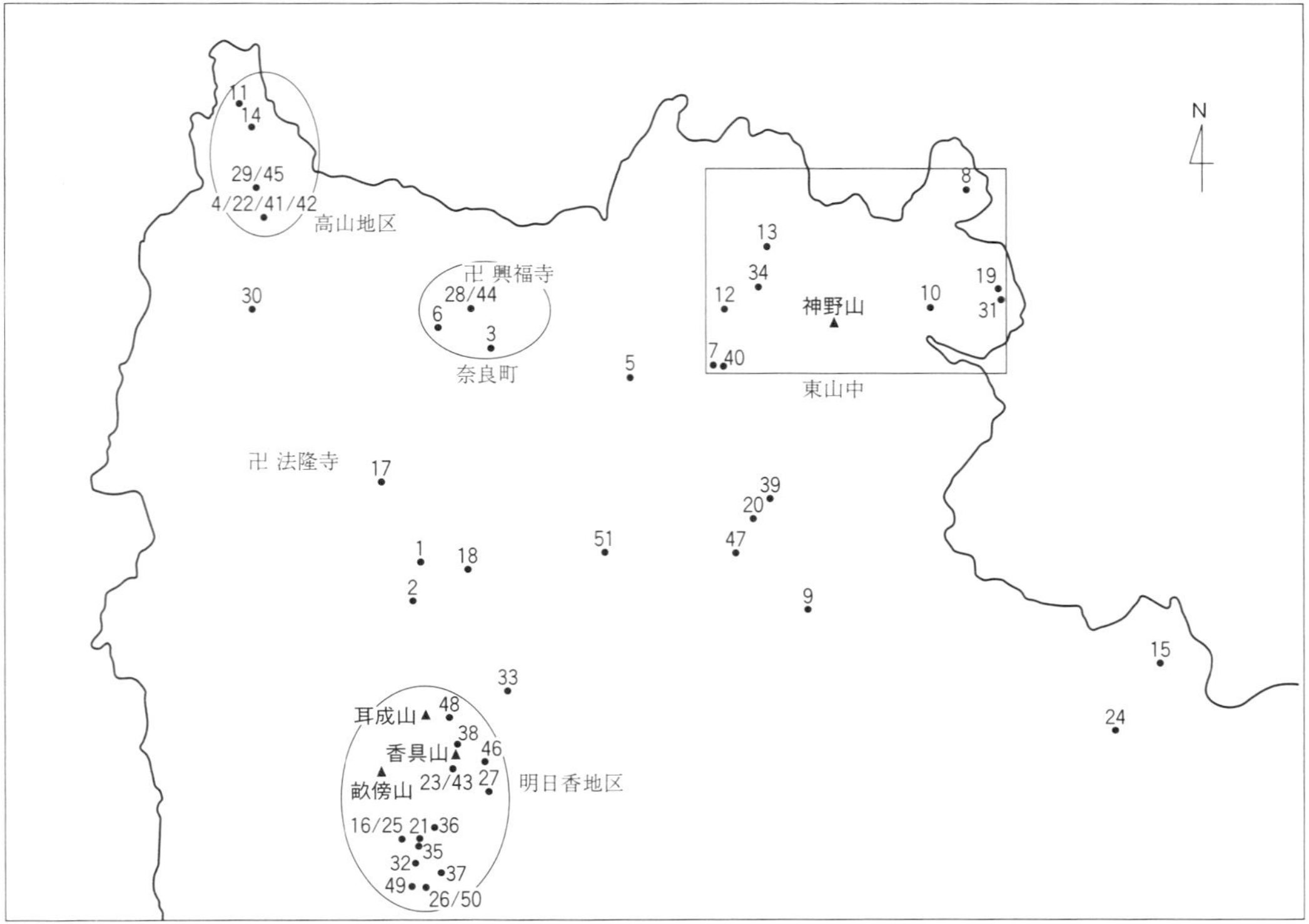

図 1　大和国における富士信仰関係石造物の分布

きたというのである。おそらくは、鹿野園村社八坂神社においても同様の経緯で富士権現が勧請されたものと推察される。このように、富士山麓の寺社からの働きかけのほか、諸般の用事のついでに浅間社へ参詣した者により富士信仰が在地に広められることもあり、これらが富士信仰関係の石造物を造り出す原動力となったものと考えられる。

三　「富士講」の展開と富士信仰

次に富士信仰を地域で担った「富士講」についてみていきたい。とくにここでは、富士山表口（南口）における修験者の一大拠点であった村山の興法寺による南都（奈良）における講の組織化とその信仰形態についてみていきたい。興法寺をここで取り上げる理由は、先にみたように畿内からの富士参詣者の多くが富士山表口を利用したと考えられるからである。

1　興法寺大鏡坊の活動

富士山南麓の村山に所在した興法寺は、大日堂・大棟梁権現社（富士山修験道の中興の祖とされる末代上人を祀る）・浅間社からなり、修験道の聖護院（本山派）の末寺になっていたことが知られている。また、その別当職には、池西坊・大鏡坊・辻之坊がついており、各坊が山伏・宮仕・常使・社人・田中役・鍵取（神主）などを抱える体制がとられており、各坊が地方に旦那場を設定していたことが明らかにされている[12]。このうち大和国についてはおおむね大鏡坊の旦那場となっていたと考えられるが、残された史料にもとづき旦那場の設定の変遷を確認しておきたい。まず史料を提示する。[13]

【史料４】

証文之事

和州一国者其元旦那場ニ而御座候、其内山辺一郡者従古来此方旦那場ニ而御座候所実正也、今度山辺郡貴様へ遣申候、為其替山城一国幷京都惣行屋被遣之□□双ニ令相談埒明候、来夏より山辺道者其元へ御付可被成候、尤山城・京都不残此方江引可申候、為後日仍如件

元禄五年申六月十三日　村山池西坊（印）

大鏡坊様

史料４は元禄五年（一六九二）、大鏡坊と池西坊の間で、大和国山辺郡の旦那場と山城一国および京都の行屋《（家）》を交換する契約が結ばれたことを示す史料である。また断片的な史料ではあるが「富士先達許状控」に収録されている貞享四年（一六八七）六月に大鏡坊が服部右近に与えた許状には「其方旦那場之儀、大和一国之内山辺郡ヲ除之、余者［　］相違如先規之可被廻者也、□如件」とあり、服部右近なる人物に大和国内の廻檀の権利を認めるにあたり山辺郡が除外されており、この段階で大和国のうち山辺郡のみは大鏡坊の旦那場でなかったことを傍証している。[14]

以上のことから、元禄五年を画期として大和国一円が大鏡坊の旦那場となったことが確認できる。[15]

2　南都における富士垢離と富士行家

次に、旦那場においてどのような下部組織が形成されていたかを南都を事例としてみておきたい。

畿内における富士信仰については、先にみた富士信仰関係の石造物の銘文（表2）にも散見された「富士垢離」がその特徴としてこれまでに指摘されている。これについて宮家準氏は、「京都や大坂などから七日間の精進潔斎をし、しかも道中も禁忌を守って富士登拝することは、なみ大抵のことではない。（中略）富士の山頂をきわめる富士禅定をしないで、ただ在所で垢離のみを行う富士垢離が一般化したのである。この富士垢離は、村山三坊が認めた川辺の富士行家で、五月二十五日から一週間にわたって毎日垢離をとって富士権現を遥拝するもので、富士参詣と同じ効果があるとされた」とされている[16]。

これまでに京都については『京都御役所向大概覚帳』の「山伏富士垢離之事」の記述により、正徳五年（一七一五）に聖護院門跡の下に富士垢離の行家が七九軒（洛中五六軒、洛外二三軒）あり、壬生領夷森に水垢離場が取り立てられていたことが知られている。

また大坂においては興法寺大鏡坊が安永三年（一七七四）に、富士三坊（池西坊・大鏡坊・辻之坊）は古くから諸国に富士行屋（家）ならびに参詣の先達・幣束・七五三等を免許してきた先例があるとして、自坊の旦家へ富士先達職ならびに垢離修行を許可すること、垢離修行の場所ならびに大鏡坊旅宿を修繕することを、大坂町奉行所へ願い出たことが指摘されている。またこれは聖護院の認可を受けた上のことで、大鏡坊の旅宿は摂津一国富士先達の明石屋蓮休方（大坂唐物町四丁目）であり、そこに幣帛を目印として立て、富士参詣者に富士垢離を行なわせていたことが明らかにされている[17]。

これに対して、南都においては、享保二〇年（一七三五）に著述が完了した『奈良坊目拙解』の「登大路町」の項に、富士垢離行家について以下の記述がみえる。[18]

【史料5】

○富士垢離行家　　在二当町南側西之端一

当所者南都俗行者講中富士垢離執行之時令二集会一之斎場也、享保（ママ）年始建レ之、仍号二登大路行家一也

○吉城川近年毎六月富士講中為二垢離場一、築二土階ヲ一立二幣帛・小鳥居等一也

ここでは、「富士垢離行家」の説明として、南都の俗行者が富士垢離を行なう際の「集会之斎場」であると明確な規定がされ、享保年間（一七一六〜三六）の建立で「登大路行家」と称しているとしている。また富士講中の垢離場として、登大路町を流れる吉城川に毎年六月に土階を築き、幣帛・小鳥居等を立てるとしている。

大鏡坊に伝えられてきた文書の中には、年代不詳であるが南都の住民による二通の書状が残されている。[19] そのうちの一通は、南都福芝講中より大鏡坊へ宛てたもので、南袋町・京終町・南城戸町・今辻子町の四人の住人に富士先達号を免許するように願い出たものである。ここでは「手前ハ南都福芝講として富士講相企、毎年参詣為致度奉存、万人講ヲ只今勤申候事ニ御座候、私共富士参詣仕、其上先達号頂戴仕候者一入信心も可有之哉と奉存、是万人講為成就之御朱印之義別而奉願」とあり、富士参詣を盛んにするために富士講を設立したこと、またそのために先達免許を願い出たことが記されている。

また、もう一通の書状では先達免許のお礼として、「毎年参詣講中」を企て福芝講より毎年参詣者を出すこと述

べ、それにつき「当年も当地山伏どもふじがうりをとめ候など申うわさ承わリ候」と、山伏による富士垢離への妨害の噂を伝えている。また「是迄ノ福芝ト申ハ右山上講中ノかりなにて御座候間、此度行家こんりういたしかけ申候間、何なりとも右の行家ニ御名ヲ御付被成被下候ハヽ、講中永々ありかたく奉存候」とあり、「福芝」という名は山上講（大峯講）からとった名前であるから、新たに行家に名をつけてくれるようにと願い出ている。

以上のことから、富士先達免許と富士行家建立が同時に一連のものとしてなされていること、また在来の山上講を基盤として富士講が設立されていることが分かる。つまり、山上講の構成員の中から形成された富士信仰をもつ一団が、富士先達免許を受けて富士行家を建立することにより、それを核として、より独自性の高い組織を形成したと考えられるのである。また二通の書状のうちには講の構成員として、柏屋勘六（南城戸町）・豆腐や吉兵衛（薬師堂町）・鍛冶屋清六（中清水町）・かセや吉三郎（南袋町）・小間物屋清兵衛（京終町）・墨や源七（今辻子町）・笠や清次郎（八軒町）・□や勘七（突抜町）・米や長五郎（坂之新や町）の名がみえ、奈良町のうちで地理的に広い範囲に及ぶ地域の住人を構成員としていたことが分かる。[20]

では次に、この富士行家の組織構造についてみていきたい。やや長文になるが、まず史料を提示する。[21]

【史料6】

「元禄六癸酉年六月朔日
富士御垢離帳　」

定

一、垢離執行之砌、法外之儀仕間敷候、且亦注連下ニ罷成候同行有之候者互ニ吟味仕、他之行家下之同行猥ニ奪取申間敷候

一、御年頭御礼　御本寺御役人中より被　仰渡候通無相違急度相勤可申候御事

一、行家持幷同行中口論出来之儀候者互ニ和談仕候様ニ可仕候、自然双方我侭御座候者組頭中江相達、自分共より御訴訟申上間敷候

一、遠近之同行垢離執行之節我侭ニ　梵天相立申間敷候、御法式之儀相背露顕有之ハ如何様ニも可被仰付候

右之趣奉其意候、少ニ而も相背申候者御評議之上如何様共可被仰付候、随而此度左之両人組頭ニ被為　仰付候而五ケ国之境地谷々迄御吟味之段、下同行中江可申聞被為　仰付候条承知仕候、為其判形如此候、以上

附り右村山行家へ御付キ垢離執行之衆中ハ山下行家へ御付キ可有候、勿論、新同行他之手筋改、以前他所へ御付無之候ハ何方ニ而も御入可被成候、此義ニ出入候者組頭共へ御断可有之、両人より支配可仕候、以上

組頭　観行院　印

同　岸上院　印

元禄六年酉五月晦日

御法度之覚

一、私共儀冨士垢離執行仕候ニ付御免許頂戴致事実正也

一、御公儀様御法度之切死丹ニても無御座候、則浄土宗門にて当地何寺門徒ニて御座候、勿論執行之内諸事無

作法成義仕間敷候、其上如何様之六ケ敷儀出入御座候共　御門主様江ハ不及申御役人中へも少も御難義掛
申間敷候、為後日之願状如件
元禄六癸酉年六月朔日
組頭　観行院殿
同　　岸上院殿

史料7は、その後半の文言より南都の住人が元禄六年（一六九三）に富士垢離執行の免許を受けた際の請書の雛形であると考えられる。前半では、「富士垢離」に際しての掟が列挙されており、その内容は以下のようにまとめられる。

①富士垢離執行の際には法外なことをせず、他の富士行家所属の同行を奪いとらないこと。
②聖護院への御年頭御礼を行なうこと。
③行家持の先達ならび同行中で口論の時は、組頭へ知らせ、勝手に訴訟を起こさないこと。
④遠近の同行が富士垢離執行の際、わがままに梵天（幣帛）を立てないこと。

そして、これらの条目の遵守を監督する役割として、大和国を含む五ヵ国を管轄する観行院・岸上院という組頭が任命されていたことが分かる。この組頭という役職については、安政四年（一八五七）の「森御殿御序書　本山一派勧進帳」に「一、白銀二枚　富士垢離組頭　長泉寺・理正院・宝光院・定泉院」と記載されており、諸国の富

写真２　富士講の祭壇　奈良市瓦町

士垢離行家を統括する役割を担っていたものと考えられる[22]。以上のように、元禄六年には南都において富士行家が設けられており、行家付属の垢離修行者を抱えるとともに、富士垢離組頭により統括されていたことが確認できる。

3　南都における富士講の信仰内容

次に、南都の富士講がどのような信仰内容をもっていたのかを、奈良市瓦町で伝えられてきた富士講の祭壇（写真2）からみていきたい[23]。この祭壇は組み立て式になっており、また祭壇上の鳥居および瑞垣《みずがき》などの部材、花瓶・御幣・提灯などの諸道具はすべて祭檀の内側に収納できるようになっている。また付属品として背負子《しょいこ》がついており、当番の家へ祭壇および道具一式が運べるようになっていたと考えられる。

各々の道具および祭壇の部材には、注意書きや修復の際の施主名が記されている。これにより、講の正式名称は「赤井藤本講」であり、享保一六年（一七三一）には成立していたこと、講員の住居範囲は瓦町のほか東城戸町・柳町などにも及んでいたことが確認できる。また「赤井行家」との記述があることから、「赤井」は行家名であると考えられる。提灯には表面に「い冨士本講」（朱書）、裏面に「大峯山上」と記されており、富士講と大峯山上講とが緊密な関係で営まれていたことが如実にあらわれている。

また屏風には向かって左より「理源大師像」「役行者像」、中央に「富士曼荼羅」、右に「不動明王像」「三社像」の掛け軸を掛けるようになっていて、屏風にそれぞれの絵像の略号が記されており、間違いがないようにする工夫がなされている。中央の「富士曼荼羅」は滋賀県甲賀市水口町杣中の富士講で使用されているものと同一の木版刷りであると考えられるが[24]、その他は南都における在来の信仰のあり方を反映していると考えられる。とくに「三社像」は、上部に伊勢、向かって左下部に春日、右下部に八幡の神を描く図様で、嘉永二年（一八四九）には旅人へ押し売りをしないように奈良町奉行所より禁令が出るほどに広く普及していたものである[25]。このように南都における富士信仰の導入は、先にみた石造物と同様にここでも在来の信仰と融合するかたちで行なわれたことが確認できる。また奈良市押熊町に残る「富士祝詞」は、安政六年（一八五九）八月四日から八日までの五日間にわたり、先達周治右エ門・吉右エ門・庄三郎・多助・惣助・良助・啓蔵の七人によって行なわれた富士垢離修行の際に唱えられた祭文であると考えられるが、その文言の最後は、

一、冨士浅現大菩薩　一、今上皇帝
一、天下泰平国家安全　一、郡山御城主安全
一、関東将軍　一、家内安全ため
一、先祖代々為　一、願満事
一、我身のため　一、親類縁者安全

と締めくくられている[26]。ここからは、「世直し」的な観念は読み取れず、富士講の行事が主に現世利益を目的として行なわれていたことがうかがわれるのである。

おわりに

大和国における富士信仰は、石造物の建立年代と分布から、北部・中部において近世初期より明治期にかけて盛んであったことが推察される。近世初期より大和国から富士登拝が行なわれていたことは文献史料からも確認できた。また南都における富士講は、山上講（大峯講）を基盤として成立し、富士先達免許を得るとともに富士垢離行家を建立した。富士垢離は、本来的には富士登拝を前提にして行われていたものの、石造物の銘文にも「富士垢離」「富士大権現垢離」「富士垢離三十三度成就処」などと記されているように、近世初期よりそれ自体が重要視されていたことが確認できる。また信仰内容については在来の大峯信仰等に富士信仰が融合する信仰形態がとられ、現世利益を重視していたとみられる。このように在来の信仰に融合するかたちで富士信仰が受容されたことが、畿内の特徴といえるだろう。独自性の強い行法と教義をもつ富士講が広く浸透した江戸や関東とは、この点で大きな相違がみられるのである。

最後に今後の課題をまとめておきたい。本稿では、主に富士山表口（大宮・村山口）との関わりで大和国の富士信仰を検討したが、それ以外の登山口から富士登拝した記録もみられる。

大和国添上郡石打村では、文化一一年（一八一四）と明治五年（一八七二）に富士登拝を行なったことが記録されている[27]。文化一一年の場合、六月八日に先達五人が引率する総員四一名で出発し、東海道関宿・遠州秋葉山を経て、一七日には富士山南口須山の御師渡辺隼人邸・吉田口御師田辺摂津邸に休泊し、甲府・上諏訪・木曾路を経由して二七日に帰村している。ここでは、もっぱら須山・吉田口の御師と深い関係を取り結んでいたことがうかがえる。また興法寺大鏡坊の宝暦七年（一七五七）の記録においても「向後ハ裏口江廻り候抔と悪対ヲ申候様ニ罷成、宿坊相立不申候、兎角裏口繁昌ゆへニ此方表ニ而申事聞入不申候故、此方江引付申度、近年ハ馳走等も入念……」とあり、畿内からの富士登拝者も吉田口を中心とする北口も利用する状況があらわれていたことがうかがえる。(28) さらに、幕末期には南都においても食行身禄の道統を受け継いだ小谷三志により興された不二道が広がり、町奉行所で問題となっている。(29)

今後、このような点を踏まえて畿内の富士講が村山口以外の登山口とどのような関係をもっていたか、また江戸・関東の富士講の信仰が幕末期に畿内にどのようにして導入されたかを検討することで、畿内における富士信仰の特性をより明確に位置づけられるものと考える。

註

（1） 青弓社編集部編『富士山と日本人』（青弓社、二〇〇二年）、天野紀代子・澤登寛聡編『富士山と日本人の心性』（岩田書院、二〇〇七年）、『国立歴史民俗博物館研究報告第一四二集――宗教者の身体と社会――』（国立歴史民俗博物館、二〇〇八年）など。

（2） 岩科小一郎『富士講の歴史』（名著出版、一九八三年）、平野栄次『富士信仰と富士講』（岩田書院、二〇〇四年）、宮田登『すくいの神とお富士さん』（吉川弘文館、二〇〇六年）など、これまでに多くの研究蓄積がある。また、荻野裕子氏が「南麓における富士山信仰研究動向――平成以降を中心に――」（『富士信仰研究』創刊号、富士信仰研究会、二〇〇〇年）で指摘するように畿内・西国からの富士登山者を多く迎えたとされる富士山南麓（表口）についての研究も、低調であると言わざるをえない。ただし、近年、富士宮市教育委員会編『村山浅間神社調査報告書』（富士宮市教育委員会、二〇〇五年）が公刊されたことで、より綿密な史料調査と研究が今後進展することが期待される。

（3）佐藤栄一「地域社会における山岳信仰の諸相——西国の富士信仰受容の形態を通じて——」（木曜会編『民俗宗教』第二集、東京堂出版、一九八九年）では、西国の富士信仰の類型として「伊勢・志摩型」「近江・甲賀型」が提示されている。

（4）前掲註（2）報告書所収「寺辺明鏡録」（内閣文庫所蔵）。ただし、史料名は正しくは「寺辺明鏡集」で、興福寺大乗院旧蔵とされる。

（5）富士参詣曼荼羅図（奈良市指定文化財）は、矢田原第三農家組合で所蔵されており江戸時代初期の作品と推定されている。掛幅装・紙本著色、縦一二七・〇センチ、横七五・八センチ。またこの地区には、正保四年（一六四七）の銘をもつ富士信仰関係石造物（表2の5）が残されており、関連が注目される。

（6）上野市古文献刊行会編『宗國史　下』（同朋舎出版、一九八一年）一六二～一六三頁。同じように、和歌山藩領で元禄四年（一六九一）一二月に出された禁令にも「一、物参下向之節、さかむかい無用ニ可仕、付他国帰悦見舞之者幷やくおとし富士こりの節も食物酒無用ノ事」という一文がみえる（『那賀町史料』〈那賀町教育委員会、一九七〇年〉所収）。

（7）前掲註（2）報告書所収、「富士山室小屋建立古帳面写」（旧大鏡坊富士氏文書・K64）。

（8）「大和室建立奉加帳」（旧大鏡坊富士氏文書・K65）。

（9）南山城の事例については、志村博「京都府笠置町に伝わる『富士垢離』について」（『平成一一年度富士市立博物館館報』富士市立博物館、二〇〇〇年）を参照。また伊賀の富士講については、『上野市史（民俗編上・下）』（上野市役所、二〇〇一・二〇〇二年）に報告があり、また『上野市史（文化財編）』（上野市役所、二〇〇四年）では、富士信仰関係の石造物が紹介されている。このほか、立石則也「高安における信仰的講集団をめぐって——河内修徳講と浅間講——」（『八尾市立歴史民俗資料館研究紀要』八尾市立歴史民俗博物館、一九九三年）では、大和国北西部に境を接する大阪府八尾市の浅間講（富士垢離講）の活動が報告されている。

（10）宮地直一・廣野三郎『富士の研究Ⅱ　浅間神社の歴史』（古今書院、一九二九年）。

（11）『近世文学資料類従　古板地誌編一七』（勉誠社、一九七五年）所収。

（12）村山修験の組織構造については、宮家準「富士村山修験の成立と展開」（『山岳修験』6、日本山岳修験学会、一九九〇年）参照。堀内真「富士に集う心――表口と北口の富士信仰――」（『中世の風景を読む 第三巻 境界と鄙に生きる人々』新人物往来社、一九九五年）では、富士山各登山口の成立過程が比較検討されている。

(13) 前掲註(2)報告書所収、「富士山興法寺大鏡坊記録」（旧大鏡坊富士氏文書・K46）。

(14) 前掲註(2)報告書所収、「富士先達許状控」（旧大鏡坊富士氏文書・K193）。

(15) 前掲註(2)報告書所収の「証拠物」（旧池西坊富士氏文書・K2）において、宝暦八年（一七五八）の段階でも、大和国は残らず「大鏡坊」の旦那場となっていることが確認できる。また後年の史料であるが、嘉永元年（一八四八）六月の富士山登拝者を大鏡坊が書き留めた「道者帳」（旧大鏡坊富士氏文書・K173）によれば、大和国からの登拝者のうち山辺郡からの者が多数を占めている状況が分かる。大和国内の旦那場のうちでも山辺郡が特別な位置にあったことがうかがえる。

(16) 前掲註(12)宮家氏論文二四頁。なお、「富士行家」は「富士行屋」とも記述されるが、同様のものと考えられる。

(17) 前掲註(2)報告書、第三章第二節「各地の富士垢離と富士参詣」。

(18) 「奈良坊目拙解　巻一四」（『奈良市史編集審議会会報告1』奈良市史編集審議会、一九六三年）。

(19) 前掲註(2)報告書所収、「書状（登山願い、先達号免許願い）」「書状（登山願い、行家命名願い）」（旧大鏡坊富士氏文書K214・215）。なお『奈良市古文書調査目録（三）』（奈良市教育委員会、一九八七年）によれば、「北福芝行者講」が明和六年（一七六九）から嘉永四年（一八五一）まで八三年間にわたり営まれ、その後断続的に昭和五七年まで続いていたとされるが、本文でふれた「福芝講」との関連は不明である。講文書が同書に翻刻されている。

(20) 同じように、大和国十市郡南浦村の先達・与八郎は池之内村（十市郡）の富士講中の参詣を事前に知らせており、農村部においても村の枠組みを超えて富士講が組織されていたことが分かる（「登山願い」〈旧大鏡坊富士氏文書・K224〉）。

(21) 「富士御垢離帳」（奈良市高御門町個人蔵文書）。

(22) 前掲註(2)報告書、第3章第2節「各地の富士垢離と富士参詣」では、長泉寺・理正院・宝光院・定泉院はいずれも、かつて聖護院の西側に隣接して存在した同寺の末寺であったとされている。

(23) 瓦町旧蔵富士・山上講資料、奈良市教育委員会所蔵。各部材の銘文・寸法等の詳細については『特別展図録 つどう・いのる・たべる――奈良の講と神仏――』（元興寺文化財研究所、二〇〇三年）を参照。同資料には古文書として「大峯山上日参講」の勧進帳（明治四年一一月）が残されている。これは吉野山より大峯山上へ毎年四月七日より九月七日まで一五〇日の間日参する百五拾人講を結成することを目的としたもので、和州大峯山竹林院役人が勧進元になっているものである。また講で唱える経文として、以下のものが残されている。

「大正八年弐月新調ス

南無行者神変大菩薩報恩

施主　大森新兵衛」

さんげさんげ。六こんしよじよ。大みね。はちだい。こんごうどう一ニらいはい。なも。ぎよおじや。だいほさつ。おんだけおんじやく　弁財天　おんそらそばていえいそはか　南無理源《りげん》大師　毘沙門天　おんべいしらまだやそはか　南無勝手《かつて》大明神　南無子守《こおもり》大明神　南無金精《こんしよ》大明神　南無行　者《きよおじや》大菩薩　南無地蔵大菩薩　おん。かかか。びさんまえい。そはか　このあと心経拾巻あげる　南無富士《ふじハ》浅間大権現《せんげんたいごんげん》

(24) 滋賀県甲賀市水口町杣中の富士講で使用されている「富士曼荼羅」は前掲註（2）報告書の口絵写真参照。

(25) 『奈良市古文書調査報告書（10）――中院町有史料――』（奈良市教育委員会、一九九四年）所収の町触（嘉永二年三月二四日付）に「旅人施薬又者守札三社侘（託）宣、其外品々とも申勧〆相求させ候趣、重事ニおゐてハ不埒之至りニ候」とある。

(26) 「富士祝詞」（奈良市押熊町個人蔵文書）。

(27) 前掲註（2）岩科氏著書所収、大和国添上郡石打村田北家旧蔵文書「富士山道中入用帳」（文化一一年〈一八一四〉・明治五年〈一八七二〉）。

(28) 前掲註（2）報告書所収、旧池西坊富士氏文書・K2「証拠物」（江戸大久保ニテ写之）のうち「宝暦七年大鏡坊書上」。

(29) 「寧府紀事」（『川路聖謨文書五』日本史籍協会、一九三四年）、嘉永二年四月および閏四月の記事に散見される。

〈謝辞〉　拙稿をなすにあたり、史料調査にご協力頂いた奈良市教育委員会・富士宮市教育委員会・矢田原第三農家組合および史料所蔵者の皆様に深く御礼申し上げます。

富士参りの歌
――伊勢志摩からの富士参詣――

荻野裕子

はじめに

お富士　男に恋の山　六十三までお待ちあり　ありがたやの
お富士　男に恋の山　六十三までお待ちあり
足も軽かれ　お山もよかれ　泊まれ泊まれの宿よかれ
そよと吹いたかマニシ（真西）かマゼ（南風）か　吉田の港へそよそよと
吉田通れば二階から招く　しかも鹿の子の振袖で
吉田二川　白須賀越えて　新居の番所は歌でやる
晩の泊まりは日坂泊まり　買うてもとかよ　安倍川餅
ここは蒲原　宿《しゅく》である　願うお山は彼方かな

金谷峠に登りて見れば　大井川には水がない
晩の泊まりは吉原泊まり　明日はお山のふもとまで
富士の裾野で昼寝をしたら　山がよいとの夢を見た

（阿児町〈現、志摩市〉志島。後半は末尾に掲載）

伊勢志摩には、このような富士参りの様相を表現した歌が流布していた。近年では歌われなくなった地域も多いが、後掲の図1に示したように、かつては広範な地域で歌われたのである。これらは、各地で「浅間さんの歌」「富士参りの道中唄」など様々に呼ばれるが、本稿では「富士参りの歌」と総称する。伊勢志摩では、富士参詣を「富士参り」と称することが多いためである。

富士参りは、江戸を中心に近世には盛んに行なわれた。これは、江戸町民の間に盛況をみた、民衆宗教の先駆けといわれる富士講の信仰に基づくものである。富士講は、近世初期にそれまでの富士信仰を大きく変革させ、富士山を万物を生み出す根本神として捉えるなど独特の教義を打ち出した。近世中期以降には江戸八百八講といわれるほどに増加し、講員は代参方法でできる限り富士登拝に赴いた(1)。

一方、富士山まで二〇〇キロメートル以上離れた伊勢志摩では、富士参りは一二年に一度の申年か、六年ごとの丑年・申年に行なわれていた地域が多い。その富士参りを、男子が一人前になるための成人儀礼や、一生一度の経験と捉えている地域も少なくない。よく「一生一度の伊勢参り」と称するが、その伊勢では「一生一度の富士参り」をしていたのである。志島や南張では、こうして一生一度の富士参りを経験する（した）者が富士講を形成し、その後在地で富士信仰行事を担うようになる。その祭祀対象は、古来、富士山の祭神とされる浅間神や神仏習合以来の浅間大菩薩、その本地仏の大日如来であり、富士講が発達する以前からの富士信仰であることがうかがえる。

富士講を含めた富士信仰の信仰圏のなかでも、富士参りの歌が伝承されているのは、この伊勢志摩周辺に限られるのである。

こうした富士講発達以前からの富士信仰についての研究は、実は存外に少ない。歴史的な面については、昭和初年に『富士の歴史』『浅間神社の歴史』(2)という大著が著されてかなり跡付けられたが、それ以後富士信仰の研究は、関東地方の富士講を中心に進められた。とくに、富士講以外の富士信仰の民俗的な様相は、ほとんど明らかにされていない。

本稿の対象となる伊勢志摩は、その富士講以外の富士信仰がよく伝承された地域である。歌が歌われるほどに、この地からの富士参りは盛んだったのだろうか。本稿は、富士講以外、ことに西国からの富士参りの習俗について、初めてのまとまった報告となる。同時に、筆者にとっての富士講以外の富士信仰研究の一端を示すものでもある。

後述するように、霊山参詣を詳しく表現したこのような歌は、富士山のほかにはほとんど伝承されていないようだ。なぜ富士山にはこのような歌が生まれたのか。それを探るのは、霊山参詣のなかでの富士山の位相を知ることにもなろう。

霊山参詣は、中世の修験者中心の修行的世界から、近世には民衆化して非常に活発化した。富士参詣は早くも中世後期には民衆化したとみられ(3)、近世後期には富士山北麓の吉田口からの登拝者だけで、平年で七〜八〇〇〇人にのぼったと推計されている(4)。富士参りの歌は、こうした民衆による近世の霊山参詣を、民衆自身が歌謡という共有の言語で表現してきた稀有な事例である。霊山へ向かう旅を、歌い手であるその旅の当事者や家族は、どのように表現していたのだろうか。霊山参詣が、参詣者の内面にどのように捉えられていたのかを知る手がかりにもなるだろう。

一　伊勢志摩からの富士参り

1　富士参詣者数の記録

まずは、伊勢志摩から、かつてどれだけの参詣者が富士山へ向かったのか、記録をみてみよう。富士山の信仰圏は、浅間神社の分布から、おもに関東から関西地方に広がるとみられている。富士講の影響が強い関東地方に圧倒的に神社数が多く、伊勢志摩は信仰圏の周縁部に位置して神社数もわずかとされる[5]。

しかし、伊勢で早くから富士信仰が厚かったことは、次の史料からうかがえる。嘉永七年（一八五四）の「富士山室小屋建立古帳面写」では、伊勢志摩から最短距離にある富士山南西麓の登拝口、大宮・村山口の登拝道に建立された、室小屋（登拝道上の休憩宿泊施設）の建立時期と建立者がわかる[6]。このなかで、伊勢の先達などにより建立された室小屋は、三合・五合などに四ヵ所の「伊勢室」のほか、山頂の嶽大日まで実に七ヵ所に及ぶ。そのほかは、大和室が三ヵ所、伊賀室が二ヵ所、京室二ヵ所、遠州・尾州・駿州・江州先達などによる再建の室が一ヵ所ずつである。近世の富士山におけるおもな四つの登拝口のうち、関西に最も近い大宮・村山口登拝道では、圧倒的に伊勢の建立者による室が多いのである。以上七ヵ所の室小屋は、すべて寛文年間（一七世紀後半）の再建とある。当時すでに、伊勢にかなりその信仰が広がっていたことがうかがわれよう。

では、実際に伊勢志摩から、江戸時代にはどれだけの人数が富士山に参詣（登拝）したのだろうか。前述の大宮・村山口の史料からみてみよう。大宮口には、九世紀初頭から本宮浅間社（現、富士山本宮浅間大社）が鎮座した。その周辺にはその社人が営む宿坊が存在し、富士登拝者を受け入れていた。そうした社人である、公文富士氏の道者帳が残されている[7]（道者とは登拝者の意味）。慶長一七年（一六一二。記録は六月二日～一二日）には合計三一二人のうち伊勢道者は七三人にすぎないが、翌一八年（記録は五月一九日～六月三日）には四六〇人中二八〇人が伊勢道者であり、全体の半分以上に及ぶ。慶長一八年は丑年である。伊勢志摩では申年や丑年に富士参りをする習俗が聞かれ、この年の道者数の多さはそのためとみられる。同時に、丑年に富士参りという習俗が、この時期には伊勢志摩に根付いていたこともわかる。この記録では、立利（松阪市）からは一挙に九七人、二見からも四〇人が押し寄せており、代参ではなく、講があればその講員総出で参詣したのではないかと思わされる。

時代が下って、幕末の嘉永元年（一八四八）の富士登拝者の記録が、村山口に鎮座する村山浅間神社に残されている[8]。村山口は、大宮口から北東に続く同一の登拝道に位置する。富士山への直接の登拝口である。この記録はその村山口に拠点を置いた修験者の宿坊のひとつ、大鏡坊のものであり、これによると、申年のこの年は合計一五六〇人の登拝者があった。記録は五月二七日から七月二七日までであり、その年の山開きの期間すべての記録であろう（近世の富士山開きは六月一日～七月二七日ごろ）。そのうち、伊勢からの登拝者は五五九人と、地元駿河の四〇〇人を超えて第一位である。志摩からは一八七人で、駿河に次ぐ第三位である。申年のためだろうが、伊勢志摩の登拝者が全体の約四八パーセントなのだ。このうち、富士参りの歌が伝わる地域として、船越・東宮・二見・土路・小俣など一〇ヵ所が確認される。土路からは七八人もの登拝者が記録されている。

後述するように、伊勢志摩の登拝者には富士山南東麓の須山口もよく利用されたようである。掲げた史料は大宮・村山口のみであるが、近世に伊勢志摩からかなりの富士登拝者があったことはうかがわれよう。

伊勢志摩では、近世だけでなく近年まで盛んに富士参りが行なわれていた。また、今でも行なう地域もある。本節では、歌の伝承地における富士参りの習俗を報告する。それとともに、富士参りの歌がどのような状況で歌われたのかを示してみよう。なお、ここでは歌の名称は各地の呼称に従って表記した。

事例一　阿児町志島（㊲　○中の数字は図1・表1に対応）　二〇〇四年調査

中年・丑年に富士参り。中年をホンヤマ（本山）という。戦前は高等小学校卒業後に、男はたいてい富士参り。男たちの参詣中、留守宅の女たちが神社に参籠し、富士登拝の日に「富士参りの道中歌」を歌いながら踊った。富士講は参詣経験者で形成し、講員は一月と七月の一八日に富士日待ちという行事を行なう。講員になると参詣せず、参詣は一生一度である。六月二八日に浜辺で富士山遥拝のソウゴウリ（総垢離）。

事例二　大王町畔名（㊳）　二〇〇七年調査

中年・丑年に富士参り。かつて畔名では、男は必ず富士参りをするものといわれていた。初めての参詣者に、富士講員数名が世話役として付き添う。富士講は参詣経験者で形成された。参詣中は、留守宅の女たちが大日如来を祀る大日堂に参籠して「富士参りの歌」を歌う。帰郷すると、酒宴を開いて参詣者や家族などが一緒に歌った。

一月と六月に、富士講員が「浅間さん」の行事を行なう。六月は講員が浜辺で垢離《こり》を取る。その間、浜にいる女たちが富士参りの歌を歌う。そのあと、講員が歌いながら畔名の家々を笹で祓って回る。

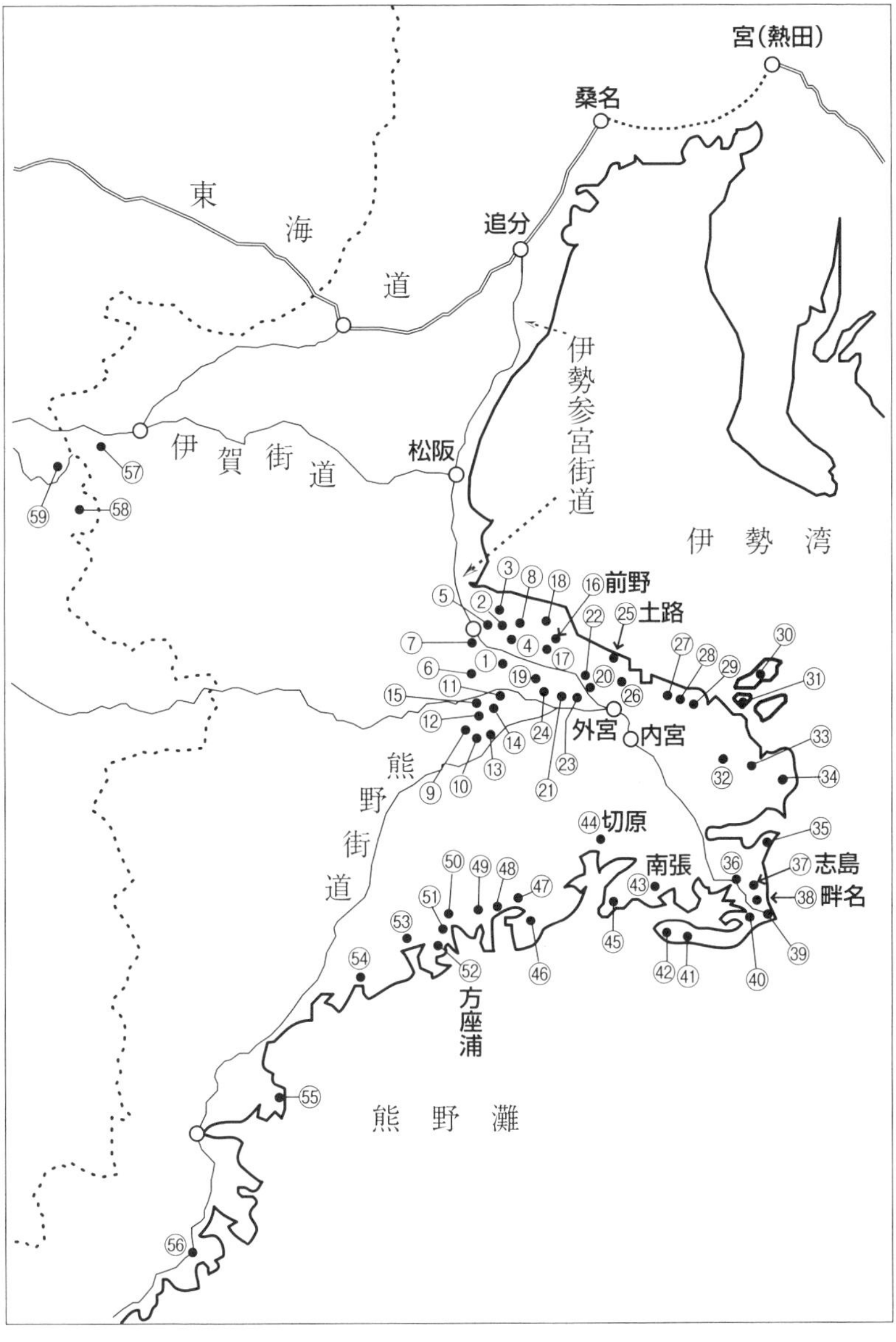

図1　富士参りの歌の伝承地（図中の番号は、表1の番号に一致）

	市町村	地区	歌われる機会	出典
㊲	阿児町(現、志摩市)	志島	富士参り	同上
㊳	大王町(現、志摩市)	畔名	浅間祭・富士参り（申・丑年）	本文註(９)・ｇｈ・荻野調査
㊴	大王町(現、志摩市)	波切	総垢離（浅間祭）	ｇｈ・荻野調査
㊵	大王町(現、志摩市)	船越	浅間祭	同上
㊶	志摩町(現、志摩市)	和具	オショロジ(精進・浅間祭)	ｊ
㊷	志摩町(現、志摩市)	越賀	不明	本文註(41)
㊸	浜島町(現、志摩市)	南張	富士参り	ｋ・本文註(９)
㊹	南勢町(現、南伊勢町)	切原	浅間大祭	ａ・本文註(６)
㊺	南勢町(現、南伊勢町)	田曽浦	富士垢離（祭り）・富士参り	本文註(６)
㊻	南島町(現、南伊勢町)	阿曽浦	浅間祭	ａ
㊼	南島町(現、南伊勢町)	道方	浅間祭	ｌ
㊽	南島町(現、南伊勢町)	贄浦	浅間祭	ｌ・本文註(16)
㊾	南島町(現、南伊勢町)	東宮	浅間祭	ａ
㊿	南島町(現、南伊勢町)	村山	浅間祭	ａ
51	南島町(現、南伊勢町)	神前浦	浅間祭	ｌ・荻野調査
52	南島町(現、南伊勢町)	方座浦	浅間祭	ｌ・荻野調査
53	南島町(現、南伊勢町)	古和浦	浅間祭	ａ
54	紀勢町(現、大紀町)	錦	浅間祭	ｂ
55	海山町(現、紀北町)	島勝	サイゲ（浅間祭）	ｍ
56	熊野市	二木島	浅間祭	ａｎ
57	上野市(現、伊賀市)	白樫	富士参り（申・丑年）	ｏ
58	山添村	広瀬	富士参り	ｐ
59	月ヶ瀬村(現、奈良市)	尾山	富士参り	ｑ・荻野調査

出典

ａ三重県教育委員会編発行『三重県の民俗芸能』1994年
ｂ三重県教育委員会編発行『三重県の祭り・行事』1997年
ｃ松阪市史編さん委員会編『松阪市史　第10巻　史料編民俗』蒼人社、1981年
ｄ三重県教育委員会編発行『三重県の民謡――民謡緊急調査報告書――』1990年
ｅ牧野由朗編『志摩の漁村　愛知大学総合郷土研究所研究叢書９』名著出版、1994年
ｆ鳥羽市史編さん室編『鳥羽市史　下巻』鳥羽市役所、1991年
ｇ大王町史編さん委員会編『大王町史』大王町、1994年
ｈ大王町文化財調査員『大王町の年中行事』大王町教育委員会、1979年
ｉ阿児町役場編発行『阿児町史』、1977年
ｊ「鳥羽志摩漁撈習俗調査報告書」1968年（『日本民俗調査報告書集成　東海の民俗　三重県編』三一書房、1996年所収）
ｋ浜島町史編さん委員会編『浜島町史』浜島町教育委員会、1989年
ｌ南島町町史編集委員会編『南島町史』南島町、1985年
ｍ海山町役場編発行『海山町史』、1984年
ｎ熊野市史編纂委員会編『熊野市史　下巻』熊野市、1983年
ｏ上野市編発行『上野市史　民俗編　下巻』上野市、2002年
ｐ山添村年中行事編集委員会編『やまぞえ双書１　年中行事』山添村、1993年
ｑ月ヶ瀬村史編集室編『月ヶ瀬村史』月ヶ瀬村、1990年

表1　富士参りの歌の伝承地（市町村名は、本文も含め出典のとおりとした）
＊歌詞が不明でも、内容的に富士参りの歌と推定される歌や踊りの記述を含む。

	市町村	地区	歌われる機会	出典
①	松阪市	山添	富士参り・浅間祭	a b c
②	松阪市	上七見	浅間祭	a b d
③	松阪市	下七見	浅間祭	a
④	松阪市	櫛田	浅間祭	a b
⑤	松阪市	幸生	浅間祭	a
⑥	松阪市	阿波曽	浅間祭	a b c
⑦	松阪市	白粉町	浅間祭	a
⑧	松阪市	保津町	浅間行事 富士参り	d
⑨	多気町	神坂	富士参り	a b
⑩	多気町	平谷	浅間さん（浅間祭）	a b
⑪	多気町	荒播	浅間さん（浅間祭）	a b
⑫	多気町	四疋田	富士参り（丑年）	a
⑬	多気町	五桂	浅間さん（浅間祭）	a b
⑭	多気町	相可	浅間さん（浅間祭）	a b
⑮	多気町	三疋田	浅間さん（浅間祭）	a
⑯	明和町	前野	浅間行事（浅間祭） 富士参り（申年）	a・d・本文註(17)
⑰	明和町	御糸	富士参り（申年）	本文註(17)
⑱	明和町	田屋	富士参り（毎年）	同上
⑲	明和町	池村	富士参り（申・丑年）	同上
⑳	小俣町(現、伊勢市)	下小俣	富士参り	本文註(11)
㉑	小俣町(現、伊勢市)	六軒屋	富士参り	同上
㉒	小俣町(現、伊勢市)	明野	富士参り	同上
㉓	小俣町(現、伊勢市)	松倉	浅間講・富士参り	荻野調査
㉔	小俣町(現、伊勢市)	東新村	富士参り	荻野調査
㉕	伊勢市	東豊浜土路	浅間祭・富士参り（申年）	a・荻野調査
㉖	御薗村(現、伊勢市)	各地	富士参り	a
㉗	二見町(現、伊勢市)	三津	富士講	a b
㉘	二見町(現、伊勢市)	江	不明	d
㉙	二見町(現、伊勢市)	松下	富士参り（申年）	a b
㉚	鳥羽市	答志島	富士参り（申年）	本文註(44)・f
㉛	鳥羽市	坂手	不明	f
㉜	鳥羽市	岩倉町	富士参り	a
㉝	鳥羽市	今浦	不明	f
㉞	鳥羽市	国崎	富士参り（申年）	e
㉟	阿児町(現、志摩市)	安乗	富士参り	本文註(9)
㊱	阿児町(現、志摩市)	鵜方	浅間祭	i・荻野調査

事例三　伊勢市土路（㉕）　二〇〇七年調査

浅間神社（大日様。大日如来を祀る）があり、毎年五月一五日・二三日・三一日が祭日。このうち、二三・三一日には地区の老女が富士参りの「道行歌」にあわせて踊る。

今でも、男は必ず一度は富士参りをする。中年に富士参りを行ない、そのための富士講を、その前回の富士参り終了後から組む。一五歳から二七歳までの男が参る。初めての参詣者に世話役や講元（両方とも初登拝の子供の親）が付き添う。参詣の年は、浅間神社の祭礼の際に、神社の前に富士山形のオヤマ（お山。塚）を造る。その年の参詣者が、オヤマの周りを回って富士参りの「道行歌」を歌い踊る。このときの歌と踊りは、歌詞は同じだが、例年の老女によるものとは節回しと踊り方が異なる。

富士参りへの出発時にも、参詣者と見送り人が歌い踊る。参詣者が、登拝時に山頂で歌い踊ったときもある。男たちの参詣中、出立から下山まで地元で富士参りの「道行唄」と踊り。夜中は留守宅の女たちが歌い踊る。下山の連絡が入ると終了した。

事例四　明和町前野（⑯）　二〇〇八年調査

男は青年団員の間に、一度は富士参りをするものとされた。中年に参詣。これから参詣する青年や経験者が富士講を形成し、講員が毎年六月晦日に浅間行事を行なった。現在は青年団がなく、浅間行事は有志で行なう。笹で作られた幣を持ち、公会堂から祓川沿いの権現松まで歩きながら「道中歌」を歌う。松に着くと幣を奉納し、松の周りを歌い踊りながら、数回回る。終ると、富士山の方角を向いて拝む。かつて浅間行事は富士参りの成功を祈って行なうものでもあり、中年にはそのあとで富士参りに出発した。出発前にも、参詣者が公会堂に集まって歌い踊った。

昭和三〇年ごろの参詣経験者は、富士登拝中にも何度か「足も軽かれ山よかれ」の部分を歌い、山頂では奥宮参拝のあと、松の周りで歌う部分を歌ったという。最後の富士参りは昭和五五年（一九八〇）。

事例五　浜島町南張（43）　二〇〇八年調査

富士講には、戦前は長男は高等小学校二年を終えると加入（今は八軒のみ）。毎年五月二八日に富士山の掛軸を拝む富士講をする。講のなかで富士参りの未経験者が増えると、彼らだけで行く。参詣は一生に一度である。こうして最近の参詣者をシンヤマ（新山）、それ以前の参詣者をフルヤマ（古山）といって区別した。最後の富士参りは昭和五二年（一九七七）。

参詣者は、出発の一週間前から毎日川で垢離を取り、夫婦別室・精進料理で身を清めた（『志摩の民俗』によれば、富士参りの歌を歌い踊って出発[9]）。新山となる富士参詣者が帰ってくるときは、古山の講員が一山向こうまで迎えに出た。そしてゲコウヒマチ（下向日待ち）を催し、富士参りの歌を歌い踊った。このとき、集落内の山上に祀られた大日さん（大日如来）にも参拝した（『志摩の民俗』では、講宿に着き、道中歌を歌い踊ってから、各家で下向祝）。富士参りの下向のときは、ムラの人もショカドメノヒマチ（職止めの日待ち）といって仕事を休んだ。

事例六　南島町方座浦（52）　二〇〇四年調査[10]

浅間講は同信者集団。浅間講員の代参者及び青年団代表者が隔年で富士参り。出発時や参詣中に在地での歌や踊りの習慣はなく、祭礼のときのみに歌い踊る。

ジゲ（集落）に浅間神社を祀る浅間山があり、神社祭日の旧暦五月二七・二八日に、竹に飾りを下げた大幣と小幣を山頂の神社まで奉納。祭りの運営は講員と青年団員で行なったが、祭りにはジゲ中の男が参加し、ともに歌い踊る（現在はジゲによる保存会で運営）。二七日の夜には広場や港で「浅間さんの歌」と踊りを披露。二八日の昼間はジゲ内を歌いながら大幣と小幣を運んで練り歩き、夕方に浅間山山頂へ登る。山では「浅間さんの歌」のうち、山の部分を歌う。

このように伊勢志摩では、申年や丑年に青年が富士参りをしたという事例が多い。畔名や土路、国崎などでは、男は必ず富士参りをするもの、富士山に登らないと男は一人前になれないなどといった。二見町江で「かわいい息子の富士参り」と歌われるのも、そのためだろう。小俣町松倉では、富士山をはじめ大峯山・秋葉山・愛宕山の四ヵ所への参詣をすませると一人前と認められ、ムラの諸役にも出られるようになったという（話者は昭和一一年生まれ）。伊勢志摩では、富士参りが男子の成人儀礼と捉えられていた地域（とくに伊勢方面か）が、見出せるのである。成人となる節目の参詣でなくても、南張のように男は一生一度は富士参りといわれていた地域もある。このためか、神前浦では「家の旦那殿は富士参り」と歌う。また、志島などのように、富士参りが、在地での富士信仰行事を行なう祭祀者としての資格になる地域もある。

富士参りの歌が歌われる状況は、こうした富士参りの出発時をはじめ、次の三種類に大別できる。前野や南張のように、参詣者自身を含めて、その富士参りの出発前や帰郷後に歌われる場合。志島や畔名・国崎のように、参詣者の安全祈願として、在地の者たちによって歌われる場合。方座浦のように、富士参りとは直接関わらず、在地に祀った浅間神社などの祭礼のときに歌われる場合。土路では、この三種類の状況すべてが行なわれている。後述する明和町の一八世紀末の史料では、歌が富士参りの出立時や登拝中に在地でも歌われたことが推察される。この点から富士参りの歌は、近世にも現在の聞き取り調査と同様な状況で歌われていたと考えられる。

3　富士参りの道中記

富士参りの歌は現在でも歌われているわけだが、その歌詞は東海道の宿場を歌い上げており、江戸時代の様子を反映していることがわかる。では、富士参りの歌の道中は、実際の富士参りをそのまま反映していたのだろうか。道中記から江戸時代の富士参りの様子をみてみよう。伊勢志摩からの富士参りには、片道およそ一〇日を要したようである。

小俣町湯田：文化一四年（一八一七）「冨士山鳳来寺山秋葉山善光[11]」

一二人の同行で富士登拝に向かう。六月一三日出発。伊勢参宮街道を経て、一四日に東海道の桑名を通過し、津島泊。一五日に名古屋を経由して東海道に戻り、知立に宿泊。再び東海道を離れて一七日に鳳来寺、一九日秋葉山に参詣。その日に東海道に戻って以後はそのまま東へ向かう。二一日に富士山南麓の吉原宿に宿泊。このあと東海道を離れ、十里木街道を経て二二日に大鏡坊（村山口か）で昼食。それから富士山頂へ登拝し、二三日に山で一泊。翌朝甲州の吉田口へ下山。甲州道中を通り、二七日に上下の諏訪大社、二八日に善光寺参詣。中山道・善光寺街道を美濃方面へ出て、佐屋路に入り七月四日に佐屋泊。佐屋から東海道桑名に渡船し、四日市を経て伊勢参宮街道に入り、七日に帰郷。

南勢町田曽浦：文政一一年（一八二八）「道中記[12]」

六月一一日出立、伊勢河崎から夜船で前芝（豊橋市）へ。豊川泊。一三日鳳来寺参詣。一四日秋葉山参詣か。一五

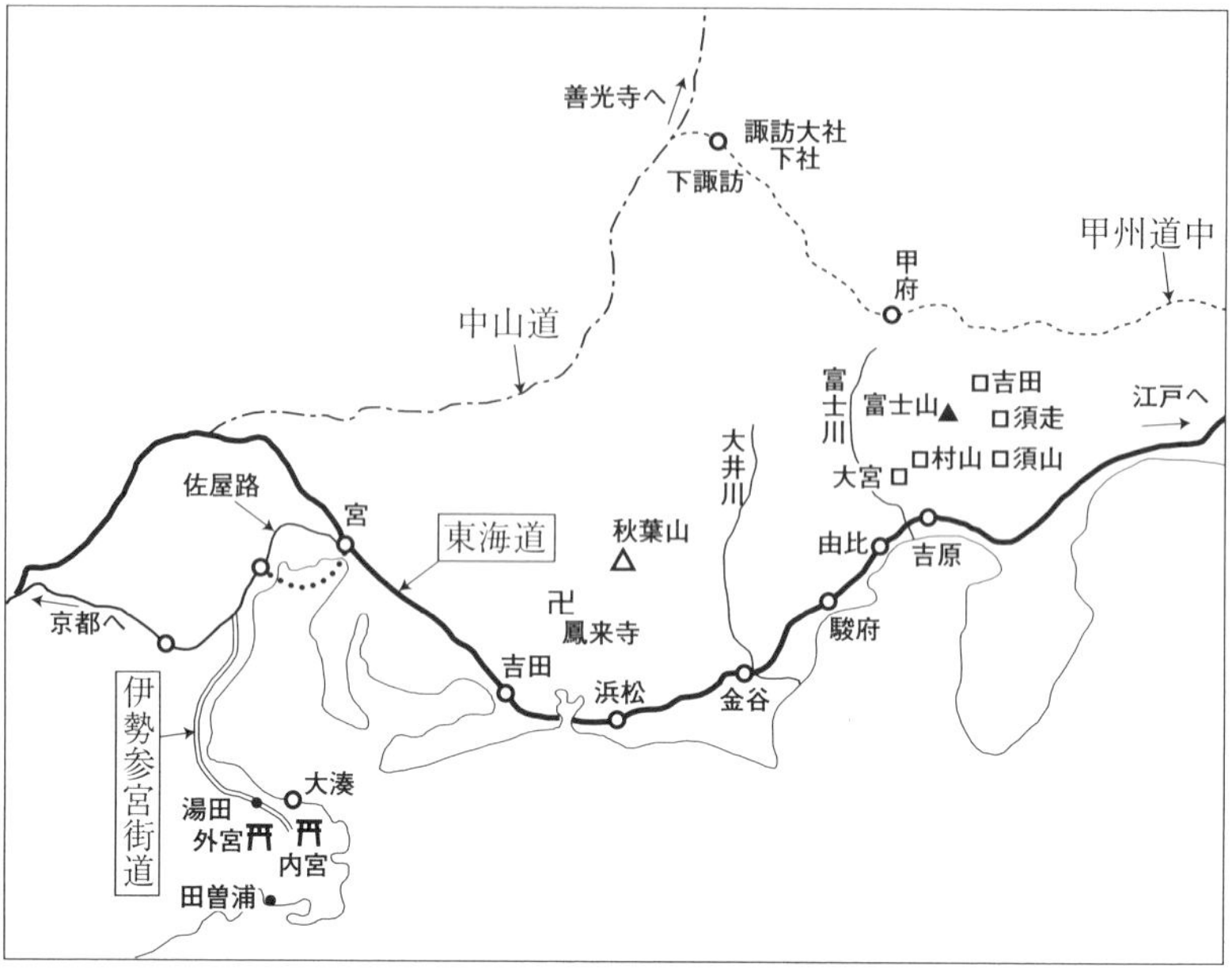

図2　伊勢志摩から富士山への参詣行程（□は登拝口）

日に東海道へ戻りそのまま東へ。吉原宿を経て東海道を離れ、一八日に十里木泊。一九日東山（須山口を指すか）から富士登拝、五合目室泊。二〇日甲州吉田に下山。甲州道中を経て二三日下諏訪泊。諏訪大社参詣か。二六日善光寺参詣。中山道・木曽街道を通り、宮で東海道に出る。桑名へ渡り、四日市を経て伊勢参宮街道に入り、七月八日に帰郷。

この二点の道中記による富士参りでは、往路は東海道を基本にしつつも、途中で秋葉山や鳳来寺などに参詣し、帰路には甲州道中や中山道を利用して善光寺などにも参詣している（図2参照）。

まず、在地からの出発について歌と道中記と比べてみよう。歌では、「両宮参詣うちすぎて」（土路）「五十鈴川にて大垢離とれて　内宮外宮の宮めぐり」（切原）などと、まず伊勢参宮をする歌詞がかなりみられる。実際、土路では富士参り出発の一週間ほど前には、両宮参詣と二見でシオカキ（潮に手を浸す垢離）の習慣がある。帰着後に伊勢参宮を歌う歌詞もある（答志島）。この二点の道中記に伊勢参宮は見出せないが、恐らく出発前や帰郷後に、伊勢参宮をする地域は多かったものと思われる。

その後、歌には東海道吉田宿の玄関港、吉田港が登場する。「吉田の港へそよそよと」という歌詞は普遍的というほどにみられ、吉田港の利用の多さが想像される。湯田の道中記では伊勢参宮街道を歩いて東海道に出ているが、これは吉田より手前の津島神社参詣のためのようだ。一方、熊野灘沿岸の田曽浦の道中記では、吉田港とならぶ吉田宿の玄関港、前芝港へ向かっている。「伊勢の河崎夜船に乗りて」（切原）という歌詞があるが、そのとおりに河崎吉田屋の船を借り、夜船で前芝港に着いた。河川港の河崎港は勢田川で湾岸の大湊に通じていたから、大湊から伊勢湾そして三河湾を横断したのだろう。田曽浦では、歌では「神の社で船に乗り」と神社港を歌う。大湊も神社港も、東からの参宮者でにぎわった港であり、吉田港や前芝港との往来は多かったことだろう。波切では、在地の港から吉田港への出発を歌う。在地から吉田港へ漁船などで向かったことは伝承でもうかがわれ、国崎や畔名では八丁櫓の船を利用したという。

そして吉田宿から東海道へと入る。田曽浦の歌では「神に祈りの金谷の宿よ」「松の藤枝で宿をとり」と、吉田以降、富士山までのすべての宿場を次々に歌って東海道を旅している。宿場をすべて歌い上げなくても、富士参りの歌には、東海道のいずれかの地名がほぼ必ず歌われている。

一方道中記では、途中で東海道を離れる。湯田の道中記では、途中で佐屋路に入って津島神社にも参詣したようだ。津島宿泊の六月一四日は津島神社の祭礼日であり、出立の日もそれにあわせたのだろう。その後東海道に戻り、二日後に再び離れて鳳来寺と秋葉山に参詣している。田曽浦でも鳳来寺に参詣。経路からみて秋葉山にも参詣したとみられる。志島では帰路の歌詞として、「お富士参りて秋葉山かけて　半僧坊から鳳来寺」と秋葉山やその近在の半僧坊権現への参詣が歌われている。畔名でも、歌にはないが、富士参りには秋葉山も参詣するのが通例とされた。阿曽浦の享保一三年（一七二八）の記録でも、秋葉山と鳳来寺に参詣している。(13)

道中記はいずれも一八世紀以降のもので、この時期には富士参りを主体にしつつ、秋葉山・鳳来寺に参詣するのが通例になっていたと思われる。秋葉山への信仰は一七世紀末には広域化し始め、一八世紀なかばすぎには、関東からも含めて東海道を往来する旅人が秋葉山に迂回するのは一般化していたとみられている。(14)

しかし、富士参りの歌ではこうした途中の参詣地はほとんど登場せず、ほぼそのまま東海道を通って富士山麓に至る。そして、田曽浦の歌では「大宮宿場にはやついて」となる。大宮宿場とは大宮口であり、富士山の南西で東海道を離れて北上した位置にある。田曽浦の道中記では、鳳来寺などに参詣後、東海道に戻る。その後、両道中記とも吉原宿を経てから東海道を離れ、富士山東南麓の十里木街道に入って、富士登拝に向かっている。湯田では村山口を利用したようだが、(15)田曽浦ではこのときは歌の大宮口ではなく須山口を利用したようだ。登拝口の違いは、各口に拠点を置くどこの宗教者と関係があるかを示すことにもなるのだが、ともかくも歌と同様に、実際の道中も富士山麓まで基本的に東海道を利用していることはわかる。そして、富士山頂への登拝を果たすのである。

帰路には、田曽浦でも湯田でも富士山北麓の吉田口に下山して、諏訪大社や善光寺などに参詣している。東海道ではなく中山道なども利用して、富士参りを主体にしつつも、循環的な経路の長大な旅をしていた。しかし、帰路についてはほとんど歌われていない。秋葉山や善光寺などを歌う歌詞もあるが（志島・越賀）その前後の行程はまったくない。そして「伊勢の港へそよそよと」（土路など）という、無事な帰着を象徴する歌詞となる。こうした中山道方面まで回る長大な旅を行なうようになったのは、富士参りの歌の成立からだいぶのちのことという可能性もあろう。しかしこれはやはり、この旅が何よりも富士登拝を目的としたものであり、そこまでの道中が重視されたことの反映だと考えられる。後述するように、この歌には無事に道中の境界を乗り越えていく、安全祈願としての意味があった。各地の寺社に参詣しつつも、富士登拝が安全につつがなくかなえられることこそが、伊勢志摩の富士参りの本来の意義であったと考えられる。そのことを歌詞が示していよう。

二　富士参りの歌の成立

1　成立の時期

前述したように、伊勢志摩では年によっては地元駿河を陵駕するほど富士参りが盛んに行なわれていた。では、富士参りの歌は、はたしていつごろから歌われるようになったのだろうか。贄浦には天保一三年（一八四二）の「浅間講讃歌」[16]が、明和町には嘉永元年（一八四八）の「富士参り道中宿唄」[17]が残されており、幕末には確実に歌われていたことがわかる。

さらに、明和町には寛政四年（一七九二）に、「寛政四子年六月当郷富士参詣之事」[18]という記録があり、そのなかに次のような記述が見出せる。「当月五日出立、手前方ニて踊、夫ゟ源之丞方講屋源五郎方ニて踊」「同月十二日夜御山待、下三郷ゟ踊掛ケ候」。富士参りの出立の際に踊り、またそれから七日後の「御山待」にも踊っている。「御山待」（オヤママチ）は、明和町近在の小俣町の事例によると、富士登拝当日に在地で行なう安全祈願の行事であった。[19]前述の湯田の道中記では、途中で秋葉山などの参詣に二〜三日を要して、富士登拝までに一〇日。すると七日後の「御山待」の「踊掛ケ」は、やはり富士登拝当日にあわせて安全を祈願して踊ったものとみられる。前述したように、富士参りの歌は踊りながら歌われることが多く、富士参りへの出発時や参詣中に在地で歌い踊られた。その状況からみて、この二回の「踊」が富士参りの歌を伴ったのは確実だろう。一八世紀末には、富士参りの歌は踊りとともに成立していたものと考えられる。

成立時期のもうひとつのヒントになるのが、歌詞に出てくる吉田港（現、豊橋市）である。「吉田の港へそよそよと」という歌詞は、筆者が全文を把握した一五例中一二例の歌に見出され、断片的なものも含めればさらに増加する。[20] 前述したように、伝承でも実際に吉田港を利用したことがうかがわれる。

吉田港は慶長五年（一六〇〇）に船役を任ぜられ、正徳二年（一七一二）には伊勢尾張通船一七艘を数えた。富士参りとは逆の、東から西への行程になるが、吉田港から伊勢に向かう参宮者は寛文年間（一六六一〜七三）ごろから増加し、明和八年（一七七一）には約一万五〇〇〇人を数えたという。[21] 恐らく、一七世紀末には、東海道の旅に付随して、吉田港の利用は高まっていたのだろう。東からの伊勢参宮者が、吉田港を利用せずに陸路で向かうならば、東海道を熱田から桑名へ七里の渡しを利用し、追分で東海道から分岐して、伊勢参宮街道を歩くことになる。ほぼ伊勢湾沿岸を歩かねばならない（図1・2参照）。一方、吉田港から船を利用すれば、伊勢湾を横断して、陸路より三日ほど早く伊勢に着けた。[22] 往復すれば、六日もの旅の日程と経費を浮かせられることになる。伊勢志摩の人々が、富士参りに吉田港を利用したのも同じ理由であろう。小俣町の嘉永六年（一八五三）「諸名所覚書」には、善光寺などからの参詣帰路に、吉田港の船とみられる「吉田船」を利用して、その船に小俣下の「冨士参り」一二人が乗り合わせたことが記されている。[23] 船は神社港に帰着した。伊勢志摩からの富士参りには、伊勢湾・三河湾を横断する、こうした吉田港との海路が実際に利用されていたことだろう。

伊勢志摩では、前述したように一七世紀初頭には富士参りが行なわれていたが、[24] 恐らくはこの吉田港利用が可能になったことで、一層参詣者数が増えたのではないだろうか。吉田港利用が活発化した時期を考えると、一八世紀に入ったころには、富士参りの歌が歌われていた可能性が考えられる。伊勢志摩における富士参りの歌の成立には、こうした近世の交通環境の整備も背景にあったのかもしれない。

なお、参宮人が吉田港を利用するのは、六月が最多であったという。[25] 六月は、富士参りの季節でもある。参宮者を伊勢に運んだ船が、帰りには吉田港へと富士参りの道者を乗せることがあったのではないだろうか。

一八世紀の成立をうかがわせるもうひとつの理由に、富士参りの歌に取り入れられた、近世の流行歌謡がある。その代表が「吉田通れば二階から招く　しかも鹿の子の振袖が」であり、ほぼどこの地域でもこの歌詞は見出せるようである。この歌詞は、明和九年（一七七二）成立の流行歌謡集『山家鳥虫歌』に記録されている。[26] 本書には周防の歌と記され、かなり広域で流行した歌のようだ。また、延享五年（一七四八）の『小哥しやうが集』記載の歌詞数篇が、富士参りの歌に見出せる。[27] 地名を歌い替えたとみられるものもある。流行歌謡は、流行の時期が狭いことで、その時代性を知ることができるという。[28] 両書とも一八世紀中後期の歌謡集であり、富士参りの歌はそのころの成立の可能性が考えられてくる。伊勢は伊勢音頭の発祥地でもあり、その歌詞の転用もみられる。富士参りの歌の成立の背景に、こうした近世の歌謡の流行があったことも看過してはならないだろう。

一八世紀後半は、江戸で富士講が続々と形成された時期でもある。日本の東西で、ほぼ時を同じくして富士参りへの熱気が高まっていた。

2　富士山と東海道

このような霊山参詣の模様を詳しく歌う歌は、冒頭で述べたとおり稀なようだ。霊山は日本に数々あるが、管見が及んだ範囲では、「愛宕参り」と早歌の「熊野参詣」があげられる程度であった。

富士参りの歌と最も類似するのが「愛宕参り」と思われる。これは近世の歌謡で、京都府北桑田郡（現、南丹市・京都市）に伝わり、愛宕山までの参詣行程を歌ったものである。[29] ただ、この歌が実際の愛宕参りとあわせてどのような状況で歌われたのかは不明である。「熊野参詣」は、鎌倉時代後期に僧明空によって大成された早歌（宴曲）のひとつで、京から熊野那智までの参詣の旅を、路次の王子社や名所を織り込んで歌いついでいく。[30] 参詣行程の地名を歌う点で富士参りの歌と共通しているが、時代が中世で作者が明確な歌であることは、性格的に大きく異なっている。このほか、石鎚山には「お山踊り」という歌と踊りが伝わる。[31] 代参者の帰郷時に踊るなど共通性がみられるが、歌詞はもっぱら石鎚山の功徳を讃える内容である。大峯山や葛城山には修験の秘歌が伝わる。[32] これらも山中の地名を次々とあげるが、先達と修行者のみが山中で唱え言のように歌う秘歌であり、また在地からの参詣行程などはうかがえない。

富士参りの歌は、近世の霊山参詣の担い手たる民衆自身が、その参詣の模様をくわしく歌い上げた希少な例といえる。数々の霊山の中で、なぜ富士山にはこのような歌が生まれたのだろうか。

富士参りの歌は、その歌詞がほぼ三部で構成されている。富士山麓に至るまでの道中部分と、富士山登拝中や山頂での習俗を歌う部分、そして富士山にはとくに関わらない祝歌としての部分とである。このうち、富士山麓までの道中（参詣行程）部分が、歌詞の全体に占める割合がかなり大きいことに気づかされる。田曽浦では四四節のうち一九節、切原では二一節中一五節、土路では二八節中一五節、波切では四五節中二〇節。このためか、志島・切原では富士参りの歌を「道中歌」、土路では「道行歌」と呼ぶなど、道中・道行の歌と呼ぶところが多い。富士参りの歌は、多くの地域で道中の歌として認識されているのである。

田曽浦の歌では、在地を出発して伊勢参り・朝熊岳参詣ののち、吉田の港へ海路を渡る。その後、二川・新居・浜松・金谷と、次々と東海道の宿場を歌い上げ、富士山へと近づいていく。駿府がすでに静岡と近代以後の呼称に変化しているが、吉田から富士山麓手前の蒲原まで、一七ヵ所すべての東海道の宿場が歌い上げられている。南張でも、日坂と藤枝が抜けるが、それ以外の宿場はすべて歌われている。方座浦のように宿場名が二ヵ所しかない歌もあるが、このように富士山麓までの道中、とくに東海道中を歌った歌詞がかなり長いのである。前述したように、実際の道中でも富士山までは基本的に東海道を利用していた。

　島田うち過ぎ　瀬戸の染飯はこれとかや　松の藤枝で宿をとり宿をとり
　岡部うち過ぎ　きじもほろろと宇津ノ谷の　蹴上げて通るは丸子の宿よ　丸子の宿よ
　安部の川にて垢離をかく　拝み参ろや今浅間　今浅間（田曽浦）

このように、東海道中の名所や名物も織り込んで、民衆化した富士参詣の様子をうかがわせながら、次々と宿場や道中の大河などを越えて進む様子が歌われている。

東海道を無事に通過すれば、いよいよ富士山への登拝である。近世における富士山へのおもな登拝口は、現在の静岡県側に大宮・村山口（富士宮市）、須山口（裾野市）、須走口（小山町）があり、山梨県側に吉田口（富士吉田市）があった。このうち、関西方面に近いのは、南麓側の大宮・村山口（西口または南口）、そして須山口（南口）である。関東方面に位置した須走口（東口）や吉田口（北口）は、富士講の利用によって活況を呈した。

前述したように、伊勢志摩からの富士参りには、大宮・村山口か須山口の利用が多かったとみられる。それらに至る主要街道はいずれも東海道であり、そこから北上する脇往還が使われた。そもそも富士山は、広重の浮世絵などにもみられるように、江戸時代の最大級の街道、東海道から間近な場所にある。東海道のうち、最も富士山に近い宿場である吉原宿は、富士山の広大な裾野の末端部に位置していた。

西から東海道を利用して富士山へ向かう際には、富士山の手前で富士川を東へと渡る。大宮・村山口へはその川岸で東海道を離れて北上する。この分岐点の岩本には、一八世紀中期建立の「富士山道」の道しるべも残る。これは現浜松市の者による建立であり、西からの参詣者にとって、ここが重要な場所だったことをうかがわせる。[33] 須山口へはそのまま東海道を東へ向かって吉原宿を通過し、そのあと東海道を離れて北東へ進む（図2参照）。

富士参りの歌にも、富士登拝の起点となる、東海道上の吉原や岩本が、次のように歌われている。

晩の泊まりは吉原泊まり　明日はお山のふもとまで（志島）
とうにほどなく岩本過ぎて　名所大宮垢離をかけ（土路）
富士川渡りて左をとりて　富士の裾野の大宮へ（切原）

志島では吉原宿の利用を歌うから（畔名も同様）、須山口から登拝したのだろう。土路や切原では、富士川を渡ったあと、そのまま北上して大宮へ至っていたことがわかる。波切・南張・田曽浦も後者の経路で、前章の道者帳などにもみられるように、伊勢志摩からの登拝には大宮・村山口の利用が多かったと思われる。

大宮口には九世紀初頭には本宮浅間社が鎮座し、その周辺に浅間社の社人が営む宿坊が連なっていた。そこから北東に位置する直接の登拝口、村山口は富士山修験道の中心地であり、江戸時代には村山三坊といわれた修験者の宿坊が存在した。村山修験は、江戸後期には富士参詣者を村山へ誘致するための、東海道からの富士山案内図も頒布していた[34]。ここからの登拝道は富士山の登拝道として最も古く、一二世紀には開かれたと考えられている（その登拝道を開いた僧末代は、村山修験道の祖とされた）[35]。伊勢志摩には、前章の道者帳から明らかなように、この大宮・村山口の宗教者の道者場・檀那場が形成され、こうした中世あるいはそれ以前からの信仰が反映されてきたと考えられる。

さて、富士山頂まで、富士川東岸の分岐点から直線にして二五キロメートル。吉原宿から二二・五キロメートル。日本の主要な霊山のなかで、これほど主要街道から登拝口そして山頂が近い霊山も稀ではないか。田曽浦の道中記でも、吉原宿通過の翌日には富士山の五合目に宿泊。翌日には、はや下山している。湯田の道中記でも、吉原宿宿泊の翌日には登拝を始め、富士山で一泊して下山している。東海道からほぼ一日半程度で山頂への登拝が可能だった。村山口利用の場合でも、由比宿宿泊の翌日に村山宿泊、その翌日には山頂に登拝した記録がある[36]。こうした街道からの近さ、つまり交通の容易さが、富士参りの魅力でもあっただろう。そして、このように霊山に至る直前まで、東海道が道中の主たる部分を占めることが、富士山以西からの富士参りの特色だったといえる。

富士参りの歌以外にも、東海道中を歌った歌はある。中世末期から近世初期に盛行した説経節の「小栗判官」では、富士参りの歌とは逆に、東（常陸）から西（熊野）へ主人公の小栗判官らが東海道を旅する。その行程も、次々東海道の地名を詠み込んで歌われていた。「富士川で、垢離を取り、大宮浅間、富士浅間、心しずかに、伏し拝み」「駿河の府内に入りぬれば、昔はないが、今浅間[37]」。「大宮浅間」は本宮浅間社であり、その参拝の前に富士川で垢離を取る。駿府浅間社も「今浅間」の名で登場する。これらは、富士参りの歌とほぼ同様である。また、享保年間（一七一六～三六）には刊行されていたという『東海道往来』は、東海道五十三次の宿場を七五調で詠み込んでいた。交通路に沿って宿駅名を羅列する往来物のなかで、最も普及したのがこれであるという[38]。

このように、東海道にはその行程の地名や宿場を詠み込んだ歌や文章が流布していた。前述したように、富士参りの歌には、東海道の宿場を歌い込んだ近世の流行歌謡を取り入れたものもある。富士参りの歌の成立には、こうした東海道という街道の文化が背景にあったのではないだろうか。数ある霊山のなかで、富士山にその参詣行程を長々と歌った歌が成立したのは、こうした東海道を眼前にした地理的文化的環境が大きいと考えられる。そして富士信仰の信仰圏のなかでも、その西の周縁部である伊勢志摩に富士参りの歌が成立したのは、その道中に東海道を長く旅し、その登拝口が東海道に面していたことが、大きな要因として考えられるのである。これは、富士山南麓に展開した、富士講以前からの富士信仰の特徴の表れともいえるだろう。

なお、同じく西の富士信仰圏には京都もあげられるが、京都では一八世紀初頭には、在地での垢離によって富士参りと同じ功徳が得られるという、富士垢離の習俗が発達していた。登拝をせず垢離のみ行なう習俗だったという[39]。遠方でありながら伊勢志摩で富士参りが存続しえたのは、やはり吉田港開港という交通環境の整備が大きいのかもしれない。

三　参詣を歌うことの意味

では、こうした富士参りの歌を歌うことが、その伝承者である歌い手たち、つまり富士参りの参詣者やそれを見送る家族・ムラの人々にとって、どのような意味を持っていたのかを考えてみたい。

1　歌う富士参詣曼荼羅

富士参りの歌には、参詣中に訪れる聖地や様々な参詣習俗が歌われている。実際に行なったかどうかは聞き取りで確認できない習俗もあるが、本来はこうした内容が歌われることで、富士参りの人々に自分たちがとるべき参詣の習俗を教える役割があったものと考えられる。

二見町江では、出発の前に「清き渚で垢離をとる　祝い目出たの船に乗る」と歌う。まず、参詣の出発前に垢離を取ったという事例は、土路・南張・田曽浦など各地で確認される。道中では浜松の「五社」、駿河府中（現、静岡市）の「今浅間」に参詣する。波切では、両社に「お山良かれと伏し拝む」と、明確に富士登拝の安全を祈願している。浜松の五社は、江戸時代における浜松宿の代表的神社だという五社神社である。今浅間は浅間新宮なども称された駿府浅間社（現、静岡浅間神社）を指す。田曽浦では「拝み参ろや今浅間」と、その参拝の前に安倍川で垢離を取ると歌う。駿府浅間社について、近世末期の地誌『駿河国新風土記』は、往古は西国の道者が参詣する習慣があり、ここで木綿袈裟を請い受けて掛けたという天文年間の古文書を紹介している[40]。

道中での垢離の習俗もうかがわれる。田曽浦では、在地付近の五ケ所川から富士山麓の富士川まで、登場する五つの川のすべてで「垢離をかく」と歌われる。二見町江でも、富士川で垢離を取ると歌う。本来は、そのような難所を越えるため、そして富士山という聖地へ少しずつ近づいていくための潔斎の儀礼が、こうした道中の境界で行なわれていたのではないだろうか。

そして富士山に至ると、いよいよ登拝の習俗がうかがわれる。大宮・村山口からの登拝道を歌うのが、土路・波切・切原・南張・田曽浦である。「ここは大宮浅間様よ　みたらし池とはこれとかや」（南張）、「名所大宮垢離をかけ」（土路）。大宮の本宮浅間大社には、湧玉池という富士山の湧水の池がある。南張で「みたらし池」というのもこれであろう（湧玉池から流れ出す川を、近世にはみたらし川とも称した）。そして土路で歌うように、富士登拝者はここで垢離を取るものとされた。村山口に鎮座する村山浅間社の境内でも、垢離を取る習俗があった。「村山宿場にはや着いて　不動の滝にて垢離をかく」（田曽浦）、「とろじゃないかよ先達様よ　さあ音に聞こえし壺垢離」（波切）。この不動の滝や壺垢離は、同社境内の龍頭の滝（壺垢離は滝壺か）を指すと思われる。

山腹の模様は「茅原三里に　木山が三里　毛無し三里は歌でやる」（波切）などと歌われ、草木がない森林限界（毛無し）に至って徐々に標高が高くなる様子がうかがわれる。そうした山腹を「山の八合目でちんちらするは参る道者衆か白鷺か」（方座浦）と、白鷺のような白装束で道者衆が登っていく。標高一三〇〇メートル付近には中宮八幡堂があった。「ここは中宮の八幡様よ　さあお山よかれと伏し拝む」（波切）、「中宮の八幡伏し拝み　一の木戸にとさしかかる」（田曽浦）。中宮八幡堂（古くはその上方の剣王子）は女人禁制の結界であり、馬返しの場所にもなっていた。そして、「登り登りて大日様よ」（波切）と、ようやく山頂の大日堂に至る。大宮・村山口からの山頂には大日如来を祀る大日堂があって、「表大日」と称されていた。富士山の祭神である浅間神の本地仏は大日如来であり、明治初期の神仏分離令まで、現在の本宮浅間大社奥宮の位置に大日堂が祀られていたのである。

そのほかの登拝道を歌うのは、今のところ須山口について越賀の一例を把握するのみである。「須山のつぼの垢離」—「御門」—「母の胎内」とその道筋を歌い、ほかの部分の歌詞は、大宮・村山口のものとほぼ同じである。[41]

こうした富士参りの習俗を描いたものに、富士参詣曼荼羅がある。富士参詣曼荼羅は現存六本が知られ、室町時代後期から江戸時代前期にかけての製作とみられている。いずれも描かれているのは、伊勢志摩の多くの人々が登拝に向かったのと同じ、大宮・村山口を中心とした富士山の南側の様相である。このうち、一六世紀に描かれた本宮浅間大社所蔵の重要文化財本をもとに、描かれた聖地と習俗をみてみよう。山腹には本宮浅間社と湧玉池、村山浅間社と大日堂がある。湧玉池や村山浅間の龍頭の滝には、垢離を取る人々の姿が描かれている。そしてその上方に、中宮八幡堂・剣王子社・御室大日堂がある。御室大日堂をすぎると、登拝者はみな白装束に身を包む。そして、松明を手に（つまり夜間に）山頂へ向かう登拝者が描かれている。ご来光目当てであろう。象徴的な三峰型の山頂にはそれぞれ仏の姿が描かれており、大日如来・阿弥陀如来・薬師如来に比定されている(42)。

これらは、前述したように、ほぼ富士参りの歌にも歌われている。参詣曼荼羅は、社寺や周辺の聖地とともにそこでの信仰習俗を描き、人々を参詣に誘う役割があった。富士参詣曼荼羅は、視覚で人々に参詣の習俗を教え、富士参詣へと誘う。一方、富士参りの歌は聴覚で参詣習俗を教える役割を果たし、富士参詣へと人々を誘っていたといえるのではないだろうか。富士参りの歌は、歌う富士参詣曼荼羅であったといえよう。

富士参りの歌が参詣曼荼羅と異なるのは、山頂での習俗がうかがえる点である。富士参詣曼荼羅では、六本すべてに山頂内の様子は描かれていない。山頂付近は仏の姿や散華の花など、あくまで神聖な空間として描かれている。一方富士参りの歌では、それを歌う人々の目的が富士山頂までの登拝であるように、登拝を遂げた山頂の様子とそこでの習俗がうかがえる。この点で、富士参りの歌は、時代的にも富士登拝が民衆化したことの表れともいえそうである。

山頂では、お鉢めぐり（噴火口周囲道の周回）をしてご来光（ご来迎）を拝み、大日堂や薬師堂に参拝する様子が歌われる。山頂は「富士の山では銭金が降る」（鵜方）、「山の天上で酒樽拾いて」（方座浦）と歌われ、豊饒な世界とみられていたようだ。霊山の功徳もさりながら、山頂に銭金や酒樽の登場を歌うのは、霊山参詣の近世的表象といえようか。そして「下向の心はありがたや」（切原）と、無事な下向を歌うのである。

2 境界を越える予祝

次に、歌のなかで東海道中の宿場名のほか、様々な地名が登場することに注目したい。

遠州舞坂浜松越えて　天竜川にて親おもた（思った）
見付袋井掛川越えて　日坂峠を雨で越す
金谷峠で大井川見れば　大井川には水も無し
島田藤枝岡部を越えて　宇津谷峠を思いやる（切原）
金谷の峠に上りて見れば　さあ　大井川には水もない　〜次の二節略〜
薩埵の峠に上りて見れば　さあ　富士のお山に雪もない（波切）

宿場以外の地名を拾い上げてみると、金谷峠や大井川・宇津ノ谷峠などである。三保の松原といった富士山周辺の景勝地も歌われているが、そのほかはすべて大河や峠であり、道中の難所だったことがわかる。金谷峠（小夜の中山）は金谷宿と日坂宿の間の峠で、ここで妊婦が賊に殺され、その後そばにあった石が泣くという夜泣き石の伝説で知られている。[43] 宇津ノ谷峠は、駿府に至る手前の丸子宿・岡部宿の間の峠である。かつて峠に鬼が現れて、この地の寺の地蔵によって退治されたという伝説が伝わっている。賊や鬼の登場は、峠が難所であることを象徴している。そして、天竜川は「あばれ天竜」、大井川は「越すに越されぬ」といわれ、増水によって川留めに遭うことも多い大河であった。こうした難所は道中の境界である。宿場とともに、次々とこうした境界を歌うことによって、それらを無事に越えることが予祝されていたのではないだろうか。

「吉田・二川・白須賀越して　さあ　新居の渡しに風もない」（波切）では、次々と宿場を通過して、浜名湖を渡る新居宿・舞坂宿間の渡船が、風もなく無事に渡れることを予見している。

「金谷の峠に上りて見れば　さあ　大井川には水がない」（切原・志島など同様）では、無事に境界の頂点（峠）に立ち、そこから次の境界を見通している。金谷峠を越えて金谷宿に至れば、そこは大井川の川越え場だった。次の境界は、越すに越されぬ大井川である。歌では、そこを「水がない」（たやすく渡れる）状態と歌う。次の境界も無事に越えていくという、予祝であることがうかがえる。

「薩埵の峠に上りて見れば　さあ　富士のお山に雪もない」（波切）これも同様である。薩埵峠は興津宿と由比宿との間の峠で、駿河湾岸にそそり立つ地形の難所である。追いはぎとなった親が我子と知らずに殺してしまう「親知らず子知らず」の伝説が伝わる。この境界の頂点に無事至り、そこからいよいよ近づいた富士山が、雪もなく登拝が無事に可能だということを予祝しているのである。

こうした歌詞が、出発前に参詣者や見送り人によって、参詣中に留守家族や在地の人々によって歌われていた。これらは富士参りへの憧れをかきたてたと同時に、無事に登拝が叶って下山するという歌詞を歌い上げることで、参詣行程の無事と登拝の成功を予祝していたと考えられる。無事な富士参りの予祝は、安全祈願にほかならなかったであろう。

答志島では、船で出発の際に、若い衆二人が日の丸の扇を広げて踊り、それとともに船中の参詣者も見送りの者も歌った(44)。田曽浦では、参詣者は富士参りの前に、一週間垢離を取りながら宿元（富士講の講元）に寝泊りした。出発の朝は、そこからムラ中を歌いながら練り歩いて船出した（話者昭和六年生まれ）。家族が参詣中に在地で歌ったという志島の女性（大正四年生まれ）は、「今日は富士登山という日は、富士山に届けとばかりに声をはりあげた」と語る。土路では、登拝中は留守宅の女性が夜も徹して歌い踊り、無事下山したという連絡が入ると終了したという（話者昭和四年生まれ）。「足も軽かれ　お山もよかれ」の歌詞は、まさにそうした無事への願いを表している。歌の呪力への期待がうかがわれよう。

このように参詣途中の地名を歌いついで行くのは、「熊野参詣」などのように道行の歌謡として知られている。永池健二氏は、道行の表現が通過すべき土地の境界性に関心を払っていることを指摘した。「熊野参詣」の歌には道々の境界に祀られた王子社が多い。それらを歌うことが、聖地への結界を乗り越える手続きのひとつだったのではないかという。(45)「新居の番所は歌でやる」（志島）という歌詞は、歌うことで番所（関所）も難なく通過できるという、歌の呪力を示唆しているのかもしれない。かつては、こうした境界で富士参りの歌を歌った可能性も考えられよう。

3　富士参りの模擬体験

富士参詣の出発前や、参詣中に在地で富士参りの歌を歌うのは、その参詣行程と登拝が無事に叶えられるための予祝であったと指摘した。そのほかにも、富士参りの歌には次のような役割があったと推察される。

富士参りの歌が歌われる場は、富士参りへの出発や帰郷の場合は、在地の神社や船出する港、集落内などだった。祭礼時の場合は、歌い手が浅間講員だけに限られ、女性などが参加しない場合もあったが、歌う場所はやはり神社や集落内などだった。いずれも歌われるのは、公の場だったのである。これによって、歌は共同体の誰もが聞くことができた。

このことから富士参りの歌には、歌われた道中などを知識として共有するとともに、富士参りに行かない者が、富士参りを模擬体験する役割があったと考えられる。富士参りという一部の青年や講員たちの宗教行為を、歌によって、共同体全体で模擬体験することができたのではないだろうか。とくに、女性は女人禁制の山である富士山への登拝は許されない。しかし、尋ねてみると、女性でも歌の歌詞から富士参りをどう行なったかはだいたい知っていると語る。未経験者も、歌の歌詞に沿って、吉田港へ向けて船に乗り、大井川を渡って、富士山へ至る道筋を思い描いたに違いない。参詣の旅が、個人的な宗教体験だけでなく、公の場の歌によって、共同体にとって共有される体験になっていたと考えられるのである。

また、そうして歌うことは、参詣と同じ功徳に通じると捉えられていたのではないだろうか。戦国末期の成立とみられ、富士浅間大菩薩への信仰を説いた『富士の人穴草子』には、草子を読み、またその語りを聞く人は、富士参詣と同じ功徳が得られると記されていた(46)。言語には、参詣と同じ体験ができる呪力があると信じられていたのではないだろうか。

富士参りの歌は、言語表現による富士参りの模擬体験でもあったと考えられる。その言語表現には踊りも伴っていたが、それにさらなる身体的行為が加わった事例もみられる。方座浦のように、在地の浅間山に登拝しながら富士参りの歌を歌う事例である。南勢町の切原や田曽浦も同様であり、祭礼の場合の事例といえそうである。歌に、身体的にも山に登るという行為を加えて、二重に富士参りを模擬体験しているのである。

また、方座浦では、歌の歌詞が、集落内を練り歩くときと浅間山へ登るときとで変化する。集落内では富士山に至るまでの道中の歌詞を歌い、山へ登り始めると登拝や無事な下向を歌った「山の歌」部分を歌う。山頂では、祠の周りを回りながら「山の歌」の部分を歌う。切原でも同様で、山頂の浅間神社の祠周囲を回りながら「お鉢めぐりの歌」部分を歌う。このように、集落を富士山麓までの道中に、浅間山を富士山に見立てていることがうかがえる。山頂の祠周囲の周回は、富士山頂のお鉢めぐりなのである。

切原の「お鉢めぐりの歌」部分は次のとおり。大日如来や薬師如来に参拝し、お鉢をめぐり、ご来光を拝むという山頂での様子を表現し、無事な下向を予祝している。

表せんげん（浅間）大日様を　明けて拝むはありがたや
富士のお山でお鉢をめぐる　下向の心はありがたや
富士のお山でご来光様を　拝む心はありがたや
裏の薬師で御判をすへて　下向の心はありがたや

平野に位置する土路や前野でも、こうした富士参りの身体的な模擬体験が行なわれていた。土路では、参詣中に在地の人々がお山（塚）の周囲を回りながら歌う。お山とは富士山の敬称であり、これも富士山の周辺を歩く道中を模したものだろう。前野では、集落内を練り歩くときには「練り唄の節」の部分を歌い、川沿いの松に着くと、その周りを「踊りの節」の部分を歌いながら踊る。「練り唄の節」は富士山麓に至るまでの道中部分で、「踊りの節」は山麓周辺の景観や山頂の表大日などを歌う部分である。練り歩きが道中に、松が富士山に見立てられていることがわかる。「松を富士山に見立てた」と人々から明確に聞くこともできた。

こうした行動を伴うなかで、富士参りの歌が歌われる。歌いながら言語で、歩きながら身体で、富士参りを模擬体験したのである。富士参りを、一層強く体感するものになっていたことだろう。

まとめ

富士参りの歌は、東海道の宿場や地名を次々に歌い上げ、無事に富士山への登拝を果たす様子を、富士参りの参詣者や、その在地の者が参詣中などに歌ったものである。近世の霊山参詣の模様を、その担い手である民衆自身が定型的な言語で表現してきた、数少ない事例であった。富士山にこのような歌が伝承されたのは、霊山のなかでも富士山の民衆化が顕著だったことを示しているのかもしれない。

歌は富士信仰圏のなかでも、伊勢志摩周辺に分布する。これは、伊勢志摩からの富士参りが東海道を長く旅し、登拝する富士山南麓が東海道を眼前にするという、地理的文化的環境が大きな要因として考えられる。その富士山南麓は、富士講以前からの富士信仰の宗教者、浅間社社人や修験者の拠点であり、伊勢志摩にはそうした富士信仰が基盤にあった。一方、江戸を中心とした富士講は、おもに甲州道中を利用して富士山北麓の吉田口から登拝した。両者は富士山の南北でまったく別の道筋をたどり、別の富士信仰の様相をみせていたのである。この歌は、南麓から西に広まっていた富士信仰の大きな特徴といえるだろう。

富士山から遠くはなれた伊勢志摩では、富士参りは成人となるための旅でもあり、一生一度の場合も少なくなかった。それが富士信仰行事の祭祀者の資格となる場合もある。在地から出発し、東海道を旅し、富士山への登拝を果たすこの歌には、その富士参りがつつがなく叶えらえる予祝の意味があった。安全祈願が込められていたのである。以下の「下山心のうれしさや」や「お伊勢の港へそよそよと」と、無事な下山や帰港を示す歌詞が出発前や参詣中に歌われる点に、そのことが如実に表れていよう。それは同時に、霊山参詣が民衆化したとはいえ、やはり参詣者や家族には不安があったことを示すものでもある。
この歌を歌うことで、あるいは聞くことで、人々は参詣習俗を知り、富士参詣へと誘われた。そして、富士参りには行かない在地の者も、富士参りを模擬体験する機能があったと考えられる。これには身体的な模擬体験を伴う事例もある。はるか遠い富士山までの参詣を、一部の青年や講員だけの経験でなく、歌という共有の言語によって、共同で体験することができたのだろう。それによって参詣の功徳を共同体全体で得たいと願ったのではないだろうか。「扇めでたや末繁盛」と象徴される富士参りへの憧れが、この歌には込められていたのである。

（志島の歌詞後半部分。冒頭掲載部分から続く）

富士の裾野で今咲く花は　桔梗かるかや女郎花
富士の裾野で今伐る竹は　お家ご繁盛の幟り竹
八合台から御状《ごじょう》が来た　山がよいとの御状が来た
木山三里に茅山三里　いたどり山をば歌でやる
登り登りて　お天上を見れば空の近さやありがたや
鈴と袈裟をば大日様へ　かけて拝むは御来光
お富士浅間秋葉様火伏せ　仏善光寺弥陀如来
お富士お山に名所がござる　籠で水汲むこれ名所
兄貴ばかりか弟も連れて　重ね山するありがたや
お鉢めぐりて砂打ち払い　下山心のうれしさや

お富士参りて秋葉山かけて半僧さんから鳳来寺
晩の泊まりは豊川泊まり　明日は吉田で船に乗る
そよと吹いたかナライ（北東風）かコチ（東風）か　お伊勢の港へそよそよと
お富士参りて下向した夜は　カカ（妻）が喜ぶ親よりも
お富士土産に何々もろた　いがい（大きい）杓子に掛軸添えて
いがいばかりか扇も添えて　扇めでたや末繁盛
裏と表に御判をすえて　家の納戸へ納めおく

註

（1）岩科小一郎『富士講の歴史』（名著出版、一九八三年）、安丸良夫「富士講」（『日本思想大系67　民衆宗教の思想』岩波書店、一九七一年）など。
（2）井野邊茂雄『富士の研究Ⅰ　富士の歴史』（古今書院、一九二八年）、宮地直一・廣野三郎『富士の研究Ⅱ　浅間神社の歴史』（古今書院、一九二九年）。その後のこの方面の研究については、拙稿「南麓における富士山信仰研究動向――平成以降を中心に――」（『富士信仰研究』創刊号、富士信仰研究会、二〇〇〇年）を参照されたい。
（3）新城常三『新稿　社寺参詣の社会経済史的研究』（塙書房、一九八二年）。
（4）富士吉田市史編さん委員会編『富士吉田市史　通史編第二巻近世』（富士吉田市、二〇〇一年）。
（5）遠藤秀男「富士山信仰の発生と浅間信仰の成立」（『民衆宗教史叢書　第一六巻　富士浅間信仰』雄山閣、一九八七年）。
（6）旧大鏡坊富士氏文書（富士宮市教育委員会編『村山浅間神社調査報告書』富士宮市教育委員会、富士山文化研究会、二〇〇五年所収）。

（7）「導者付帳」（公文富士氏記録。浅間神社社務所編『浅間文書纂』名著刊行会、一九七二年所収）。
（8）「導者帳」（旧大鏡坊富士氏文書）、前掲註（6）所収（登拝者数は、登下山の記録による）。
（9）鈴木敏雄『志摩の民俗』上巻（三重県郷土資料刊行会、一九六九年）。
（10）拙稿「南島町方座浦の浅間山——紀伊半島の小型富士調査に向けて——」（『富士山文化研究』第六号、富士山文化研究会、二〇〇五年）。
（11）小俣町史編さん委員会編『小俣町史　通史編』（小俣町、一九八八年）。
（12）寺田恭世氏所蔵、富士宮市教育委員会写真提供。前掲註（6）にも、おおよそ翻刻掲載。ご協力に深謝申し上げます。
（13）上村芳夫『南島祭事暦№3　せんげんさん考』（私家版、一九七〇年）。
（14）渡辺和敏「東海道と秋葉街道」（『民衆宗教史叢書　第三一巻　秋葉信仰』雄山閣、一九九八年）。この富士参詣途上での秋葉山・鳳来寺参詣ルートが、中世に遡りうるという見解もある（堀内真「富士に集う心——表口と北口の富士信仰——」〈『中世の風景を読む　第三巻　境界と鄙に生きる人々』新人物往来社、一九九五年〉）。
（15）十里木を経れば、登拝口は吉原より東の須山口となるのが一般的だが、記された「大鏡坊」は吉原より西の村山口に位置する村山修験者の宿坊名である。行程がやや矛盾するようだが、須山は御師の集落でもあり、登拝は村山口からと考えられる。
（16）高谷重夫「伊勢度会の浅間信仰」（『近畿民俗』一〇号、近畿民俗学会、一九六三年）。
（17）明和町史編さん委員会編『明和町史　史料編　第一巻——民俗・文化財——』（明和町、二〇〇四年）。
（18）明和町史編さん委員会編『明和町史　史料編　第二巻——文書史料——』（明和町、二〇〇六年）。
（19）前掲註（11）。
（20）全文を把握したのは次のとおり。土路・前野・鵜方・志島・波切・南張・切原・田曽浦・方座浦・二見町江・越賀・神前浦・贄浦・東宮・答志島。歌詞は、荻野の採集による土路・志島・鵜方のほかは、表の出典に掲載あり。神前浦以下は、確認していないが全文と判断した。歌詞の掲載があっても全文と思われないものは含めていない。
（21）村瀬正章『伊勢湾海運・流通史の研究』（法政大学出版局、二〇〇四年）。

(22) 同右。
(23) 小俣町史編さん委員会編『小俣町史　史料編』(小俣町、一九八八年)。
(24) 本宮浅間社社人の宿坊のひとつ御炊坊には、「永正九年之古帳写」という道者帳があり、一六世紀前半には伊勢の道者場二七ヵ所の存在も知れる(前掲註(7)所収)。
(25) 前掲註(21)。
(26) 「山家鳥虫歌」(『新日本古典文学大系62　田植草紙　山家鳥虫歌　鄙廼一曲　琉歌百控』岩波書店、一九九七年所収)。
(27) 「延享五年小哥しやうが集」(小野恭靖編『近世流行歌謡』笠間書院、二〇〇三年所収)。
(28) 前掲註(27)『近世流行歌謡』序文。
(29) 「愛宕参り」(高野辰之編『日本歌謡集成　巻一二　近世編』東京堂、一九六〇年所収)。郡名は出典刊行時。
(30) 永池健二「熊野参詣の歌謡――結界と道行――」(『芸能史研究』第一〇七号、芸能史研究会、一九八九年)。
(31) 西海賢二『石鎚山と修験道』(名著出版、一九八四年)。
(32) 下仲一功「葛城修験の秘歌」(『講座日本の伝承文学　第九巻　口頭伝承〈トナエ・ウタ・コトワザ〉の世界』三弥井書店、二〇〇三年)。
(33) 拙稿「調査研究報告　富士山南口案内絵図――村山修験者と南麓富士登山――」(『富士市立博物館館報　平成10年度』富士市立博物館、一九九九年)。
(34) 同右。
(35) 前掲註(5)。
(36) 「梅田村百姓富士山道中記」(『浅羽町史　資料編二　近世』浅羽町、一九九六年)。
(37) 荒木繁・山本吉左右編注『東洋文庫243　説経節』(平凡社、一九七三年)。
(38) 「東海道往来」(『往来物大系　第57巻』大空社、一九九三年所収)。このほかにも、越前万歳に東海道中を歌ったものがある(「東海道五拾三次」『近代歌謡集』博文館、一九二九年所収)。
(39) 小林一蓁「富士修験道」(前掲註(5)『富士浅間信仰』所収)。

（40）新庄道雄『修訂駿河国新風土記　下巻』（国書刊行会、一九七五年〈復刻版〉）。

（41）越賀の歌は、椙山女学園大学飯塚恵理人氏提供、本田善郎「民謡収集旅行記録」No.７（一九六四年）による。飯塚氏に深謝申し上げます。本田氏は元中部日本放送ディレクター。

（42）三宅敏之「富士曼荼羅と経典埋納」（『山岳宗教史研究叢書14　修験道の美術・芸能・文学〔Ⅰ〕』名著出版、一九八〇年）、大高康正「富士参詣曼荼羅試論」（『山岳修験』三四号、日本山岳修験学会、二〇〇四年）など。

（43）鈴木暹・大嶋善孝『東海道と伝説』（静岡新聞社、一九九四年）。以下、東海道の伝説は本書による。

（44）「鳥羽市離島の富士講――答志島最後の富士参り（記録より）――」（『伊勢民俗』三四、伊勢民俗学会、二〇〇四年）。

（45）前掲註（30）。

（46）小山一成『富士の人穴草子　研究と資料』（文化書房博文社、一九八三年）。

江戸庶民の身延山巡拝

——法華信仰の形態を探る——

望月真澄

はじめに

日蓮宗という宗派の総本山として存在する身延山久遠寺（山梨県身延町）は、開祖日蓮が開いた山である。開創以来、現在七百余年を迎えるが、全国各地の法華信徒の霊山として信仰をあつめ、登詣者が訪れる。これは、開祖の廟所があるからにほかならない。

身延山内における霊場の形成過程については、かつて検討したことがあるが[1]、近世中期以降の七面山信仰のひろまりとともに、霊場身延山を信仰対象とする身延山信仰が全国的に定着していったことが明らかになっている[2]。とりわけ江戸においても、身延山の祖師像・守護神像の出開帳や霊験ある神仏像の勧請等[3]によって霊場身延山や祖師日蓮の存在が認知されていった[4]。また、霊場記や案内記の刊行によって、久遠寺の所管となる七面山という霊場[5]が知られるようになり、近世中後期に至ると庶民や女性の身延山登詣者が増加していった[6]。

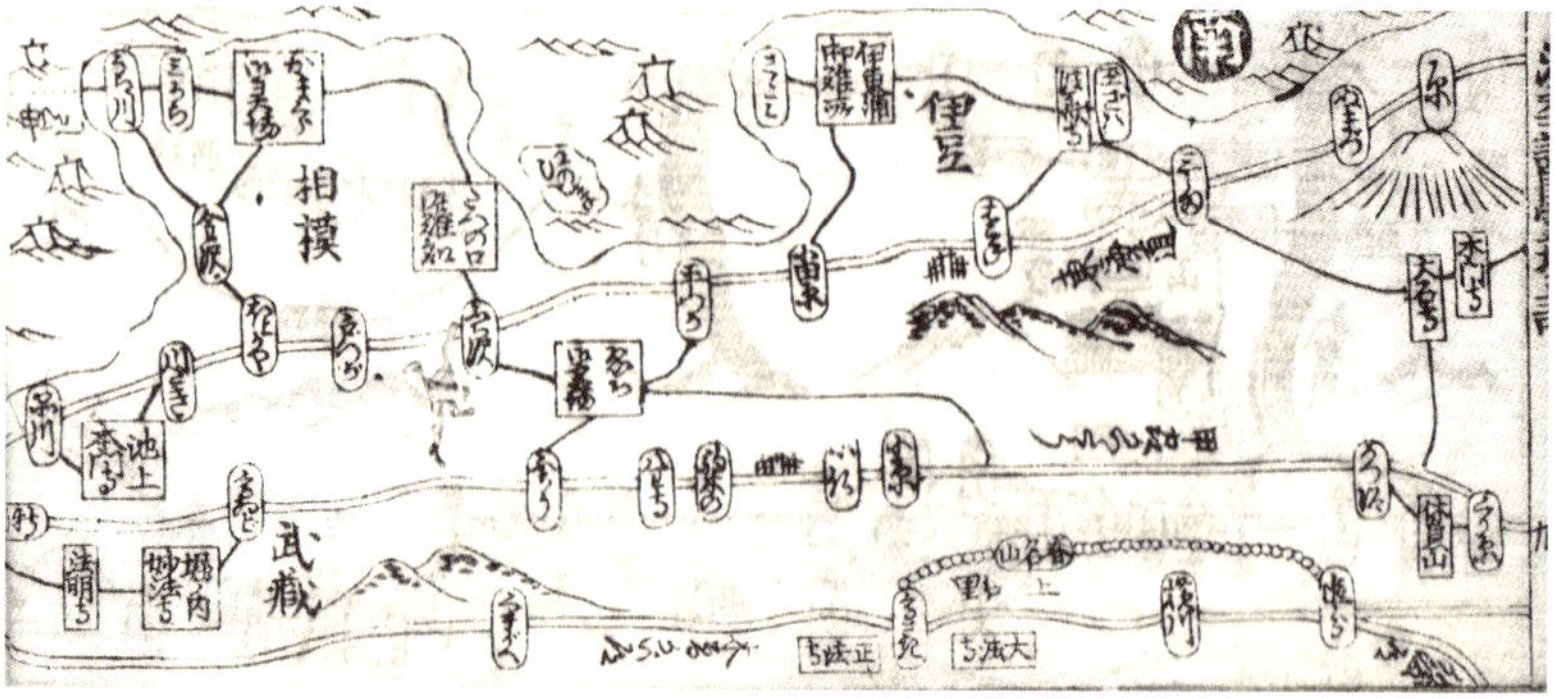

図1　『法華諸国霊場記』（江戸より身延山の部分）　静岡市、由比妙栄寺蔵

そこで、本稿は、大都市江戸や江戸近郊に住む庶民の身延山巡拝の形態を解明するため、身延山の案内記や道中記等を取り上げ、法華信徒の巡拝の形態とその特徴について検討してみたい。

一　身延山という霊場

身延山という霊場は、近世に入ると法華霊場にかかわるさまざまな縁起に登場してくる。ここでは、身延山巡拝にかかわる史料として、嘉永五年（一八五二）正月に出版された『法華諸国霊場記』（図1）をあげ、全国各地の法華霊場における身延山の位置づけを行なってみたい。

> 宗風起星霜漸く積て、六百余歳執権謗実の草木一乗経王の威風に靡ずといふとかし、日出れば星かくる後五百歳中広宣流布御代万世の護国経、たへ《(妙)》の御法の鷲の山風と宗祖の御詠歌も心願にとみ、胸の曇も晴る心地とか、于爰愛甲斐国巨摩郡波木井乃郷の乾にあたれる身延山と中奉るハ宗祖日蓮大聖人御開基の霊場にして、往昔文永十一年甲戌五月はじめ《(始)》之御入山ありて御庵室をむすひ《(結)》給ひ、身延山久遠寺妙法華院と号し給ふ、天竺霊鷲山をこの所にうつし《(写)》、漢土の天台山もすぐれ《(優)》た

るに感応ふしぎ《不思議》の霊場たる処、爾来日々に興隆して七堂甍をなら《並》べ給ふことに、御生涯の間一切衆生［破損］身命をも惜み給ハず、仏勅にまて［破損］妙法五字を弘通し給ふ、終に是御山に九ケ年の御住居まします、たとへ身ハいつこ《何処》にて死べくといふ共、心は尽未来際みのぶ《身延》山に住すべし。一度参詣のともがら《輩》ハ無始の罪障消めつ《滅》し、三業の悪転じて三徳とならん、かの《彼》月支の霊鷲山ハ本朝身延の嶺なり、我弟子旦那等ハ此山を本寺として参るべし、これ則霊山の誓也と宣ひし、宗祖の誓かかる三世の芳契まします御山なれば、われ《我》人ともに詣で大恩を謝し奉り、巨海の一滴にそな《供》ハん事を要とす。願くハ各々無二の信力を起してはや《早》く参詣なし給ハんことを希ふのミ。

于時嘉永五年壬子正月[7]

全国に存在する法華霊場のなかで、身延山は日蓮が晩年の九年間居住した場所であり、日蓮の遺骨を安置する霊場として参詣が勧められていたことがうかがえる。

鎌倉時代の文永一一年（一二七四）に日蓮が身延山に入山したが、この間に居住した場所は草庵といわれ[8]、日蓮の遺言によって滅後に墓所が建立されている。よって、日蓮を信奉する人々にとって身延山は聖地であり、法華信仰の根本霊場として存在していた。

開創当初の身延山の霊域は、現在の日蓮廟所がある御廟所域のみであった。ところが、文明七年（一四七五）に久遠寺一一世日朝が西谷の地から現在の地（本堂域）に諸堂を移すことにより[9]、身延山の霊域は拡大された。これが、近世に入ると、奥の院や七面山が身延山の霊域として取り込まれていくことになる。身延山の霊域について日蓮は、「四山四河」と表現しているが[10]、近世に入ると「五嶽」、「八渓」に分けて案内されている。五嶽（岳）は、北に白根嶽、南に鷹取山、東に天子ケ嶽、西に七面山、中央に身延山で、八渓（谷）は鷲谷・東谷・西谷・中谷・南谷・醍醐谷・蓮華谷・金剛谷である。[11] 身延山は周りを取り囲む山と谷によって構成されているが、近世の身延山の伽藍を代表するのが本堂域にある祖師堂である。祖師堂（御影堂）は開祖の像を安置する堂宇で、祖師信仰の中核をなしている。これは、祖師堂の扁額に「棲神閣」と揮毫され、[12] 日蓮の御魂が棲む堂宇として位置づけられていることからもうかがえる。

祖師堂では、厨子に入った日蓮の像を開扉するという儀礼が営まれる。祈願者はいったん堂宇に入ると日蓮の霊性を感じ、開帳された祖師像に向かって現世利益の祈願を依頼する。いわゆる〝日蓮と結縁を結ぶ〟といった信仰行為であり、法華信徒にとって大切な信仰の場であった。近世の身延山参詣絵図には、祖師堂が全構図の中心部に描かれ、本堂・祖師堂・位牌堂の三堂が並んで建立されていた様子がうかがえる。この三堂のなかでも祖師堂は最も規模が大きく、身延山における祖師信仰を象徴する堂宇であった。[13]

祖師日蓮を顕彰する祖師伝記には、四大法難（小松原法難・伊豆法難・松葉谷法難・龍口法難）に代表されるような波乱に富んだ生涯が注目され、描かれている。この劇的な生涯は仏画による伝記や錦絵によって紹介され、流布していったが、近世後期に至ると歌舞伎・狂言・浄瑠璃といったものに日蓮の霊性が表現されていった。特に錦絵の世界においては、多くの浮世絵師によって日蓮の生涯のドラマが描かれている。そのなかでも「武者絵の国芳」と賞賛され、当時の著名な浮世絵師であった歌川国芳は、『高祖御一代略図』において一〇の場面で日蓮の伝記を表現している。[14] いわゆる日蓮の法難・教化といったドラマチックな霊的部分が強調され、これが日蓮伝記における展開部分の中核をなしている。

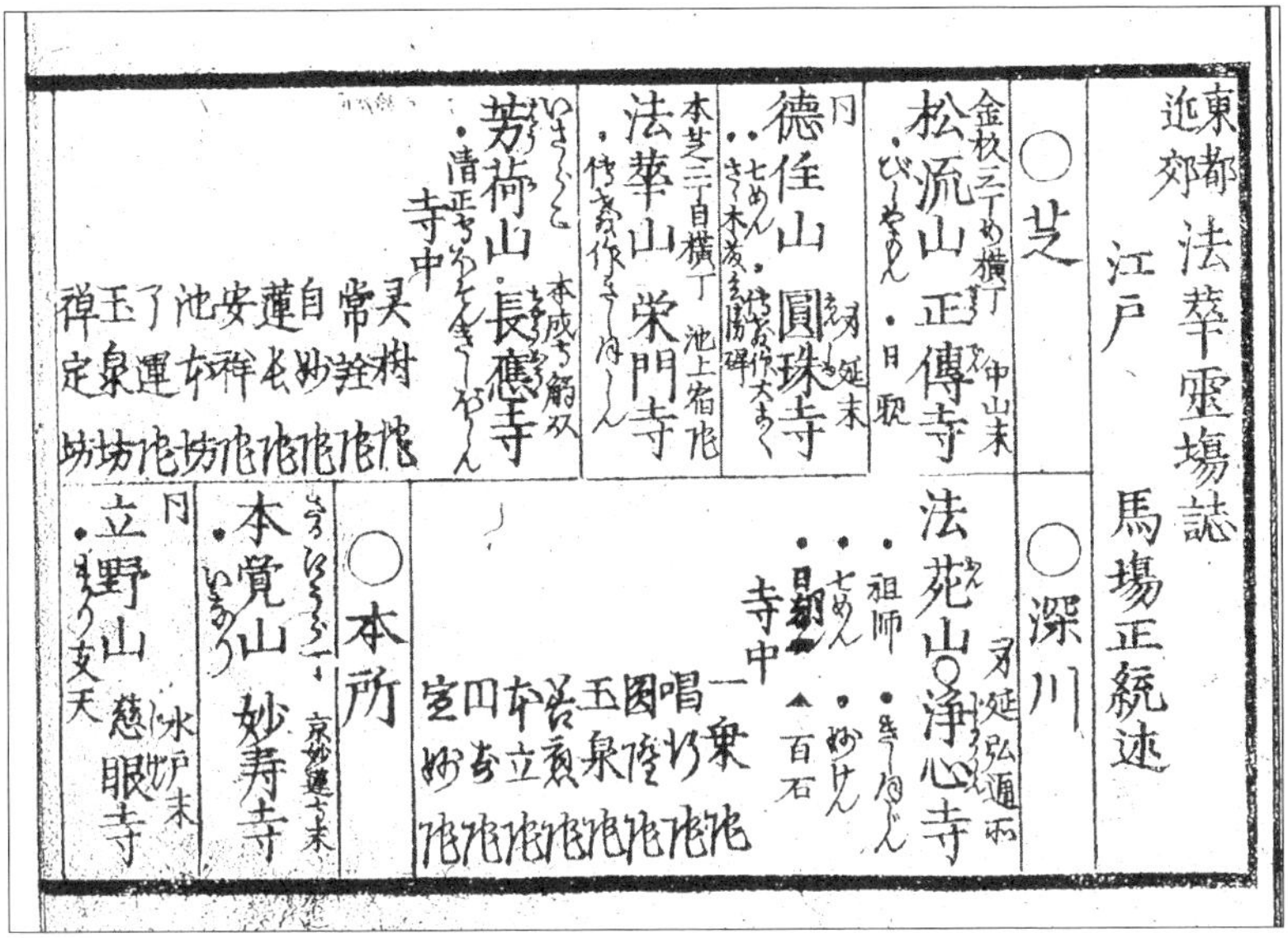

図２　『東都近郊法華霊場誌』　甲州文庫蔵

二　江戸という地域性

江戸という地域には仏教系各宗派の寺院が存在するが、近世後期に至ると祖師（日蓮）信仰や守護神信仰の高揚とともに法華系寺院が数多く建立されていった。江戸市域の法華寺院の存在を探るため、天保二年（一八三一）六月に江戸四谷に住む馬場小太郎源正統が記した『東都近郊法華霊場誌』（図２）という、江戸の法華霊場を巡る史料をみてみよう。この序文に、

叙

われ《我》宗門崇敬のあまり、今茲天保二年四月東都の霊場を普く拝し奉る、順路は金子某か記に従かふといへとも、めくり《巡》て又始に帰らん事を志としかたわら巡導の一書をなしぬ、わか菩提寺の知識是を見てむかし《昔》二本あれども世に行はれす、且古今違ひ多かれは此記を梓にちり《鏤》はめ、同士に与へ

と其功徳無量ならんといへり、予粗略を恐るといへども、見る人おのつから《自》取捨あるへしと家父もゆるし《許》給へは、終に其言葉に任す時に[15]

とあるように、過去に二つの江戸所在の法華寺院の巡拝記があったが、世に知られていなかった。そこで、本書刊行の動機となったことが記されている。これを裏返せば、天保年間に至り、江戸近郊の霊場を巡る巡拝が行なわれるようになったことを示しているのである。巻末に、「江戸法華霊場略絵図　近刻　地理をくわしくして巡拝の有用とす」「近郊法華霊場聞知録　近刻　本山安置仏巡拝の地利をくわしくす[16]」と記されているように、絵図や聞知録といったものが刊行される予定で、この頃を期に、さまざまな江戸巡拝記が刊行され、江戸市域の寺院が紹介されていった[17]。

法華寺院の記載をみると、

〇芝
金杉三丁め《目》横丁　中山末
松流山　正伝《しょうでん》寺
・びしやもん《毘沙門》　・日親
（中略）
〇深川
身延弘通所

法苑山○ 浄心《じょうしん》寺
・祖師 ・きしもじん（鬼子母神）
・七めん（面） ・妙けん（見）
・日朝 ▲百石
寺中 （八ヵ寺略）
（後略）[18]

と、あるように、地域ごとに、寺院の所在地、山号・寺号・勧請仏等が記されている。これらの寺院の巡拝の方法については、

右は江戸寺院の順導記なりといへども強て此記の始終に拘らす、便宜により順にも逆にも廻るへし、たとへば谷中よりはしめ（始）ば順に小石川へ巡り妙伝寺・本念寺より駒込大乗寺へ行き、逆に芝へ廻り正伝寺より深川浄心寺へ行き、順に谷中へ戻る余はなぞら（準）へ知るべし、是より後に記する武蔵の分は実地をふ（踏）まざるゆへ、粗略して寺号のみをあぐ、其地にて順路を問はざるときは、一歩千里の損失あり、且中山什門二流は江戸にてふれ（触）頭へとへ（問）ど、明白ならされば、旧記のままに正字をもただ（正）さぬしてしる（印）しぬ、浅るるも多かるべし。他日見知の人に就て校訂せん事を希ふのみ。

と巻末にあるように、巡る順番は決まっていなかったようで、各地域を単位に案内したものであった。巡拝の一例

も記されており、谷中→小石川（妙伝寺・本念寺）→駒込（大乗寺）、芝（正伝寺）→深川（浄心寺）→谷中とある。江戸市域の記載は詳細であり、本寺や霊験ある守護神等が記載されており、巡拝の手解きとなっている。なお、武蔵国所在の寺院は見聞していないので寺院名をあげているのみである。

一方、身延山祖師像の深川浄心寺における出開帳によって、近世中期以降祖師（日蓮）信仰が江戸市域に住む庶民に浸透していったことは明らかになっているが、(19) これにより祖師日蓮像を祀る寺院や身延山の守護神七面大明神を祀る寺院が出現していった。これらの祖師霊場の主なものに、江戸十大祖師霊場、同八大祖師霊場（近郊）がある。そこで、これをみてみると次のようである。

江戸十大祖師霊場

①深川浄心寺（江東区平野）　身延山久遠寺と同木・厄除祖師
②本所法恩寺（墨田区太平）　中老僧日法作祖師像
③松が谷本覚寺（台東区松が谷）　日限の祖師
④土富店長遠寺（台東区元浅草）　宗祖自開眼・開運の祖師
⑤池妙音寺（台東区松が谷）　火中出現の祖師
⑥谷中瑞輪寺《ずいりんじ》（台東区谷中）　安産飯匙の祖師
⑦谷中宗延寺《そうえんじ》（現、杉並区堀ノ内）　読経の祖師
⑧谷中宗林寺《そうりんじ》（台東区谷中）　厄除け祖師
⑨牛込幸国寺（新宿区原町）　厄除け布引の祖師

⑩浅草幸龍寺（現、世田谷区烏山）　日法作祖師像

江戸八大祖師霊場（江戸近郊）

①雑司ケ谷法明寺（豊島区南池袋）　祖師弟子日源作祖師像
②堀之内妙法寺（杉並区堀ノ内）　除厄祖師
③池上本門寺（大田区池上）　日法作祖師像
④真間弘法寺（市川市真間）　日法作祖師像
⑤平賀本土寺（松戸市平賀）　日像作親子相想の尊像
⑥多古妙光寺（千葉県多古町）　肉髭の祖師
⑦比企谷《ひきがやつ》妙本寺（鎌倉市大町）　寿像の祖師
⑧片瀬龍口寺（藤沢市片瀬）　中老僧日法作祖師像

江戸における祖師信仰は、個々の寺院の日蓮の霊験によって御利益を得るものであったが、こうしたいくつかの祖師像を巡ることによって日蓮の霊性を感じ、現世利益を受けるものとして法華信徒に受け入れられていった。そこで、江戸における祖師・守護神の参詣に関して、斎藤月岑の『東都歳事記』からうかがってみよう。

祖師詣　法華宗[20]

堀之内妙法寺　祖師参、今日（正月）並に五月九月十三日には開帳あり。又月並開帳の講中あり。当時は繁昌の寺院

にして、遠近の緇素晴雨を厭はず、日毎に参詣群衆して、常に法筵を儲るがごとし、又毎日百度参り絶ず。手遊びの風車を当所の土産とす。

※ほかに、池上本門寺・雑司ケ谷法明寺、下谷長遠寺、深川浄心寺、大塚本伝寺、牛込円福寺、高田本松寺、浅草本覚寺、本所本久寺、谷中本寿寺、赤坂円通寺、青山立法寺の祖師参りの記載あり。

史料として主に取り上げたのは、厄除祖師像が安置される堀之内妙法寺であり、霊験ある祖師像を安置した寺院の代表格である。ほかにも、いくつかの寺院が祖師参りの寺院として掲げられている。

江戸には鬼子母神・妙見菩薩・七面大明神に代表されるような多くの日蓮宗の守護神が勧請され、庶民の現世利益のニーズに応えていたが、ここで江戸に勧請された主な日蓮宗の守護神について考察してみたい。『東都歳事記』には次のように記されている。

鬼子母神　雑司ケ谷鬼子母神（豊島区）、下谷鬼子母神（台東区）
妙見菩薩　本所柳島法性寺（墨田区）、白金妙円寺（港区）
七面大明神　高田亮朝院（新宿区）、大久保法善寺（新宿区）、谷中延命院（荒川区）
帝釈天　柴又題経寺（葛飾区）[21]

次に、これらのなかでも、身延山信仰の代表格となる七面大明神がいつ江戸に勧請されたか確認してみたい。『武江年表』には、慶安元年（一六四八）の高田亮朝院、谷中延命院の七面大明神の勧請から登場する。[22]よって、亮朝院の七面大明神像の縁起をあげると、如意山亮朝院といへる日蓮宗の寺に安ず（甲州身延山に属せり）。本尊七面大明神の像は（身延山の七面と同木同作なりと云ふ）当時開基日暉師感得ありし霊像なりといふ。縁起に云く、延山第二十六世《（二十七カ）》日境上人、霊告再三に及ぶの後、亮朝院日曜師にこれを授与す。依つて日曜師この地五明村に草庵を結びてこの本尊を安ず。然るに慶安元年の春荒薗山に於て社地を賜ひ、七面堂を造営せしめ、御武運長久・国家安全の御祈禱所に命ぜらる。(24)

とあるように、身延山とゆかりのある仏像であったことがわかる。身延山ゆかりのこれらの仏像のルーツは、ふだん身延山の霊地に祀られる仏像であり、江戸庶民が祖師日蓮の根本霊場へ登詣する信仰心をかき立てていったのである。

江戸における身延山信仰の形成については、身延山の古仏堂祖師・奥の院祖師が深川浄心寺において宝暦二年（一七五二）から文久三年（一八六三）の間に一〇回出開帳したことが影響している。(25)この折の様子は、次のように江戸八講や神田八講といった下町の講中が開帳の準備を行ない、事務所となる開帳場を取り仕切っていたのである。

文久三年六月十八日ゟ十一月廿四日迄　琢師代

一　開帳初勘定日八講立会勘定諸払等致ス(26)

江戸講中と身延山との信仰を介したつながりについては、かつて検討したことがあるが、(27)「一切経並御経蔵且宝塔奉納之碑集高之目録」によれば、「但諸人用出金高別帳江巨細相記山納致候事　発起両人持之部　酒家連」とあるように、施主は江戸に住む酒屋衆であった。(28)

身延山大学図書館に所蔵される『鉄眼版一切経』の書棚をみると、「発起人江戸駒込高崎屋長右衛門・同千住町伊勢屋甚兵衛、嘉永二年日薪代　執事本行房是感院日行聖人、東都深川於浄心寺ニ当山奥院祖師開帳之砌納之[29]」と、嘉永二年（一八四九）の江戸出開帳の折に高崎屋長右衛門・伊勢屋甚兵衛の二人が一切経寄進の発起人となっていたことがわかる。

身延山東谷にある大林坊内の石塔群をみても、神田八講・日本橋講中・深川講中・赤坂講中等の刻名があり、身延山で江戸講中の講員安全祈願がなされていたことを知り得るのである[30]。

三　身延山巡拝の場所

日蓮宗の巡拝信仰は、日蓮や教団の先師ゆかりの霊地を巡るもので、廻る寺院が多くなると、千箇寺参りとして信仰表現される[31]。日蓮宗の代表的な巡拝に次のものがある。

①身延山巡拝　　久遠寺本院・御廟所・奥の院・七面山
②佐渡霊場巡り　　根本寺・妙照寺　ほか
③房総霊場巡り　　誕生寺・清澄寺　ほか
④江戸霊場巡り　　池上本門寺・柴又帝釈天・雑司ケ谷鬼子母神　ほか
⑤京都霊場巡り　　二十一箇本山（妙顕寺、弘経寺、上行院、住本寺、本国寺、妙覚寺、妙満寺、本禅寺、本満寺、宝国寺、立本寺、妙蓮寺、本能寺、本法寺、頂妙寺、妙泉寺、学養寺、本覚寺、妙伝寺、本隆寺、大妙寺）

このなかでも、江戸に直接関係する巡拝といえば④である。いわゆる日蓮入滅の本門寺、日蓮が感得した帝釈天を祀る題経寺、日蓮自刻と伝えられる雑司ケ谷鬼子母神、厄除祖師を祀る堀之内妙法寺等が含まれる。そのほかの巡拝も江戸の人々が参加するものが多く、①の身延山巡拝においては、江戸における祖師（日蓮）信仰の隆盛とともに盛んになっていった。

次に、身延山巡拝の道程を考察する上で、身延山の聖域と山内霊域について紹介してみたい。

近世の身延山霊域を考えると、図3のように身延山内の総門域、三門域、東谷域、西谷域、御廟所域、本堂域、上の山域、奥の院域、七面山域、といった九ヶ所に区分できる[32]。この九域を身延山登詣者はどのように巡拝していたのであろうか。そこで、まず身延山内の巡拝場所について、案内記や地誌類を手がかりに検討してみたい[33]。

図3　近世における身延山の霊域と参詣道

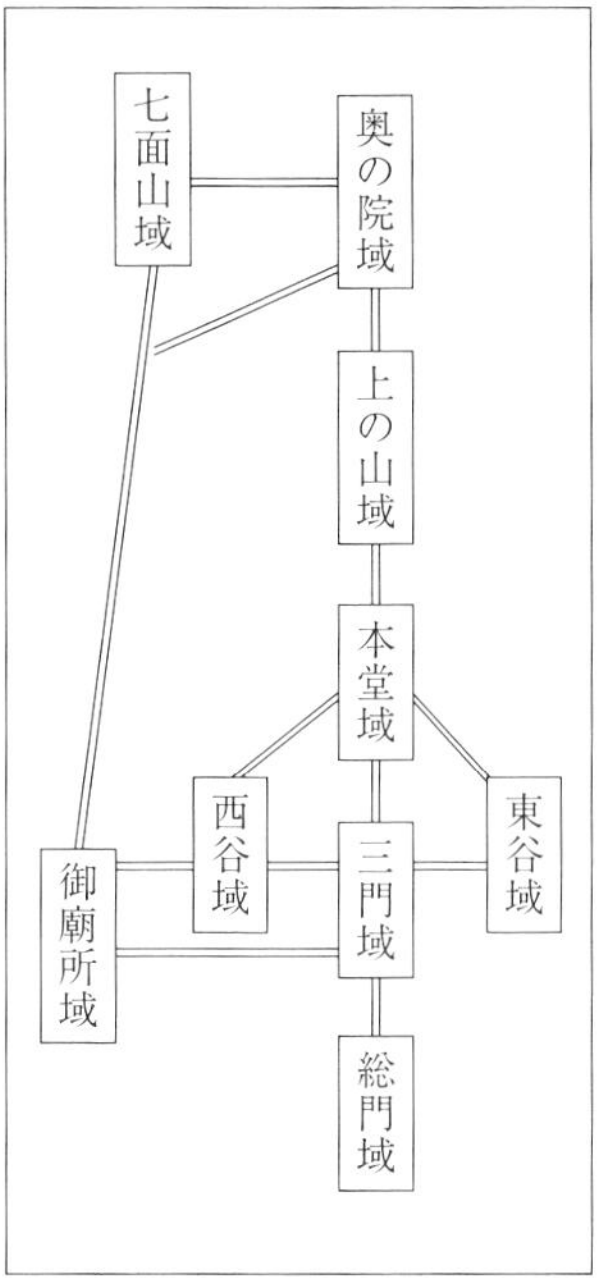

（註）□は霊域　══は参詣道

（a）『身《み》延《のぶ》鑑《かがみ》』　伝身延山三一世日脱著[34]　貞享二年（一六八五）刊行

身延山諸堂を巡拝して、七面山縁起や身延の年中行事等を紹介したもので、宝暦一二年（一七六二）・天保一五年（一八四四）と版を重ねている。延宝四年（一六七六）春三月、一人の旅人が京都からはるばる身延山に参詣し、東海道を通って興津岩渕から富士川べりを北上して身延山総門に到着する。そこで久遠寺の老僧が出迎え、身延山内の各霊場と堂宇を案内している。

【総門域】 総門（御影堂）・身延町（門前町）

【三門域】 三門（二王）・石段・浴室

【本堂域】 二天門・多宝塔・鐘楼堂・本堂・祖師影堂・位牌堂・太鼓堂・古木桜・仏供所・通本橋・方丈・会合所・対面所・小書院・大書院・宝殿・学問所・大庫裏・供膳所・西土蔵・東霊蔵・常題目堂・天神堂・稲荷社・円師堂・本地堂・一切経蔵・万灯堂・水明楼・祈禱堂・七面影現宮

【奥の院域】 天照八幡宮本社・拝殿・五重塔・羅刹堂・児の宮・丈六釈迦堂・大黒堂・三光堂・東照権現宮・題目堂・四天門・鐘楼堂・僧坊・御供所

【西谷域】 檀林講堂・能化寮・飯台所・番頭寮・妙見菩薩堂・所化寮・常経堂

【御廟所域】 霊廟・舎利堂・常経堂・釈迦堂・庵室（十間四面）

【七面山域】 龍ガ鼻・三十三瀧・雨乞淵・太郎峰・次郎ガ尾・田代ノ六老畑・遄塞ガ崖・宍ノ都・沼田嶺・長嶺・春木川・一の鳥居・休所三所・随身門・鐘楼堂・籠屋・本社・拝殿・池・奥の池

（b）『**甲斐叢記**』[35] 全一〇巻　大森快庵著　一〜五巻は嘉永元年（一八四八）、六〜一〇巻は明治二六年（一八九三）刊行

甲斐国内の名所・旧跡・神社仏閣等を紹介する史料である。よって、身延山も頁数を割いて本院から奥の院・七面山までの巡拝路について記しているが、御廟所域の記述はない。

【総門域】 開会関（総門）・極楽橋・狐宿

【三門域】三門・解脱橋・石段（二八七段）
【本堂域】二天門・三堂（本堂・祖師堂・位牌堂）・通本橋・本院方丈・而実不滅堂・東西宝蔵・甘露門・紫雲閣
【東谷域】新宿
【奥の院域】八間四面の堂
【西谷域】西谷檀林
【七面山域】羽衣橋・龍鼻・三十三滝・雨乞淵・太郎峰・次郎尾・田代太郎畑・千束崖・沼田嶺・長嶺・本社・白糸滝・奥池・春気川

（a）は近世中後期における身延山の参詣ガイドブックとして知られており、九域が詳細に紹介されている。（b）は、甲斐国内の地誌であるが、「此山の委しき事は、身延鑑・身延図経等にあれば爰に略しぬ[36]」とあるように、多くの身延山を紹介した地誌類は『身延鑑』が底本となっていたようである。

次に、江戸から身延山への案内記を二点紹介してみよう。

（c）『身延双六[37]』（図4）　作者未詳　近世後期刊行

江戸庶民の娯楽として双六があるが、身延山巡拝にかかわる双六があるので紹介してみたい。「身延双六」は安重図で江戸下谷広徳寺前通御宗門書林・和泉屋庄次郎の出版となっている。年紀がないので正確な刊行年は不明であるが、近世後期の作であると思われる。双六作成の意図に関して、詞書に、

南無妙法蓮華経、駒木野御関所を箱根と心得手形を忘れて江戸へかへるべし。身延登山にあたれハ三日かかり、

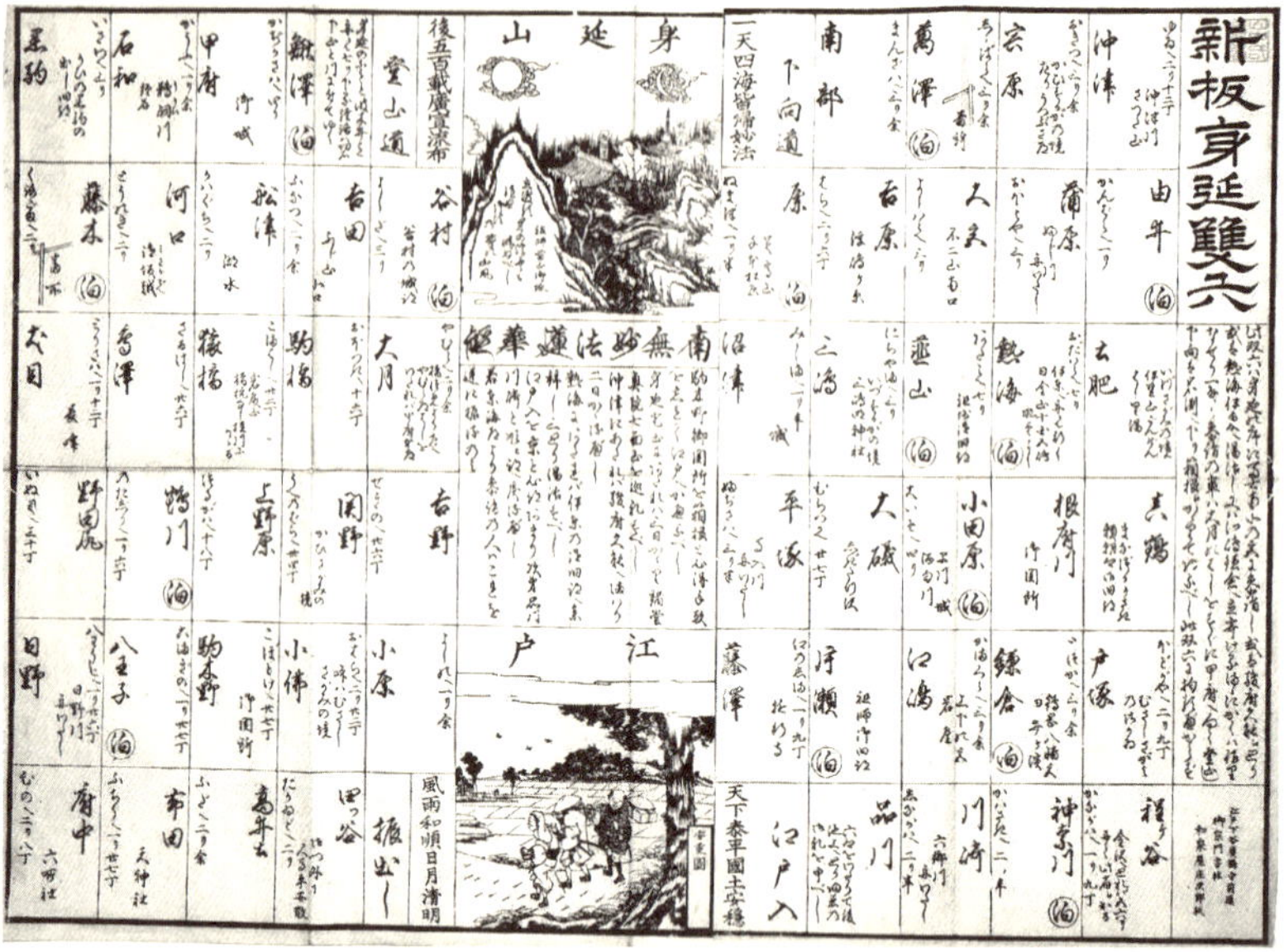

図4　「新板身延双六」　久遠寺身延文庫蔵

諸堂・奥院・七面山を巡礼すべし。沖津にあたれバ駿府久能へまハり、二日かかるべし。熱海にあたれバ伊東の御旧跡へ参拝し三廻り湯治すべし。江戸入を京と心得あまり次第品川・川崎と順に跡へ戻るべし。若東海道より参詣の人ハこれを逆に振るのみ。

とあるように、身延山内の参詣は、七面山まで巡拝することが記され、伊豆地域の日蓮旧跡まで案内されている。娯楽の要素がある双六ということで、徳川将軍家とゆかりのある久能山への二日かかる行程も盛り込まれている。

　巡拝途中の参詣場所については、日蓮宗関係の場所がほとんどであるが、次のように、

此双六ハ身延の序に富士南北の宮に参詣し、或は駿府久能江廻り、或は熱海伊東へ湯治し、又ハ江嶋鎌倉へ立ち寄りけるままにかくハさり。なせか、

一まつ参詣の輩ハ大月のはしをすぐに甲府へ向て登山し、下向す。岩渕へ下り箱根江かかりて帰るべし、此双六に拘るべからず。

とあるように、富士山南北口の浅間神社、久能山東照宮といった神社仏閣への参詣が含まれている。また、熱海・伊東といった温泉地での湯治も盛り込まれているのが特徴である。

江戸からの身延山巡拝は、「江戸→甲州街道→甲府→身延山→富士→東海道→江戸」で、行きは甲州街道、帰りは東海道となっていた。実に、往路五泊、復路七泊、身延山内での泊数は不明であるが、身延山内を除く計一二泊の巡拝日程であった。鰍沢から波木井《はきい》（身延）へは船便利用ということで、往路は時間が短縮されている。そこで、詳細な巡拝ルートをあげると次のようである。

【登山道】

江戸→四谷→二里→高井戸→二里余→布田→二七丁→府中（六所社）→二里八丁→日野→一里二六丁→（日野川舟）→八王子（泊）→一里二七丁→駒木野→二七丁（関所）→小仏→二里二二丁→小原→一里余→吉野→二六丁→関野→三四丁→上野原→一八丁→鶴川（泊）→一里六丁→野田尻→三〇丁→犬目→一里一二丁→長峰→鳥沢→二六丁→壊橋→二三丁→岩殿山→（橋杭なし・桂川にかかる）→駒橋→一六丁→大月→二里余→（橋詰より左へ谷村道橋を渡れバ甲府本道）→谷村（泊）（谷村城跡）→三里→吉田→（不二山北口）二里余→船津（湖水）→二里→河口→（御坂越）二里→藤木（泊）→番所二里→黒駒→三里（甲斐黒駒の旧跡）→石和→一里余（鵜飼川・経石）→甲府→四里（御城）→鰍沢（泊）→（身延の麓波木井迄舟で七里下る、陸路ハ切石・下山と川に付てゆく）→身延山

【下向道】

身延↓南部↓三里余↓万沢（泊）↓三里余（番所）↓宍原↓三里余（左・内房道）↓沖津↓二里一二丁（沖津川・薩埵山）↓由井（泊）↓一里↓蒲原↓（富士川舟）↓三里↓大宮↓（不二山南口）三里↓吉原↓（浮島ケ原）↓二里六丁↓原（泊）↓（足高山・千本松原）一里半↓沼津↓一里半（城）↓三島↓三里（三島明神社）↓韮山（泊）↓七里↓祖師旧跡↓熱海（泊）↓七里↓（伊東へ舟にて行く）↓（日金山・十国・五嶋）↓土肥↓（伊豆山権現・はしり湯）↓真鶴↓（真鶴ケ崎・頼朝公旧跡）↓根府川↓（関所）↓小田原（泊）↓四里（早川・城・酒匂川）↓大磯↓廿七丁↓（しぎたつ沢）↓平塚↓三里半↓（高入川へ舟）↓藤沢↓一里九丁↓（遊行寺）↓片瀬（泊）↓祖師旧跡↓江ノ島↓三里余↓（上下の宮・岩屋）↓鎌倉（泊）↓三里余↓（鎌倉八幡宮・由井ケ浜）↓戸塚↓二里九丁↓程ケ谷↓一里九丁（金沢へ五、六里にて此宿江出る）↓神奈川（泊）↓二里半↓川崎↓二里半↓（六郷行舟わたし）↓二里半↓品川↓（六郷を渡つて後池上へ、帰りの御礼を申す）↓江戸

このなかで、法華の霊跡にかかわるものとして、往路は鵜飼の経石、復路は韮山の祖師旧跡がある。鵜飼の経石の近くには、鵜飼の霊跡として現在遠妙寺が建立されており、鵜飼の亡霊を日蓮が教化した霊場として、近世の日蓮伝記に取り上げられているものが多い[38]。

日蓮宗以外の神社仏閣として、三島大社・遊行寺・頼朝旧跡・江ノ島・鎌倉八幡宮、史跡として、薩埵山・谷村城・甲斐黒駒があげられる。

道筋としては、登山道として、上野原より富士山に向けて案内し、吉田の富士登山口（北口）を紹介している。下山道として、宍原から内房に出る道と沖津（興津）に出る二つの道を案内している。内房に出ると、大宮（富士宮）に入り、富士山登詣を案内している点が注目される。近世末期の作と伝えられる「富士山明細図[39]」においては、

「経ケ嶽（岳）日連（蓮カ）百日行場」と記載され、日蓮が修行した霊場として掲載されている[40]。富士山への巡拝は江戸において盛んであり、富士信仰の聖地として江戸からの登詣者が後を絶たなかった[41]。江戸の代表的な随筆に、「是までの登山の輩は、弥勒と云う行者、祈て山神の霊夢告を得、弥陀の称号を高唱して上ること始り也。然るを此度法華宗始て題目を高唱して山上せし也[42]」と、法華信徒の登詣の記事がある。また、富士山頂上付近に日蓮像が安置され、吉田と須走の拝所に法華塔、五合五勺の場所に日蓮堂、日蓮が籠もった経ケ岳に姥ケ懐が描かれ、法華信徒が登詣していた様子がうかがえる[43]。しかしながら、この双六では富士山五合目の経ケ岳への巡拝は示されていない。

こうして、身延山案内記のなかに、富士登山が案内されていた要因として、法華信徒の富士山登詣者の増加があると考えられる。日蓮宗の身延山巡拝案内のなかには、意図的に富士山須走口を利用して富士山登詣を案内し、併せて日蓮宗寺院巡りをさせるものがあり、この巡拝は江戸の法華信徒に宣伝されていたようである[44]。

(d)『身延山伊豆鎌倉霊場記[45]』　明治二二年（一八八九）

少し、時代は下るが、江戸からの身延山巡拝の道程を考えてみるため、明治時代の身延山巡拝霊場を記している史料を紹介してみたい。この史料は、江戸から甲州街道を経て身延山に登詣し、その後に伊豆・鎌倉を巡拝して江戸に戻っている法華霊場の案内記である。この巡拝で特に紹介されている法華関係の寺院・霊跡・名所等は表1のようになる。これらの五〇の巡拝地は、いかなる場所であろうか、分類すると次のようである。

①日蓮とゆかりのある寺院　休息立正寺、石和遠妙寺、定林寺、甲府信立寺・甲府遠光寺、青柳《あおやぎ》昌福寺・小室妙法寺、下山《しもやま》本国寺、大野本遠寺、相又《あいまた》正慶寺、ほか

②日蓮とゆかりのある旧跡　石和御硯水、袈裟掛松　鶴岡八幡宮、七里ケ浜、笹子旧家、逢島《おうしま》祖師堂

表1 『身延山伊豆鎌倉霊場記』にみる巡拝寺院一覧

番号	寺社・名所名	住所	由緒	つながり
1	立正寺	甲州市休息	日蓮が文永三年住職宥範阿闍梨に法論して改宗	日蓮
2	遠妙寺	笛吹市石和町	日蓮が文永十一年六月鵜飼の亡霊を済度し、弟子日朗・日向とともに一字一石書写して施餓鬼法要を営む	日蓮・弟子日朗と日向
3	定林寺	笛吹市	弘安二年日蓮弘通の砌、難産で死亡した女性を供養	日蓮
4	信立寺	甲府市若松町	当山安置釈迦像は日蓮の開眼したもので、武田信虎病気平癒の像あり	日蓮・武田信虎
5	遠光寺	甲府市伊勢	日蓮真筆の宝塔曼陀羅を所蔵	日蓮
6	昌福寺	増穂町青柳	虫切御符を頒布	日法
7	妙法寺	増穂町小室	日朗・日向を連れた日蓮が当地を訪れ、住職善智法印と法論を交わし、善智法印が弟子となる	日蓮・弟子日朗と日向
8	本国寺	身延町下山	日蓮の弟子となった最蓮坊日浄の旧地	日蓮
9	本遠寺	身延町大野	(徳川家康側室お万の方の墓所がある)	(お万の方)
10	正慶寺	身延町相又	日蓮が身延入山の折、里の女性が粟飯を供養し、後に日蓮の弟子となる	日蓮
11	妙浄寺	南部町南部	日蓮身延入山の折に当寺に一泊し、住持大転は弟子となる	日蓮
12	本成寺	芝川町内房	日蓮が当地に入り、一村を改宗	日蓮
13	妙光寺	芝川町長貫	日蓮の教化により由井五郎が改宗	日蓮
14	本光寺	富士宮市黒田	日蓮が当地に一泊し、遠藤左衛門が鵞目・酒・柏餅を供養	日蓮
15	実相寺	富士市岩本	正嘉二年、日蓮が当山の一切経蔵に入り、後年智海が改宗	日蓮
16	常諦寺	富士市本市場	日蓮の檀越高橋五郎の旧地	日蓮
17	妙海寺	沼津市下河原	日蓮が当地に一泊し、八大龍王を供養	日蓮
18	本覚寺	三島市泉町	日朝剃髪の寺	日朝
19	妙法華寺	三島市玉沢	六老僧日昭開基の寺院	日昭
20	六萬部寺	函南町柏谷	源頼朝法華経六万部を納める地	源頼朝
21	仏眼寺	伊東市物見が丘	日蓮伊豆流罪の砌、日蓮が伊東朝高の難病平癒	日蓮・伊東朝高
22	仏光寺	伊東市和田	伊東朝高屋敷地	伊東朝高
23	蓮着寺	伊東市富戸	日蓮伊豆流罪の折に着いた場所	日蓮
24	蓮慶寺	伊東市川奈	舟守弥三郎宅地	舟守弥三郎

25	朝善寺	伊東市宇佐美	日朝誕生の地	日朝
26	大乗寺	熱海市多賀	日蓮作水鏡祖師を所蔵	日蓮
27	江ノ浦	小田原市江之浦	頼朝石橋山旗揚七騎隠の旧地	源頼朝
28	龍口寺	藤沢市片瀬	文永八年九月一二日、日蓮法難の霊場	日蓮
29	七里ケ浜	鎌倉市七里ヶ浜	日蓮雨乞い伝説あり	日蓮
30	稲村ケ崎	鎌倉市稲村ヶ崎	日蓮袈裟掛け松あり	日蓮
31	極楽寺	鎌倉市極楽寺	良観律師旧地	了観
32	収玄庵	鎌倉市長谷	四条金吾屋敷旧地	四条金吾
33	光則寺	鎌倉市長谷	宿屋光則屋敷、日朗・日進三ヵ年土の牢旧地	宿屋光則・日朗・日進
34	実相寺	鎌倉市材木座	日蓮伊豆流罪乗船の地・日朗百日水行の地	日蓮・日朗
35	啓運寺	鎌倉市材木座	日印鎌倉問答の地	日印
36	妙法寺	鎌倉市大町	日蓮松葉ケ谷草庵霊地	日蓮
37	安国論寺	鎌倉市大町	日蓮松葉ケ谷草庵霊地	日蓮
38	長勝寺	鎌倉市材木座	日蓮松葉ケ谷草庵霊地	日蓮
39	法性寺	逗子市久木	松葉ケ谷草庵焼打の砌、日蓮を助けた猿にかかわる地	日蓮
40	常栄寺	鎌倉市大町	日蓮龍口法難の時牡丹餅供養の地	日蓮
41	妙本寺	鎌倉市大町	比企大学三郎屋敷旧地	比企大学三郎
42	本覚寺	鎌倉市大町	東身延、日朝旧跡	日朝
43	大巧寺	鎌倉市小町	安産守護（頼朝祈願所）	源頼朝
44	妙勝寺	鎌倉市	日蓮腰掛石あり	日蓮、現在廃寺
45	妙隆寺	鎌倉市小町	日親行法の池あり	日親
46	鶴岡八幡宮	鎌倉市雪ノ下	（日蓮が立ち寄り、八幡神に諫暁）	日蓮
47	上行寺	横浜市金沢区	日荷旧跡	日荷
48	安立寺	横浜市金沢区	（日蓮）船中問答の地	日蓮
49	龍本寺	横須賀市深田台	角なし螺旧跡	日蓮
50	本門寺	東京都大田区	（日蓮入滅の地）	日蓮

（註）由緒に関しては、史料に記載してある内容のみを掲げた。由緒の記載がないものは、筆者が括弧内に補った。

③日蓮の弟子・信徒とゆかりのある霊場　日昭《にっしょう》、日朗《にちろう》、日向《にこう》、日朝《にっちょう》、四条金吾、宿屋光則、お万の方、比企《ひき》大学三郎、最蓮坊日浄

④日蓮の弟子・信徒以外の人物　了観、武田信虎、武田勝頼、源頼朝

⑤日蓮と直接関係のない場所　江ノ浦（頼朝旧跡）、天目山、笹子峠、野田尻（芭蕉碑）、小田原備中守城山、早川屏風岩

①は、日蓮が宿泊した霊場、日蓮が教化し、改宗した霊場等である。②は、日蓮とゆかりのある旧跡であり、笹子では、「此宿扇子屋ト云宿あり、祖師御一泊旧家アリ」と日蓮宿泊の霊場として旧家が紹介されている。一方、神社であるが、鶴岡八幡宮が紹介されている。これは、鶴岡八幡宮が鎌倉における代表的な神社仏閣であることよりも、法華信徒にとっては、日蓮が立ち寄り八幡神を諌めた神社として存在しているため、紹介したものと考えられる。③は、日蓮の弟子や信徒とのつながりのある霊場で、その背後には日蓮とのつながりがある寺院も多い。④は、日蓮や日蓮宗とのかかわりがある人物であるが、日蓮宗以外の信仰を持つ人物といえる。⑤の江ノ浦は、頼朝にゆかりのある場所で、いわゆる名所・旧跡に入る。また、笹子峠では、「小休・森田屋甘酒名物」とあり、巡拝途中の名物が取り上げられている。

こうして考えると、霊場の数の上でも、日蓮や弟子・信徒とのつながりがある寺院が多いことがわかる。

四点の史料を考えると、（a）は近世中期の身延山参詣案内、（b）は幕末期の身延山を紹介した地誌類、（c）は江戸庶民の娯楽・双六、（d）は近代の身延山と伊豆・鎌倉霊場の案内である。これらのなかで、（c）を除き、身延山から奥の院・七面山を案内しており、身延山という霊場が奥の院・七面山を含んだ広範囲に及び、山内巡拝だけでも三日程度の日数を費やしたことがわかる。

四　巡拝記にみられる身延山巡拝の実態

前節の身延山案内記・地誌類等にみられる身延山内と身延山登詣途中の巡拝場所をうけ、ここでは江戸や江戸近郊に住む法華信徒の身延山道中記・旅日記類にみられる実際の身延山巡拝場所について検討してみたい。

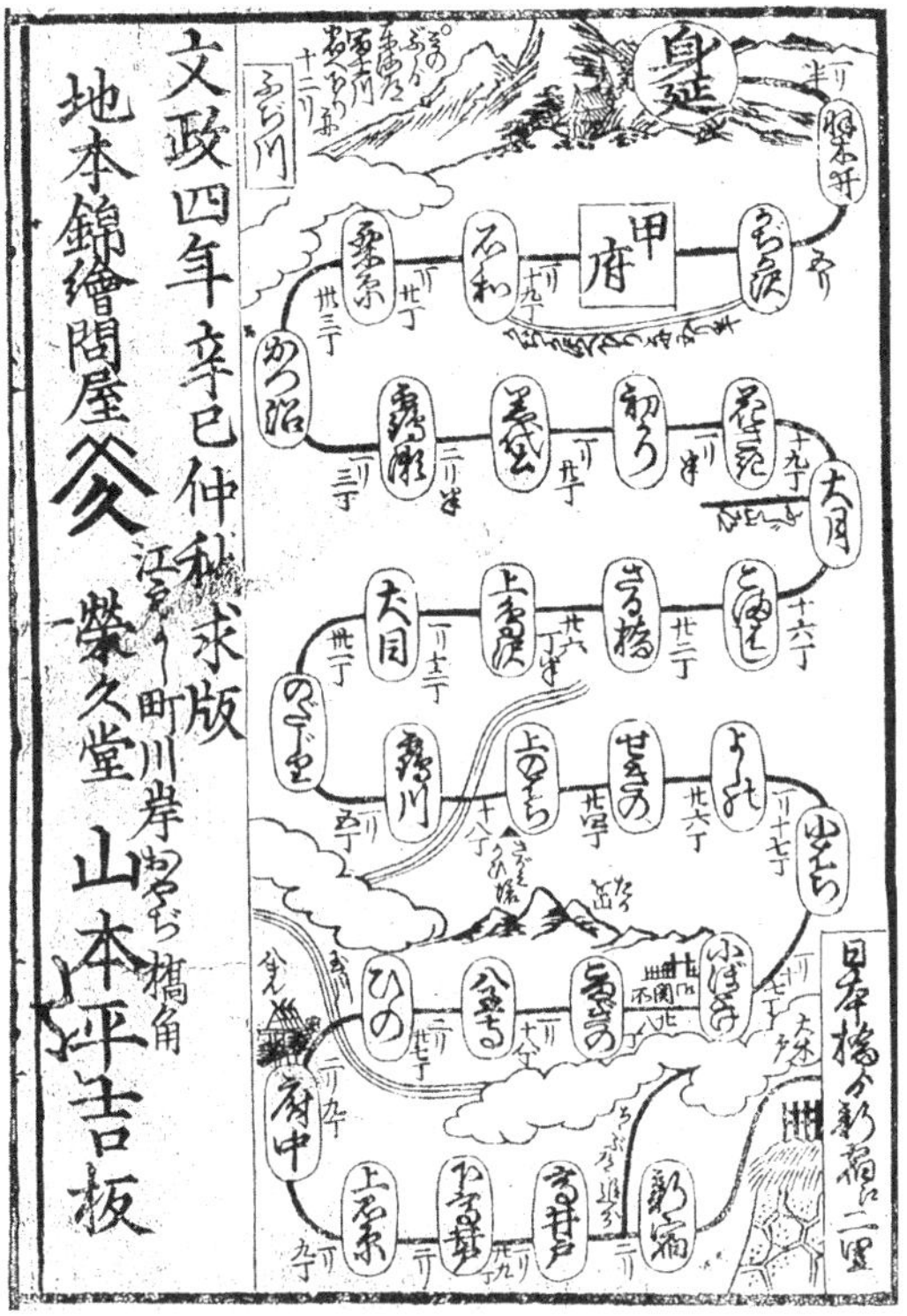

図5　文政4年「身延詣」巻末　甲州文庫蔵

（e）『道記』[46]（図5）吉沢著　文政元年（一八一八）

六月二日に同行五人で江戸を出発し、身延山大乗坊に宿泊し、奥の院・七面山まで巡拝し、江戸に帰るまでの日記である。交通手段として、甲州の上曽根から小室を参拝して身延下山宿までと、大野から駿河まで富士川の船を利用しており、身延山巡拝における船便利用は多かったようである。[47]

江戸→駒場野→（泊）→布田→府中→八王子→横山宿（泊）→大戸

観音→千木良峠→小原（泊）→与瀬→吉野→小猿橋→諏訪関所→鶴川→長峰→犬目（泊）→笹子峠→大杉→駒飼→鶴瀬→勝沼（立正寺）→石和（遠妙寺）（泊）→上曽根→（舟）→鰍沢→小室（妙法寺）（泊）→（舟）→身延下山宿→東谷（大乗坊五泊）→大野山→（舟）→駿河→江戸

【身延山】本堂→奥之院→赤沢（泊）→七面山麓→庫裡・書院（七面山敬慎院）→影向石→七面山奥の院→赤沢（泊）→十万部→追分→袈裟掛松→太郎大明神

（f）「**身延道中之記**」(48)　十返舎一九著　文政二年（一八一九）

内容は、専門絵師の絵が主体で、膝栗毛の滑稽と狂歌を添えた道中案内記である。道程は、六月二日に同行五人で江戸から甲州街道を通って身延山に登詣し、身延道を下って東海道吉原宿に至るが、日記はここで終わっている。参詣寺院としての記述は堀之内妙法寺しかないが、道中の交通手段としての特徴は、（e）と同様に大野から船で吉原南部方面に出ていることである。

江戸→四谷新宿→堀之内（妙法寺）→高井戸→石原→府中→日野→駒木野→小仏峠→尾原《小原》・与瀬→吉野→関野→鶴川→如多尻《野田尻》→犬目→戸沢→猿橋・駒橋→大月→花崎《花咲》→初雁《初狩》→黒如多《黒野田》→鶴瀬・勝沼→栗原→石和→甲府→鰍沢→切石→身延山→大津《大野》→（舟）→南部・万沢・猪《宍》原→松野→吉原（終）

【身延山】惣門・二王門・三門・御影堂・石階・祖師堂・位牌堂・千畳敷・経堂・五重塔・奥之院・天狗堂・その他→七面堂→赤沢→十万部寺→奥之院→楠甫→手打沢→切石→八日市場→飯富→下山→身延山（祖師堂、経堂、御影堂、金堂、千畳敷）→追分→檀林→七面山

【七面山】本院→西谷→田代川→赤沢→羽衣橋→一鳥居→右コース（龍鼻・三十三滝・雨乞淵）、左コース（太郎峰・

次郎尾・田代太郎畑・千東崖・沼田嶺・長嶺等）

（g）『松亭身延紀行』[49]　松亭著　万延元年（一八六〇）

松亭は、読本・情本作家で、瓜生金鶯・梅の本鶯斎・伊勢屋徳次郎・浅草の源八の四人が同行して身延山参詣を行なう内容である。出発日時がはっきりしていないが、四月六日から一〇日にかけて、少なくとも五日間を身延山内で費やしているのが日程的にみた特徴といえる。また、巡拝の特徴は、堀之内妙法寺、休息立正寺、石和遠妙寺、小室妙法寺に「参詣」という記述があることである。

江戸→堀之内（妙法寺）→上高井戸→国領宿→布田→五ケ宿→上下石原宿→車返→府中（六所宮詣）→八王子→大戸観音→上野原→小原宿→与瀬宿→境川→鶴川→野田尻→猿橋宿→駒橋宿→初狩→黒野田→笹子峠→駒飼宿→勝沼（休息立正寺）→日川→石和（遠妙寺）→甲府（善光寺）→河東中島→西花輪→東南湖→青柳（青龍《柳》寺・昌福寺）→小室（妙法寺）→身延山（竹之坊）→大野（本遠寺）→吉原（毘沙門堂）→沼津→江戸

【身延山】 大門（総門）→町屋→（旅店・酒食の家・商もの・数珠）→二天門→（竹之坊）（泊）→石段→二天門→本堂→（覚林坊）（泊）→赤沢→一の鳥居→赤沢（泊）→奥の院→三光天子堂・大黒天堂→（覚林坊）

（h）『元治二年順道記』[50]　助兵衛著　元治二年（一八六五）

下総国中山に住む助兵衛は、日蓮とゆかりの深い本山中山法華経寺（千葉県市川市中山）の門前に居住している。千葉県からということで、堀之内（杉並区妙法寺）付近ですでに一泊している。帰りに韮山から修善寺を廻り、熱海に立ち寄っている点が注目される。往路八泊、身延山内二泊、復路八泊という行程で、計一九日間を費やしている。

本所→両国→堀之内（妙法寺）（泊）→高井戸→府中→日野（泊）→粟須→八王子（本立寺・大法寺）（泊）→大戸→小原（泊）→与瀬→吉野→境川（題目石）→関野→上野原→鶴川→野田尻→犬目→鳥沢→猿橋（泊）→殿へ（信教院）→大月→花咲→初狩→黒野田（上行寺）（泊）→休息（立正寺）→粟原（大法寺）→石和（遠妙寺）→甲府（遠光寺・信立寺）（泊）→西条（妙源寺）→南胡（長久寺）→青柳（昌福寺）→小室（妙法寺・懸腰寺）→鰍沢→切石（瀧）→下山（上沢寺・本国寺）→身延山（山本坊）（泊）→大野（本遠寺）→内船（内船寺）→万沢（泊）→内房→興津→江尻（妙蓮寺・妙泉寺）（泊）→貞松（蓮永寺）→岩本（実相寺）→吉原→柏原（立円寺）→沼津（妙海寺）→三島（三島明神・玉沢妙法華寺）→韮山（本立寺）→修善寺（妙国寺・入湯）（泊）→伊東（泊）→熱海（泊）→根府川→小田原（泊）→厚木（妙純寺・蓮生寺・妙伝寺）→座間（円教寺）→藤沢（龍口寺）（泊）→鎌倉（本覚寺・鶴岡八幡宮）→横浜→神奈川→川崎（泊）→品川→江戸・日本橋→中山

【身延山】身延山（泊）→赤沢→七面山（泊）→奥の院→山本坊

（ｉ）『**身延山道中日記**』[51]　万屋惣七著　弘化二年（一八四五）

武州池上に住む万屋惣七は、日蓮宗本山池上本門寺（東京都大田区池上）の門前に居住していることから、身延山巡拝の道中記を綴っている。池上から身延山に登詣し、池上に帰るという日程は、往路五泊、身延山三泊、復路八泊、計一七日間を費やしている。この道程の特徴は、池上から厚木へ廻り、上野原に出て、そこから甲州街道に入っていることである。身延山内霊場は、御廟所・奥の院・七面山を巡拝している。

池上→上丸子渡し→野川→荏田→長津田（泊）→上依智渡し→川和→念坂→（関所）→吉野→関野→（関所）

↓上野原↓鶴川↓野田尻↓犬目↓鳥沢（泊）↓猿橋↓大津木↓花吹↓初狩↓立河原↓白野↓阿弥陀↓黒沼↓駒ケ井↓鶴瀬↓（関所）↓勝沼（立正寺）（泊）↓栗原↓石和（遠妙寺）↓甲府↓布施↓南胡↓青柳↓鰍沢（泊）↓小室（妙法寺・法論石）↓石切↓下山（泊）↓身延山↓大野（本遠寺）↓黒の沢河岸↓岩本（実相寺）↓吉原（泊）↓原↓沼津↓三島（三島明神・本覚寺）（泊）↓玉沢（妙法華寺）↓韮山（本立寺）↓修善寺（妙国寺）（泊）↓伊東（難所・祖師堂）（泊）↓熱海↓真鶴（泊）↓根府川↓小田原↓大磯（泊）↓平塚↓藤沢↓片瀬（龍口寺）↓鎌倉雪下（泊）↓神奈川宿（泊）（記載終）

【身延山】身延山・竹之坊↓祖師堂↓古仏堂↓三門↓廟所↓（泊）↓三光堂↓富士見石↓奥の院↓赤沢（泊）↓七面山↓追分↓千本杉↓高座石↓身延山

これらのなかから江戸近郊の庶民である（h）『元治二年順道記』における助兵衛と（i）『身延山道中日記』における万屋惣七の巡拝形態に着目し、巡拝行動の特徴をそれぞれ示すと次のようである。

（h）助兵衛の巡拝行動

・八王子宿本立寺・同大法寺・甲府信立寺・同遠光寺・同仏国寺・江尻妙泉寺・韮山本立寺で御首題を書いてもらう。
・祖師・弟子・信徒ゆかりの寺院を巡る（信徒、江川太郎左衛門、四条金吾、船守弥三郎、本間六郎）。
・道程の代表的な日蓮宗寺院に参拝する。
・身延山内の祖師堂・御真骨堂・古仏堂で開帳を受け、三門・廟所を案内してもらう。
・巡拝寺院の護符・御守・御札を拝受する。
・身延上沢寺で毒消御符《ごふ》、韮山本立寺で火伏の棟札を拝受する。

・鎌倉本興寺の日朝上人（久遠寺一一世）、黒野田上行寺の清正公を礼拝する。

法華関係霊場の記載として注目されるのは、境川の題目石があることが紹介されていることである。法華信仰の巡拝のなかには「堅法華《かたぼつけ》」(52)といって団扇太鼓に白装束といった出で立ちで法華霊場を巡拝したりして、信仰活動を行う信徒がいる。しかしながら、案内記のなかには、久能山東照宮・駿府浅間社・三島大社・鶴岡八幡宮といった日蓮宗以外の寺院・神社の参詣が含まれている。また、実際に久能山では神酒を拝受していることから(53)、他宗派や神社を廻らない従来の法華信者特有の参拝ではなかったようである。さらに、名所・旧跡の谷村城、甲斐黒駒を見物したり、「本龍寺境内ニ而芝居ヲ見」とあるところから、八王子で娯楽としての芝居見物をしていたことも特筆すべきことである。

（i）　万屋惣七の巡拝行動

・身延山参詣途中の日蓮宗寺院において開帳・祈願を依頼する。
・御札・御守等を拝受する。韮山本立寺の火伏棟札を拝受する。
・身延山久遠寺における釈迦誕生会法要に参加する。
・大野本遠寺で、日蓮・日遠・紀州養珠院（お万の方）の霊宝を貫首の講釈によって拝見する。
・巡拝途中の日蓮霊跡寺院において祖師像・守護神像の開帳を受ける。

特に日蓮宗寺院の参詣・祈願における特徴は、池上本門寺大堂・星下（上依知）妙伝寺、休息立正寺・鵜飼（石和）遠妙寺・小室妙法寺・身延久遠寺・大野本遠寺・岩本実相寺・三島本覚寺七面山・玉沢妙法華寺・韮山本立寺・伊東祖師堂で、それぞれ開帳を受けていることである。日蓮宗以外の神社・神仏の記載として、上野川影向寺薬師（御霊水）・相模川川中浮弁天・韮山大城山（参詣）が記されている。また、大野本遠寺のところで霊宝を拝観した後、「誠ニ珍らしき御宝物等有之、一統なみだを流し申候」といった表現の記述が注目できる。いわゆる、信仰を持った旅であるので、ふだん見られない寺院の御宝物を拝することにより、感激している様子が目に浮かぶようである。また、三島本覚寺七面山の記載で、「本覚寺有之。右七面社もよろしき御堂也。右七面様之前の池より水出御事大そうに有之（後略）」と寺院に関する詳細な記述があることは、日蓮宗寺院参詣を主とする旅であることを裏付けている。そして、旅の終わりに近づく伊豆では、「一四日　伊東大坂屋へ泊り湯治致侯、右湯ぬるく御座候ニ付、惣湯五ツ風呂有之侯ニ入申候」と巡拝が終わった時期に湯治を行なっている。つまり、他の法華信徒と比較して多くの法華霊場を巡拝し、途中の寺院で祖師像・守護神像の開帳・祈願を受けながら、帰りには伊豆の温泉に湯治に行っていたわけである。信仰を伴った霊場巡りの後には、長旅を癒すための湯治が含まれていたことが、惣七の身延山巡拝形態の特徴といえよう。

こうした巡拝場所について、（d）の案内記、（e）から（i）の道中記を比較すると、表2のようになる。これによると、（d）は伊豆・鎌倉まで案内しているが、道中記は立ち寄らないケースも多い。また、実際に巡拝する寺院は道中記によってまちまちであるが、身延山内に関してみると、いずれも奥の院や七面山まで巡拝している。また、（d）の案内記における巡拝寺院について五点の道中記と比較すると、必ずしも一致しないことがわかる。[54]また、七二の巡拝地のなかで、堀之内妙法寺、休息立正寺、石和遠妙寺、小室妙法寺、大野本遠寺等が五点の道中記すべてにおいて巡拝寺院として立ち寄られており、岩本実相寺や玉沢妙法華寺といった日蓮宗本山も多く巡拝されていることがわかる。しかしながら、その他の巡拝地は道中記によって多少異なっている。つまり、江戸からの身延山巡拝地は、四国八十八ヵ所や法然上人二十五霊場のようにその数や巡拝場所が定まっているわけではなかった。霊場巡り作成者の作成意図から宣伝され、法華信徒はこのなかから選んで巡拝していたようである。

番号	地域名	寺院・名所	(d)	(e)	(f)	(g)	(h)	(i)	備　考
40	伊東	蓮着寺	○		—				法華宗陣門流
41	伊東	蓮慶寺	○		—				
42	伊東	朝善寺	○		—				
43	熱海	大乗寺	○		—				
44	熱海	江ノ浦	○		—				名所・旧跡
45	厚木	妙伝寺			—		○		
46	厚木	蓮生寺			—		○		
47	厚木	妙純寺			—		○		本山
48	座間	円教寺			—		○		
49	藤沢	龍口寺	○		—		○	○	本山
50	鎌倉	本興寺			—				
51	鎌倉	七里ケ浜	○		—				名所・旧跡
52	鎌倉	稲村ケ崎	○		—				名所・旧跡
53	鎌倉	極楽寺	○		—				真言律宗
54	鎌倉	収玄庵	○		—				
55	鎌倉	光則寺	○		—				
56	鎌倉	実相寺	○		—				
57	鎌倉	啓運寺	○		—				
58	鎌倉	妙法寺	○		—				
59	鎌倉	安国論寺	○		—				
60	鎌倉	長勝寺	○		—				
61	鎌倉	法性寺	○		—				
62	鎌倉	常栄寺	○		—				
63	鎌倉	妙本寺	○		—				本山
64	鎌倉	本覚寺	○		—		○		本山
65	鎌倉	大巧寺	○		—				
66	鎌倉	妙勝寺	○		—				現在廃寺
67	鎌倉	妙隆寺	○		—				
68	鎌倉	鶴岡八幡宮	○		—		○	○	名所・旧跡
69	鎌倉	上行寺	○		—				
70	横須賀	安立寺	○		—				
71	横須賀	龍本寺	○		—				
72	池上	本門寺	○		—			○	本山

(註) 由緒に関しては、史料に記載してある内容のみを掲げた。
—は巡拝の記載がない箇所
(d) 明治22年『身延山伊豆鎌倉霊場記』
(e) 文政元年『道記』
(f) 文政2年『身延道中之記』
(g) 万延元年『松亭身延紀行』
(h) 元治2年『元治二年順道記』
(i) 弘化2年『身延山道中日記』

表2　身延山巡拝寺院一覧（江戸～身延山～江戸）

番号	地域名	寺院・名所	(d)	(e)	(f)	(g)	(h)	(i)	備　考
1	杉並	妙法寺			○	○	○	―	本山
2	黒野田	上行寺					○		
3	八王子	本立寺					○		
4	八王子	大法寺					○		
5	殿上	信教院					○		現在不明
6	勝沼	立正寺	○	○	○	○	○	○	
7	栗原	大法寺					○		
8	石和	遠妙寺	○	○	○	○	○	○	
9	八代	定林寺	○						
10	甲府	信立寺	○				○		
11	甲府	遠光寺	○				○		
12	甲府	仏国寺							
13	甲西	妙源寺					○		
14	甲西	長久寺					○		
15	増穂	昌福寺	○				○		
16	増穂	青柳寺				○			
17	増穂	妙法寺	○	○	○	○	○	○	本山
18	増穂	懸腰寺					○	○	
19	身延	上沢寺					○		
20	身延	本国寺	○				○		
21	身延	本遠寺	○			○	○	○	本山
22	身延	正慶寺	○						
23	南部	妙浄寺	○						
24	南部	内船寺					○		
25	芝川	本成寺	○						
26	芝川	妙光寺	○						妙興寺カ
27	富士宮	本光寺	○						
28	富士	実相寺	○				○	○	本山
29	富士	常諦寺	○						
30	富士	吉原毘沙門堂				○			現在は妙法寺
31	沼津	妙海寺	○		―		○		
32	三島	三島明神					○	○	神社
33	三島	本覚寺	○		―		○		
34	三島	妙法華寺	○		―		○	○	本山
35	函南	六萬部寺	○		―				
36	韮山	本立寺			―		○	○	
37	修善寺	妙国寺			―		○	○	
38	伊東	仏眼寺	○		―				本山
39	伊東	仏光寺	○		―				

次に、多くの道中記に登場する五ヵ寺の由緒について、道中記や案内記をピックアップして紹介してみたい。

①堀之内妙法寺（東京都杉並区堀ノ内）

道中記に「日蓮宗一致派にして、頗る盛大の寺院なり、宗祖日蓮大士の霊像は世の除厄の御影と云なり、日朗上人の作なり、まことに感応なる故に風雨寒暑をいとはず、都鄙の貴賤日毎にここに詣して、百度参等、片時にも絶る事なし、誠に七月法華千部会、又は十月の会式には群参稲麻の如く、駢開言語に及ふにあらすと云なり」(55)とあるように、厄除け祖師を祀る霊場であり、年中行事の折には賑わっていたことが知られる。(56)このように、妙法寺は近世に入って祖師霊場として成立し、庶民に知られるようになった寺院である。

②休息立正寺（山梨県甲州市休息）

道中記に「休息山立正寺へ参詣、庭ヲ見物宜庭也、弐丁程前ニ祖師立正安国論御談義被㆓成下㆒候高座石有、其前ニ御勧請の子安地蔵有、不㆑残参詣」(57)と記されているように、日蓮が甲斐国布教の途中、「立正安国論」を講じた場所で、近くに輪石庵という庵が存在する。(58)また、六院一二坊を擁する本寺格寺院であり、江戸の人が身延参詣に巡拝する寺院として存在し、このため法華信徒にまつわる史料が伝来している。輪石庵には、明治・大正期の建立と推定される石垣があり、そこに江戸町人の名前が刻まれていることから江戸に住む信徒の参詣が絶えなかった様子がうかがえる。

③石和遠妙寺（山梨県笛吹市石和町市部）

遠妙寺は、鎌倉街道と甲州街道が交差する場所に位置し、鵜飼にまつわる寺院として有名である。道中記には、「この石和の宿に、鵜飼山遠妙寺といふ寺あり、日蓮上人、鵜をつかひ《（使）》て、しゝ《（死）》たる者のために、石に経文を一字づつかき《（書）》て手向玉ふが、今に石に文字をしみ《（染）》こみ《（込）》てのこれ《（残）》りといひつたへ《（伝）》たり、そのところに、日伝上人、寺を建立あり、遠妙寺これなり」とあるように、日蓮が甲斐巡教中にこの地を訪れ、石和川の鵜飼の霊に遭遇し、その供養のために石に法華経を書き、川に沈めた霊場であることがわかる。[59]当寺院は、謡曲「鵜飼」にも歌われ、日蓮像と鵜飼像の開帳儀礼が本堂で行なわれ、参詣者が絶えなかったという。ここでは「鵜飼山本《（遠カ）》妙寺霊宝不ㇾ残開帳、百疋之由」と道中記にあるように、巡拝者に霊宝（寺宝）の開帳儀礼が行なわれていたようである。[60]

④**小室妙法寺**（山梨県増穂町小室）

「並山日記」に「こむろむら《（小室村）》の徳栄山妙法寺にまうて《（詣）》て、ほうもちともを見はやのほいなり。山あひのみち《（道）》のほ《（登）》りゆくにおも《（思）》ひしよりもいかめ《（厳）》しき寺なり、まづ諸堂をうちめくり《（巡）》て本坊にあないし《（案内）》役僧にたいめ《（対面）》して、青柳村のせいそこをわたせは、いていにしやうしてしなしなをかます。さるはふる《（古）》き仏像古筆の法華経、日蓮以下の題目とおほ《（多）》かり。むかし《（昔）》当山の住持肥前房といひしは、はしめいみしき修験者なりしに、日蓮ひもりと法力をあらそ《（争）》ひ、終ひにかめしかは弟子となりて名を日伝とつき改宗せしとそ[61]」とあるように、修験道の寺院であったが、日蓮が立ち寄り、法論を行なって改宗した寺院である。

⑤**大野本遠寺**（山梨県身延町大野）

道中記に「是より本遠寺、開山日造《（日遠カ）》上人世に伝ふ、むかしお万の方といへる婦人、信心猛にして七面山をふみわけ、女人の登山を肇めしといふ、其婦人は則ここに葬りその廟あり、石門にして、扉は朱塗立沢瀉の紋なり、（廟塔銘文略）、お万の方は法号養珠院妙紹日心大姉といふ、本堂天井の板に彼婦人の足跡とて今に遺れり三ツ四ツ見ゆ[62]」とあり、徳川家康側室お万の方ゆかりの寺院である。お万の方は徳川御三家の紀伊家頼宣と水戸家頼房といった後継ぎを産んだことから江戸城大奥女性の子宝成就の信仰を得ており、[63]紀州家の藩主は先祖を祀る寺院として同寺に寄進を行ない、たびたび代参を遣している。[64]また、お万の方は身延七面山の女人禁制を解いたことから、法華信徒にとっては篤信の人であり、七面山登詣の信徒から崇められている。

これらの寺院のなかで①と⑤は近世に入って霊場として成立した寺院であるが、②③④は日蓮の甲斐巡教の足跡であり、その草創は日蓮の時代である中世に遡る。しかしながら、これらの寺院も近世に入って祖師霊場として広く知られるようになった寺院である。身延山巡拝が近世後期になって盛んになると、日蓮ゆかりの寺院としてこの五ヵ寺が宣伝されるようになり、近代に入っても身延山登詣における巡拝寺院として定着していたようである。

こうして（e）から（i）にみられる案内記・道中記には、身延山内の巡拝のみならず、途中の日蓮宗寺院や日蓮ゆかりの霊場に立ち寄った記述が多々ある。各霊場における巡拝では、開帳・祈願を受け、御首題を持参した「御首題帳」に揮毫してもらう、といった法華信仰独特の信仰活動を行なっていたのである。

ここで、それぞれの史料としての性格を考えると、（a）（b）は案内記であるので、巡拝者が案内場所に行くためのガイドブック的存在であった。（c）は娯楽であるので、湯治や名所巡りといった観光的要素が含まれていた。（d）は明治期の身延山案内記であるが、名所巡りも含まれていた。（e）から（i）は道中記であり、基本的には霊跡・名所を巡るものの、湯治や名所巡りも含まれていた。特に、（h）（i）は中山法華経寺や池上本門寺という本山の門前町に住む法華信徒としての信仰行動であったにもかかわらず、いずれも観光と娯楽の旅が伴っていたことが注目できる点といえよう。

まとめ——身延山巡拝と都市の宗教——

江戸における法華信仰、とりわけ身延山信仰の高揚を概観し、江戸から身延山への巡拝を通じて法華信徒の巡拝の特徴と都市と寺院を結ぶ道程について考察してきた。

近世の江戸という都市における法華信仰の特徴を考えると、加持祈禱、開帳、祖師信仰、守護神信仰等の隆盛があげられる。これにより、法華信仰の聖地身延山への巡拝が勧められ、庶民が登詣することになるのである。

まず、本稿の考察から、都市部江戸における法華信仰の特徴についてまとめてみよう。

・江戸における祖師・守護神の出開帳や縁日参詣を機として法華信仰が高揚していく。
・江戸において身延山ゆかりの祖師や守護神が出現し、身延山信仰が庶民に浸透していく。
・江戸において身延参詣講が結成され、身延山霊場巡拝が盛んに行なわれるようになる。

次に、江戸庶民における身延山巡拝形態について知り得たことをあげてみよう。

・身延山巡拝は日蓮の遺骨が安置されている場所として、法華信徒にとって参拝に欠かせない根本霊場であった。
・富士山に日蓮ゆかりの霊場があるため、富士信仰と融合し、身延山巡拝案内に案内されているものがあった。
・身延山内の霊場巡拝において日蓮の霊性に触れ、各所で自らの祈願、先祖の廻向を行う。
・身延山参詣道道途中の日蓮にまつわる霊跡の巡拝を行ない、仏具等を寄進する。
・巡拝者は首題帳を持参して各霊場で揮毫してもらい、御守・御札を拝受する。
・身延山久遠寺・奥の院・七面山や参詣道途中の日蓮宗寺院で霊仏の開帳を受ける。
・参詣道途中の霊場巡拝を行ないながら、併せて湯治や名所巡りを行なう。

こうした江戸庶民の身延参詣のなかには、講中を組織したものもあり、その信仰行動として、講の結成↓題目の唱題↓霊場の巡拝↓題目石塔建立があった。

ここで、身延山巡拝の形態を示してみると次のようである。

法華信仰の巡拝

日蓮ゆかりの寺院・旧跡を巡る　→　巡拝ルートから離れる

↓　　　　　　　　　　　　　　　　↓

寺院の仏像の開帳・祈願　　　　　湯治・名所巡り

霊宝拝観

護符・御守・御札等の拝受

従来の研究では、法華信徒の巡拝というと、堅法華にみられるような強固な法華信仰から、他宗の寺院は参拝しないといわれている。身延山巡拝においても、千箇寺詣に代表されるように参詣路途中の日蓮ゆかりの法華霊場を数多く廻り、そこで開帳・祈願を受ける、といった巡拝の形態は貫かれていたようである。しかしながらいくつかの道中記の分析から、法華霊場を巡拝しながら途中に富士山や名所・旧跡を訪ね、巡拝の終わりに湯治を行なう、といった観光の旅としての要素が加味されていたことが明らかとなった。これには江戸における富士信仰の隆盛や身延山巡拝における各種案内記の名所・旧跡紹介の影響があると考えられる。湯治に関していうならば、法華霊場巡拝を主としながら、日常の生活を離れて山岳霊場を巡った後に旅の疲れを癒す、といった一時の娯楽を、巡拝者である江戸庶民は楽しんだのである。

今後は、名古屋・京都・大阪といった江戸以外の都市部からの身延山巡拝の形態を検討し、それぞれの地域性や法華信仰の特徴について明らかにしていきたい。

註

（1）拙稿①「近世における身延山信仰の形成過程――久遠寺の霊場化をめぐって――」（『日本仏教学会年報』六七号、二〇〇二年）。拙稿②「近世中期における身延山信仰と信仰圏」（『印度学仏教学研究』五四巻一号、二〇〇五年）。
（2）拙稿「近世における七面山信仰の展開――江戸への伝播を中心に――」（『宗教研究』三三五号、二〇〇三年）。
（3）拙著『近世日蓮宗の祖師信仰と守護神信仰』（平楽寺書店、二〇〇二年）。
（4）拙稿「江戸の身延山信仰」（北原進編『近世における地域支配と文化』大河書房、二〇〇三年）。
（5）山梨県早川町にある山で標高一九八二メートル。山頂付近は身延町に編入され、堂宇とともに久遠寺の所有である。山頂の堂宇は敬慎院（本社）と称し、身延山の守護神七面大明神を祀っている。
（6）池浦泰憲氏は、「近世の「旅」について――「みのぶさんみちのき」の検討――」（『日蓮仏教研究』創刊号、二〇〇一年）において、新発田藩（新潟県）の武家の女性の身延山登詣を紹介している。また、同号に「みのぶさんみちのき」が翻刻紹介されており、女性の旅に関する日記として注目されるところである。
（7）『法華諸国霊場記』静岡市清水区由比妙栄寺蔵。
（8）日蓮の身延山において九年間居住した場所は、「日蓮上人草庵跡」として山梨県指定史跡となっている。
（9）『身延山史』（身延山久遠寺、一九七三年）六四頁。
（10）日蓮遺文「秋元御書」（『昭和定本日蓮聖人遺文』身延山久遠寺、一九八八年、一七三九頁）には「北は身延山、南は鷹取山、西は七面山、東は天子山也。板を四枚つい立たるが如し。此外を回て四の河あり。従北南へ富士河、自西東へ早河、此は後也。前に西より東へ波木井河中に一の滝あり。身延河と名けたり」とある。
（11）『身延鑑』（身延山大学図書館蔵）。藤井日光編著『新訂　身延鑑』（身延山久遠寺、二〇〇一年）に翻刻紹介されている。また、前掲註（7）『法華諸国霊場記』には「五嶽八渓の説」とある。
（12）久遠寺七四世日鑑筆、明治時代。
（13）近世中期「身延山絵図」久遠寺身延文庫蔵。
（14）天保二年（一八三一）の歌川国芳画『高祖御一代略図』（久遠寺身延文庫蔵）には、次のように一〇枚の日蓮伝の一場面として登場している。

①東条小松原、②鎌倉霊山ケ崎祈雨、③相州龍之口御難、④依智星降、⑤佐州流刑角田波題目、⑥佐州塚原雪中、⑦甲斐国石和川鵜飼亡魂化導、⑧小室山法論石、⑨身延山七面大明神示現、⑩上人利益蒙古軍敗北。

(15)『東都近郊法華霊場誌』甲州文庫蔵(山梨県立博物館内)。

(16)前掲註(11)と同。

(17)たとえば、『法華宗江戸寺院巡帳』弘化三年(一八四六)五月吉日(甲州文庫蔵)がある。

(18)前掲註(15)と同。以下、本章引用史料で註がないものは同史料に拠る。

(19)前掲註(3)拙著。

(20)斎藤月岑『東都歳事記』(東洋文庫本)一三日の項。

(21)右同。八日の項。

(22)前掲註(3)拙著。拙稿「身延七面山「うつし霊場」の成立」(『日本宗教文化史学会』一九号、二〇〇六年)。

(23)日境は、史料に身延山久遠寺二六世とあるが、実際は二七世である。

(24)『江戸名所図会』(角川書店、一九七五年)高田七面堂。

(25)前掲註(3)拙著、一八二頁。

(26)『奥院祖師江戸開帳記録』(『身延文庫文書絵画目録』一〇五八番、久遠寺身延文庫蔵)。

(27)拙稿「身延山信仰の一形態——一切経の寄進をめぐって——」(『宗教研究』三三九号、二〇〇四年)。

(28)酒屋衆のひとつである高崎屋は、現在も東京都文京区内で酒屋を経営している。

(29)身延山大学図書館蔵『鉄眼版一切経』書棚背面墨書銘。

(30)身延山大林坊内石塔銘文に関しては拙稿「江戸の身延山信仰」(北原進先生古稀記念論文集『近世における地域支配と文化』大河書房、二〇〇三年)で論述したので参照されたい。

(31)新城常三『新稿　社寺参詣の社会経済史的研究』(塙書房、一九八二年)。

(32)前掲註(1)拙稿②。

(33)高山一行『身延山参詣拾遺』(大宣堂印刷、一九七六年)に身延山参詣に関する史料がいくつか紹介されているので参照されたい。

(34) 前掲註(1)拙稿②。
(35) 『甲斐叢記』巻之四(『甲斐叢書』六巻所収)。
(36) 同右、三二七頁。史料の「身延図経」は、「身延(山)図経」(別名「延嶽図経」)のことで、近世中期の身延山内の堂宇や駿河国興津から身延山までの道程を紹介しているもので、藤井日光編著『新訂　身延鑑』(身延山久遠寺、二〇〇一年)、北沢光昭編著『身延山図経の研究』(地人館、一九九八年)等に影印で紹介されている。
(37) 『身延双六』(身延文庫蔵)。以下、(c)の箇所で註のない引用史料は同史料に拠る。
(38) 先述した『高祖御一代記略図』にも取り上げられているように、遠妙寺は甲斐国巡教の霊場として近世後期には位置づけられていたことが知られる。
(39) 『富士山明細図』(『富士吉田市歴史民俗博物館企画展図録　富士山明細図』所収、一九九七年)。同図録解説によると、筆者は甲斐国上吉田口浅間の祝・小沢隼人源寛信としている。
(40) 法華信徒の富士山登詣に関しては、拙稿「身延山信仰の地域的展開――甲斐国を中心に――」(『印度学仏教学研究』五七巻一号、二〇〇八年)で検討したので参照されたい。
(41) 岩科小一郎『富士講の歴史』(名著出版、二〇〇〇年)。
(42) 松浦静山『甲子夜話』(東洋文庫本)。
(43) 長島泰行画『江戸時代参詣絵巻富士山真景之図』(名著出版、一九八五年)。青柳周一氏は「人の移動と地域社会――富士山の「日蓮宗の名所」化をめぐって――」(近世地域史フォーラム2『地域史の視点』吉川弘文館、二〇〇六年、一四五頁)において日蓮宗関係の堂宇が富士山に建てられていたことに注目している。
(44) 「富士箱根伊豆並富士山頂之図」天理大学天理参考館蔵。この富士山参詣図と法華信徒の須走口登詣に関しては前掲註(43)青柳論文に詳しい。
(45) 『身延山伊豆鎌倉霊場記』(甲州文庫蔵)。
(46) 『道記』(鶴岡節雄校注、新版絵草紙シリーズⅣ『十返舎一九の甲州道中記』千秋社、一九八一年、所収資料)。
(47) 富士川の川上である甲州鰍沢の河岸から川下である身延大野の河岸を結ぶ舟は、身延山登詣者の利用が多く、多くの道中記に舟運利用が記されている。

(48)『諸国道中金草鞋』第一二編所収に「身延詣」の船が挿絵として描かれている。
(49)『松亭身延紀行』(『甲斐叢書』二巻所収)。
(50)慶応元年(一八六五)。池田真由美「元治二年順道記」(『中山村法華経寺門前助兵衛の慶応元年身延道中記』としてホームページに翻刻紹介)。
(51)『大田区史』資料編・寺社1所収。
(52)「堅法華」「情強法華《じょうごわ》」といわれた法華衆気質は、中世末期以降の大衆的文学のなかに生き生きと描き出されているとしている(『日蓮宗事典』)。
(53)この法華信仰の巡拝は、同史料の記載内容から判断すると、日蓮宗以外の寺社や名所・旧跡巡りも含まれていたことが知られる。
(54)道中記における巡拝寺院の記載は、簡略化される場合もあり、そこに書かれていないからといって立ち寄っていないとは断定できない。しかしながら、本稿では史料の記載内容によって判断することとしたい。
(55)『甲州道中記』(『甲斐叢書』三巻所収)三七八頁。
(56)妙法寺の霊場化に関しては、庄司寿完「法華信仰と庶民信仰」(宮崎英修編『近世法華仏教の展開』平楽寺書店、一九七八年)があり、儀礼や信仰に関しては、前掲註(3)拙著第一章二「日蓮宗における儀礼行事の展開~堀之内妙法寺の千部会の事例」において紹介したので参照されたい。
(57)前掲註(46)。
(58)輪石庵の高座石に関する記述は、『甲州道中記』に「昔祖師当国に来り給ひ候処、田中に高座石あり、此上に上り給ひ説法なし給ふと云、高座石高さ五尺あり、(中略)右高座石上は畳一畳敷と申候」(『甲斐叢書』三巻所収、三七五頁)と詳細に記されている。
(59)これは遠妙寺の縁起に登場するが、小室妙法寺とともに近世の多くの日蓮伝に取り上げられている。
(60)『甲州道中之記』(新版絵草紙シリーズⅣ『十返舎一九の甲州道中記』に紹介)。遠妙寺の記事は、地誌類のなかで、「甲陽随筆」(『甲斐叢書』一巻所収)にもみられる。
(61)『並山日記』(『甲斐志料集成』三巻)二〇六~二〇七頁。

(62) 前掲註(49)と同、四四八頁。
(63) 前掲註(3)拙著一七四頁において、お万の方と七面大明神の結びつきや七面信仰による功徳が紹介されている。
(64) 前掲註(3)拙著一四〇~一四三頁。

〈付記〉本稿は、二〇〇六年一二月九日に天理大学おやさと研究所主催宗教研究会で行なった研究発表を土台として新たに加筆したものである。

一八世紀における地域の「成り立ち」と名所

――下坂本村と唐崎社について――

青柳周一

はじめに

近世は旅行の時代である。交通・流通・情報網の整備が飛躍的に進む一方で、社会の安定化をうけて人々に生活を楽しむ余裕が生じたこの時代には、全国各地の著名な寺社や景勝地など名所・旧跡を目指して、無数の旅行者が活発にめぐり歩くようになったのである。

恒常的に旅行者が来訪するようになった名所・旧跡の側にあっては、その周辺の住民たちが旅行者を相手とする諸経営活動を盛んに行なうようになり、地域全体が経済的に活性化するといった状況がしばしば見受けられる。たとえば、近世の富士山麓地域には、毎年夏季になると大量の参詣旅行者たちが富士登山に訪れており、そのため宿泊業や飲食業、また富士山中での石室経営など、特色ある経営活動が発達を遂げていた。そして、こうした諸経営活動は、富士山麓地域全体の再生産をも支えていたのである。

さらにこうした地域では、右のような諸経営活動を安定して行なうためのルールが定められるとともに、旅行者から獲得する利益の住民間における配分が進むなど、地域の外から大量の旅行者を受け入れながら地域内部の社会的秩序を保つ能力の高まりが観察される。[1] このような、自らの再生産を維持するために、旅行者を恒常的に受け入れ続ける体制を内部に確立するようになった地域のことを、筆者は「観光地」と呼んでいる。近世にあっては、陸運・水運や漁業・林業などの諸産業によって再生産を維持・拡大する地域が多数出現するが、これら地域は物資輸送や商品の生産・販売などを通じて、他地域と恒常的かつ複雑に結びつきあっていた。すなわちこれら地域は、交通・流通網のなかに自らを積極的に位置づけることによって再生産を図るという、広域的な「成り立ち」の構造を有しているのである。そして「観光地」もまた、旅行者の受け入れに伴う他地域との結びつきを再生産の前提としていることから、右のような地域と同様に広域的な「成り立ち」の構造を有すると言い得るのである。[2]

ところで筆者は前稿[3]において、近江国滋賀郡下坂本村唐崎（現、滋賀県大津市唐崎）に鎮座する唐崎社が、一七〜一八世紀にかけて名所化（寺社などが、その宗教的・歴史的・文化的価値によって、大量の旅行者を実際に招き寄せる魅力と能力を備えた場所となること）を遂げる過程について論じた。そこでは、唐崎社は名所化するにあたって、領主（延暦寺）・宗教者（宮仕）・住民（唐崎町住民）の三者に跨る存立基盤を獲得しており、下坂本村（現、滋賀県大津市下阪本・唐崎・比叡辻など）のなかにあって、社殿や周辺の景観が日常的かつ継続的に維持される体制が形成されていたことなどが明らかになった。

しかし、前稿では一八世紀までの唐崎社の復興と名所化の過程を中心に考察したこともあり、唐崎社と関わりを持った地元住民としては、同社と近接する唐崎町の住民のみを取り上げるにとどまった。実際には唐崎町は下坂本村に含まれる一個別町に過ぎず、近世における名所と地域の関係を論じようとするのであれば、分析対象を唐崎町

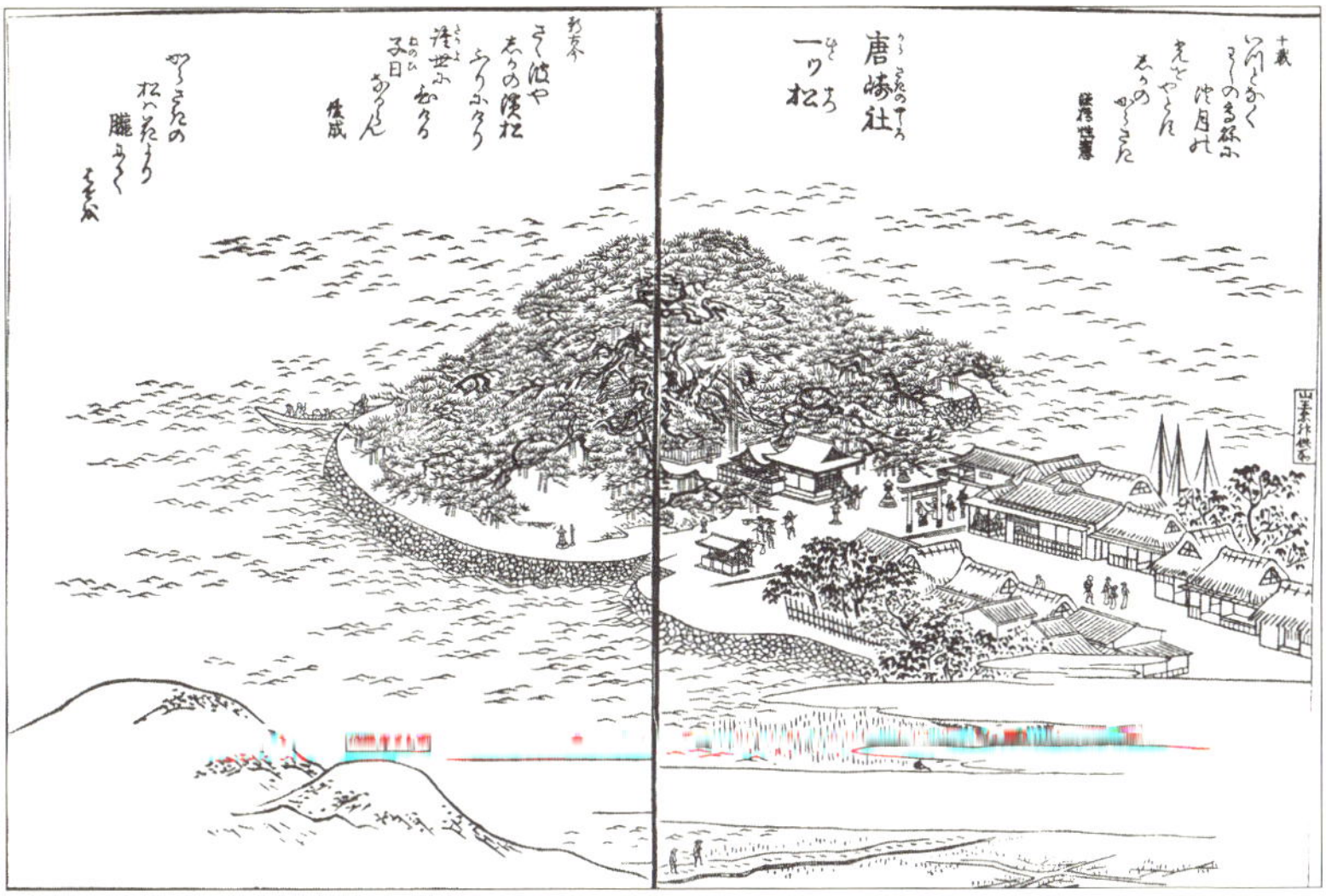

図１　近世の唐崎社
（秋里籬島編著『東海道名所図会』寛政９年〈1797〉より）

に限定するのではなく、むしろ下坂本村という地域レベルにまで広げる必要があるだろう。下坂本村の住民全体にとって、唐崎社という名所が村の内部に存在することは、その「成り立ち」と関わっていかなる意味を持っていたのであろうか。また近世にあって、下坂本村は唐崎社の「観光地」としての性格を有するに至っていたのであろうか。これら諸点について、あらためて検討がなされなくてはならないのである。

そこで本稿では再び唐崎社を取り上げて、一八世紀前期の唐崎社と下坂本村との間に取り結ばれていた諸関係について検討を加え、そこから唐崎社が下坂本村全体の「成り立ち」のなかに占めていた位置を考察することを課題とする。考察対象時期を一八世紀前期に設定するのは、管見の限りにおいて、唐崎社と下坂本村とが結びつきを強め、そのことに由来する諸動向が史料上に現れるようになるのが、もっぱらこの時期以降であるという理由による。

ここで、唐崎社と下坂本村について説明しておこう[4]。

まず唐崎社（唐崎明神）は、古来歌枕の地であると同時に「七瀬祓所」のひとつでもあったが、とりわけ境内に聳える唐崎の松（唐崎の一つ松）によって有名であり、それは近江八景のひとつ「唐崎夜雨」の景観の中心でもあった（図1参照）。近世の唐崎社の運営にあたっていたのは、僧形・妻帯の下級神職である宮仕《みやじ》であった。宮仕集団は延暦寺門前の伊勢園町に集住していたが、そのうち特定の三家（飛鳥井家・鈴木家・杉生家）が順番で唐崎社を管理していたのである。二家のなかで、飛鳥井家が唐崎社別当家であった。唐崎社自体は日吉社の末社であるが、宮仕は延暦寺の支配下に置かれていたため、唐崎社を運営する宮仕三家も延暦寺とのつながりが強かった。

近世の唐崎社には、年間を通じて多くの参詣者がやって来た。このことは、たとえば延宝四年（一六七六）の黒川道祐『日次紀事』に、「（正月晦日）江州唐崎大明神詣　毎月今日如此、正・五・九月・六月殊多」[5]との記事があることからもうかがい得る。唐崎社には京都・大坂や地元近江の人々以外にも、京都見物に訪れた旅行者や、近江国内を通過する伊勢参詣者・西国三三ヵ所巡礼者なども訪れていた。こうした旅行者・巡礼にとっても、唐崎社は他の近江八景の地や近江湖南地域の寺社などと同様に、足を延ばして立ち寄るべき対象として認識されていたようである[6]。

下坂本村については、近世における石高は三五一七石であり、そのほとんどが延暦寺領に属していた。同村は、近世延暦寺領五〇〇〇石の大部分を、延暦寺境内に隣接する上坂本村（一五〇〇石）とともに構成していたのである。また下坂本村の実態は、琵琶湖の西岸沿いに延びる北国街道（西近江路）に沿って形成された複数の「町」の集合体であった。この点について、たとえば文化期の下坂本村打ちこわし時の史料には、四津谷町（四ツ谷町）、辛崎（唐崎）、際川、石川、柳町、馬場町、小唐崎、堂の前、大道町、酒井町、梵音堂、新町、太間町、比叡辻といった町々の名が登場する[7]。これら各町には肝煎が置かれ、四人の年寄が肝煎たちを統括するというのが、下坂本村の基本的な運営構造であった。こうしたことから、下坂本村は単なる村ではなく、延暦寺の門前町また北国街道沿いの在方町といった都市的性格を有する一個の地域社会と見なすことができるであろう。

一　下坂本村における唐崎社参詣者の来訪と利益配分——出茶屋経営をめぐって——

一年のうち、唐崎社が最も参詣者で賑わうのは、毎年六月末に行なわれる「水無月会《みなづきえ》」の時期であった。黒川道祐の『日次紀事』にも「（六月晦日）江州唐崎如別当明神詣（中略）今日参詣当平日千度、故称千日参[8]」とある通り、一七世紀後期の京都にあっては、住民による水無月会参詣（千日参）が年中行事化していたのである。

水無月会の祭礼の内容については、享保一九年（一七三四）の寒川辰清『近江輿地志略』に、「毎歳六月二十六日より晦日に至り男女多くこゝに詣づ。此間を御手洗といひ土人花形の粉団を製して串に貫きて売る之を御手洗団子と云ふ。（中略）社僧を松坊といふ、小鳥居を製し参詣人の需に応ず、参詣人之を以て神に進め奉る[9]」と説明されている。この文中で「社僧」とされているのが、宮仕のことである。

唐崎社の周辺には、これら大勢の参詣者をめぐって諸経営活動が展開していた。たとえば貝原益軒は、宝永三年（一七〇六）の『京城勝覧』のなかで、「唐崎志賀唐崎の一つ松あり、唐崎明神のやしろあり、近来修造ありて繁栄せり、茶屋数多ならび、一ツ松の下より湖水遠く見えて景尤よし、ゆへにつねに遊人たえず[10]」と、茶屋が立ち並ぶ様子を記している。

こうした茶屋は、寛文期頃から唐崎社周辺に出現し始めたようであるが、元禄期初頭までには茶屋八軒が唐崎社の参道沿いに定住するようになり、そこからひとつの町＝唐崎町が形成されるに至っている。唐崎町は下坂本村の

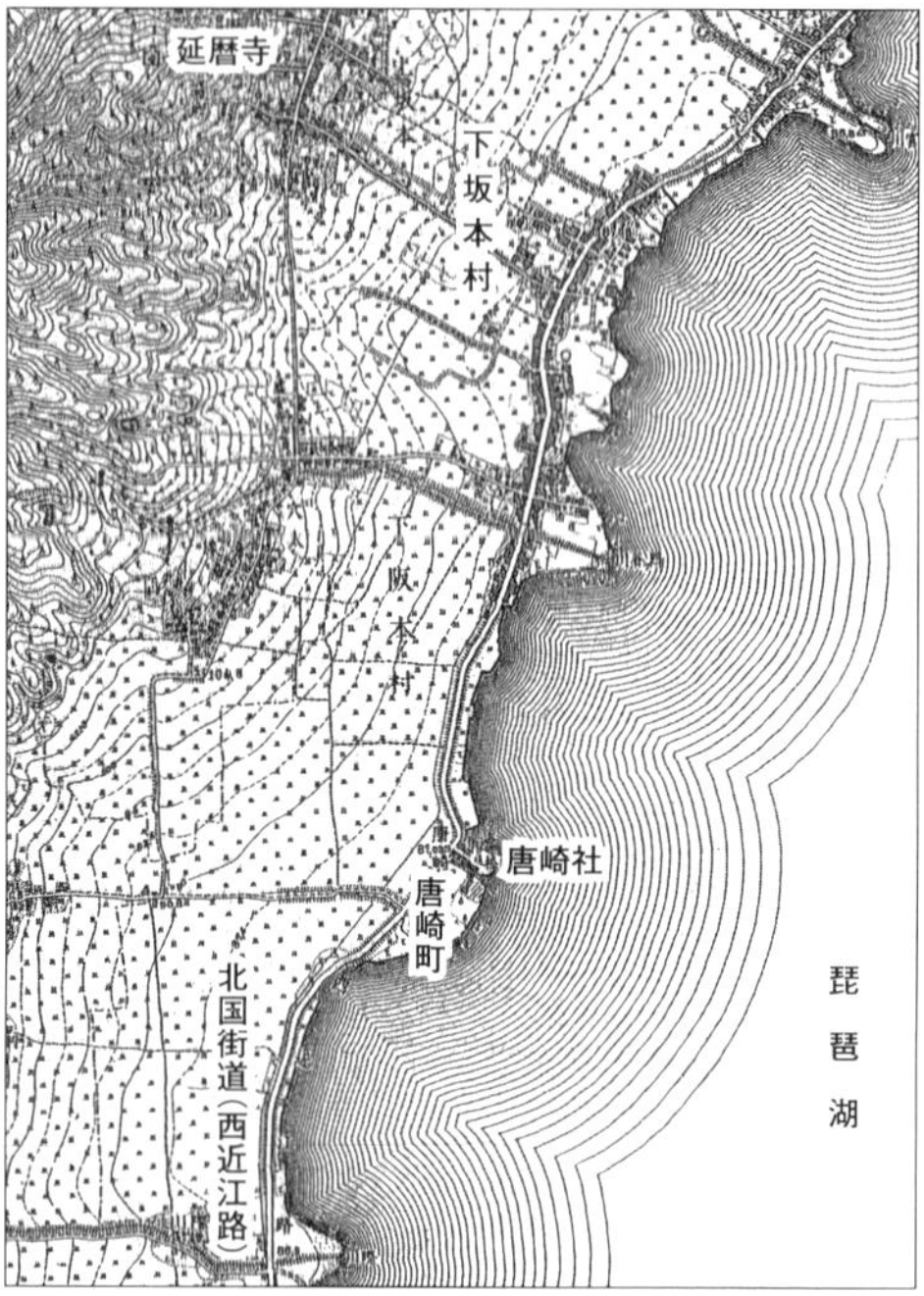

図2　下坂本村・唐崎町・唐崎社の位置
（大日本帝国陸地測量部発行二万分一地形図「大津」、明治45年〈1912〉より作成）

中心部から南側に離れて位置する町であり（図2参照）、他町と同様に肝煎が置かれていた。唐崎町の住民は、唐崎社周辺で行路病死人や心中者が出た時の諸対応など、唐崎社およびその周辺の保全を義務づけられていたが、これは領主である延暦寺から、唐崎社と近接した場所での独占的な茶屋経営を保障されていたことと表裏の関係にあったと思われる。

しかし一八世紀に入ると、唐崎町以外の下坂本村の住民たちも、次第に唐崎社での茶屋経営への参加を試みるようになっていった。

【史料1】(11)　（※史料中における傍線・括弧内は筆者による。以下同じ）

一（六月七日）浜町年寄共願候は、唐崎松ノ下出茶屋之諸方停止ニ被仰付、町年寄共方ゟ出茶屋仕候様ニ被仰付可被下候、左候ハヽ、年中ノ小入用之足ニも可相成と奉存候、若平生ノ出茶屋被仰付候義相叶申間敷候ハヽ、皆月（水無月）三日之内ノ出茶（「屋」欠カ）被仰付可被下候由

（中略）

一（六月一三日）下坂本町年寄共、皆月三日之内唐崎松之下へ出茶屋仕度由、先日も申上置候、毎日罷越願申候間、当皆月前何とそ被仰付被下候様ニ奉願候由

（中略）

一（六月一六日）宮仕正三・宗泉来ル、下坂本町年寄中ゟ皆月三日之内唐崎松之下へ出茶屋仕度由願上候段、唐崎居茶屋之者共承候而、殊之外難義ニ奉存、何とそ我々罷出、外ゟ之出茶屋御免被遊候義、御無用ニ被遊被下候様ニ奉願くれ候様ニと殊外歎申候ニ付、左様之御願可申上と奉存、伺書仕候、夫付私共方ゟは下坂本之者御止メ被遊、唐崎居茶屋之者共ニ被仰付被下候様ニと奉願義ニ而ハ無御座候、元来松之下へハ出茶屋御免無之候へ共、松之枝木折候者御座候ニ付、番申為一年ニ四人宛松之下へ出シ申候へ共、是も当分〳〵ノ義ニ申渡置申候、若障ニ罷成候義御座候へは、一人も御出被遊被下間敷旨、奉願度所存ニ御座候故、何方ノ者も相究候而出茶屋仕候様ニとハ不奉願候由

右に挙げたのは、宝永二年に西塔執行代《しぎょうだい》である即心院が記した「日次記」のなかの記事である。延暦寺の行政機構における実務責任者である執行代《しぎょうだい》は、三塔（東塔・西塔・横川）から一人ずつ選出され（それぞれ執行代・執行代・別当代と称した）、月番で主任を勤めた。それとともに三執行代寄合を定期的に開催して、共同で領内統治上の案件の処理にあたっていたのである。「日次記」は、その業務記録である。

この史料によれば、当時の下坂本村では、唐崎の松の下で「出茶屋」（仮設の茶屋）を営むことをめぐって、「浜町年寄共」（下坂本村年寄）、「唐崎居茶屋之者共」（唐崎町に常設の店舗を構える茶屋、すなわち唐崎町の住民のこと）、宮仕の間で意見が対立していた。

まず下坂本村年寄は、現在松の下に出ている出茶屋を停止させた上で、自分たちに出茶屋の経営を許可してほしい、常に出店するのが無理ならば、水無月会の期間だけでも許可してほしいと願い出ている。下坂本村年寄によるこの出願の目的は、出茶屋経営を通じて得られる利益を、年間の村入用の足し（「年中ノ小入用之足」）とすることであった。ここには、唐崎社参詣者から得られる利益を、村全体の運営の補助的資金として活用する発想がみられるのであるが、下坂本村年寄は「毎日罷越願申候」と、この出願に熱心に取り組んでいた。ここからも、この時期の出茶屋経営は、確実に利益が見込めるものであったことがうかがえる。

一方、唐崎町の住民たちは、年寄による出願を「殊之外難義」と受け止めて、宮仕を介して西塔執行代に「外々之出茶屋御免被遊候義、御無用ニ被遊被下候様ニ」と働きかけようとしている。史料中に、宮仕の発言として「元来松之下へハ出茶屋御免無之候へ共、松之枝木折候者御座候ニ付、番申為一年ニ四人宛松之下へ出シ申候」という一文があるように、これまで松の下での出茶屋経営は、「松之枝木」を折ろうとする参詣者を監視する役を兼ねて、唐崎町の住民が宮仕から許可を得て行なっていたのである。

すなわち唐崎町の住民は、町内での居茶屋の経営と、松の下での出茶屋の経営の双方に関わっていたのであって、下坂本村年寄による出願は、このうち出茶屋経営を唐崎町から取り上げるものにほかならなかった。ほぼ茶屋経営のみによって生活を営む唐崎町住民にとって、出茶屋を奪われることはきわめて大きな打撃となったはずである。ここにおいて、下坂本村全体として新たな利益の獲得を目指す動きと、村内の一個別町である唐崎町が従来の利益を保持しようとする動きとが、正面から衝突することになった。

本来唐崎町が領主である延暦寺に出願を行なうさいには、下坂本村年寄を通す必要があるのであるが、この一件にあっては唐崎町は年寄と対立しているため、宮仕に西塔執行代への仲介を頼んでいる。しかし、宮仕は唐崎町にも下坂本村年寄にもとくに加担しておらず、むしろ中立的な立場を取ったようである。そもそも宮仕にとっては、松の下での出茶屋経営自体が、本来は「当分〳〵ノ義」として、一時的に唐崎町に許可したものに過ぎなかったのである。宮仕は、唐崎社で参詣者が納める散銭や祈禱料などを得分としていたが、その一方で茶屋経営による収益とは無関係だったのであろう。

その後、六月二八日に桂昌院（徳川綱吉生母）が死去したことをうけて、延暦寺領内においても鳴物停止となった。水無月会については、「唐崎参詣之者留候事ハ難成候間、鳴物・音曲等遠慮仕候様」[12]と、今から参詣者の来訪を止めるのは困難であるとして、鳴物・音曲だけは禁止という制限付きで挙行されたようであるが、出茶屋の件はうやむやとなってしまっている。この一件についての判断が延暦寺によって下されたのは、ようやく年末になってのことであった。

【史料2】[13]

一（一一月一二日）三院歳暮衆会

（中略）

一浜町年寄共当夏ゟ願出候唐崎松下ニ而六月三日ノ内茶屋仕度旨、相談之上令免許候、乍然十弐組之内隔年ニ罷出、唐崎居茶屋八軒ノ者四軒宛罷出候様ニと申付候、常程ノ義ハ居茶屋ノ者共一両人宛平等ニ罷出茶屋仕、松ノ下掃除等念入可仕由申渡候様ニと、浜ノ年寄ニ申渡ス

右の史料のように、この一件は三院歳暮衆会（三執行代・滋賀院留守居・八学頭代・政所代による年末の会議）にお

いて審議された。その結果、下坂本村年寄（「浜町年寄」）は、「十弐組之内隔年ニ罷出、唐崎居茶屋八軒ノ者四軒宛罷出候様ニ」と申し渡されている。すなわち延暦寺は、水無月会での出茶屋経営は下坂本村の「十弐組」に隔年で行なわせるが、唐崎町の八軒の茶屋も毎年四軒ずつ出茶屋経営を行なってよい、と定めたのである。

この「十弐組」については、どのような組織であるのか現時点では未詳であるが、他の史料中には延暦寺による下坂本村での家役徴収などと関わって現れており[14]、こうしたことから「拾弐組」とは、下坂本村全体にわたって形成された住民組織であったと考えられる。延暦寺が下坂本村の出茶屋経営にこうした組織を介在させたことについては、多くの住民を組単位で出茶屋経営に関与させ、その利益を住民間で配分させる狙いがあったのではなかろうか。こうして延暦寺は、下坂本村住民が出茶屋経営に参加する道を開いたのである。

一方で延暦寺は、唐崎町にも従来通りの出茶屋経営を認めている（史料1中の宮仕の発言によれば、これまでも唐崎町は「一年ニ四人宛」出茶屋を行なっていた）。さらに水無月会以外の平日には、唐崎町の住民が一人ずつ出茶屋経営を行なってよいとしており（「常程ノ義ハ居茶屋ノ者共一両人宛平等ニ罷出茶屋仕、松ノ下掃除等念入可仕」）、平日の出茶屋経営を唐崎町が独占することを認めている。つまり延暦寺は、唐崎町の従来の権益を損ねないよう配慮しているのであり、唐崎町住民の生計はこれ以降も保障されることになった。これは地域のなかで唐崎社を保全する役目を担う唐崎町を存続させるためにも必要な措置であったと考えられ、延暦寺は現実的な判断を下したと言い得るであろう。

近世の「観光地」の内部には、参詣者から獲得する利益を住民間で配分する体制が備わっていたのであるが[15]、右のような唐崎町と「拾弐組」による出茶屋の共同経営は、下坂本村にもそうした利益配分体制が形成されつつあった事例とみることができるのではなかろうか。しかし、共同経営が実施されるのは水無月会の期間だけであり、さらに平日は唐崎町が経営を独占することなどから、利益配分体制としてはごく初発的なレベルにあると言うべきであり、この時期以降の出茶屋をめぐる展開についても今後追究される必要がある。

また下坂本村の住民にとっては、出茶屋以外の経営活動によっても、唐崎社参詣者から利益を獲得することが可能であった。

たとえば、天保期の事例となるが、水無月会にさいして下坂本村年寄が各町の肝煎に申し渡した条々のなかには、「小渡之者、神妙ニ致し、過分之賃銭取申間敷事」「船年寄柳町与左衛門呼寄、会式中舟渡神妙ニ致し、怪我人等無之様大切ニ渡舟致し候やう、乗船場等気ヲ付、神妙ニ可致候様急度申渡候事」[16]といった文言がみえる。水無月会の時期には船稼ぎの者たちによって、参詣者輸送業が盛んに行なわれていたのである。また、北国街道筋に店舗を構える宿泊業者や飲食業者などにとっても、大勢の参詣者の来訪はやはり利益獲得のチャンスであったろう。こうした点からしても、多くの下坂本村住民にとって唐崎社の存在はやはり貴重であった。

ところで、享保期に東塔執行代であった妙音院は、享保二〇年（一七三四）の「日次記」のなかで、以下のように述べている。

【史料3】[17]

一（六月二八日）年寄呼ニ遣、越後来候（後略）
扨而又南尾坂制札竹垣損候由ニ候間、早速申付候様ニと申付候所ニ、歩は下坂本江申遣、公人壱人相添遣申候、明日迄ハ水無月会故、下坂本之者共は少々銭もうけ仕候間、明後日遣シ申度由故、少々ニ而も為ニ成り候義ニ候ハヽ、一日二日相延候事は不苦敷候間、弥明後日遣候様と申渡スここで執行代は、上坂本村年寄の「越後」を呼び寄せて諸事相談しているのであるが、そのなかで制札場の竹垣を修繕するよう下坂本村に申し遣わすことが話題となった。しかし、明日までは水無月会の期間であって、下坂本村の住民たちは「少々銭もうけ」の最中であるということから、執行代が修繕の指示を出すのを延期しているのである。水無月会での参詣者相手の「銭もうけ」は、執行代にこのような配慮をさせるほど、下坂本村全体の「成り立ち」に対して一定度の意味を持つようになっていたと考えられるのである。

二　下坂本村における被災者援助と唐崎社――水害と火災への対応から――

近世の下坂本村の「成り立ち」のなかに唐崎社が占めた位置について、前章とはやや視点を変えて、本章では唐崎社が下坂本村住民の生活に対してより直接的な影響力を発揮した事例を取り上げて、考察することとする。

まず考察の前提として、近世における唐崎社の修復体制について確認しておく必要がある。唐崎社は琵琶湖に突き出した場所に鎮座しているため、きわめて風水害に弱く、その社殿や唐崎の松、また境内周囲の石垣などが毎年のように破損していた。しかし、唐崎社が参詣者にとってわざわざ訪れるだけの価値を有する名所であり続けるためには、地元においてそうした破損を日常的かつ継続的に修復し、唐崎社とその周囲の景観を常に整えておく必要があったのである。

この点について、まず唐崎社を修復する費用が地元でどのように調達されていたのか、その方法が明示されている史料を挙げる。

【史料4】[18]

（六月二五日）貞松院様御逮夜相済候也、序ニ於滋賀院談合幷唐崎当晦日之散銭之内ニ而百五拾匁宛、毎年修復料ニ除置へし、預り置勘定帳、此方へ見せ候様ニ申付筈ニ承合也

これは、宝永元年（一七〇四）の別当代による「延暦寺日次記」のなかの記事であるが、この年に滋賀院で行なわれた談合（おそらく別当代を含む三執行代での相談）において、唐崎社での「当晦日之散銭」、つまり水無月会に集まる散銭のうち、一五〇匁を「修復料」として毎年取っておかせるという取り決めがなされている。ここで「修復料」と呼ばれている金銭は、後の時期の史料中には「唐崎（辛崎）銀」や「辛崎普請料」などといった名称で登場するのであるが、便宜上本稿では呼称を「唐崎銀」で統一する。

次に正徳四年（一七一四）の事例から、唐崎社の修復が行なわれるまでの具体的な筋道についてみておこう[19]。まずこの年の七月五日には、唐崎社の運営にあたっていた宮仕三家のうち唐崎社別当が、「唐崎銀弐百目」を東塔執行代へ上納している。この時期には唐崎銀の額は二〇〇匁となっており、さらに水無月会が終了した直後の七月初旬に、唐崎社別当から執行代に上納されるのが毎年の慣例となっていたようである。

そして七月九日、大風によって唐崎社の壁や松の枝を支える束木などが破損した。宮仕や下坂本村年寄はそれぞれ被害状況について東塔執行代に報告を上げており、これをうけて東塔執行代は三執行代寄合で相談を行ない、それから下坂本村年寄に修復の指示を出している。その後、実際に唐崎社の修復が実施され、八月二一日に東塔執行代は下坂本村年寄に唐崎銀を支給している。

このように、水無月会で宮仕が参詣者から得た散銭などの諸利益のなかから、唐崎銀が執行代に毎年上納され、

その唐崎銀は唐崎社の修復費用として、執行代から修復を実際に担当する下坂本村年寄に支給されていたのである。ここでの金銭の流れを矢印で示せば、〈参詣者→宮仕→執行代→下坂本村年寄〉ということになる。なお、唐崎銀がその年のうちに全額修復に使用されなかった場合は、執行代の元にその残りが積み立てられたようである。

実際の修復作業にあたっては、下坂本村年寄の監督の下で、唐崎町の住民たちが労働力として使役されていた。これは、前章で指摘したような、唐崎社とその周辺の保全に関わる唐崎町の義務の一部と考えられる。しかし大掛かりな作業や特殊な作業が必要な場合には、唐崎町以外の下坂本村の住民たちが日雇として労働に従事することもあった（後述）。

このように、宮仕・執行代・下坂本村年寄の間では、唐崎銀という名目で、一五〇～二〇〇匁程度の金銭が定期的に受け渡されていた。そして一八世紀以降になると、唐崎社の修復という本来の用途を越えて、唐崎銀を下坂本村の住民のために活用しようとする動きが、執行代と下坂本村年寄の間に観察されるようになるのである。この点について、まず元文三年（一七三八）の事例からみてみよう[20]。

この年の五月一九日に降り出した大雨によって、上坂本村と下坂本村は水害に見舞われた。下坂本村に面する琵琶湖の水位は、六月三日の段階で「元文元年ゟ壱尺余り高ク候」と普段より大幅に上昇しており、これは「六十年ニも無之大水」であった。下坂本村では多くの町々が冠水し、「町々住居難成候ニ付、馬場町辺江皆引移申候、無縁之者引移処無之分ハ、小屋なと所持之者へ申付為明為引移候」という有様となった。史料中には、この水害で生活が困難となった住民の数が「凡弐百人」に上ったと記されている。

これに対して東塔執行代は、「餓死仕者無之様ニ料簡仕」と、被災者・困窮者に配慮するよう下坂本村年寄に申し渡している。さらに三執行代がそれぞれ延暦寺の三塔の衆中に要請して、下坂本村への救米を拠出させるなど、延暦寺領内では被災した住民を援助するためにさまざまな対策が講じられているのである。

また上・下坂本村では、村内を流れる川々が大雨によって増水し、堤防が決壊する危険も生じていた[21]。五月二〇日に上・下坂本村年寄から東塔執行代に入った報告によれば、下坂本村ではすでに堤防の欠損がみられ、杭を打つなどの処置を施さなければ田地にも被害が及びかねない状況となっていた。東塔執行代は、下坂本村年寄の意見を聞き入れて、今後下坂本村の堤防が決壊した時には上坂本村からも人足を出動させるよう手配している。

そして東塔執行代と下坂本村年寄の間では、水害対策を兼ねて唐崎銀を使用することが検討されるに至るのである。

【史料5[22]】

（五月）廿八日　半晴

一浜年寄重兵衛来

一四つ屋川江大分砂出川下埋候而、町内へ水出家々危御座候、尤先日已来只今迄数百人人足を遣川掘申候、此上人足遣候而者至極之難義ニ御座候間、何とぞ辛崎普請料之内ゟ銀子弐百匁余被下候ハヽ、川下之砂取り、四つ屋橋ゟ辛崎迄之道江舟ニ而為持申度候、辛崎道も年々砂流道ひくヽ罷成候間、道へ砂置候得者、往来之為旁宜御座候、凡二千五百荷程持候ハヽ、道之高サ元之通ニ可罷成候、両側へハ芝置砂留可致候、水引候而者舟之通無之、人足大分入申候間、只今之内仕度候（中略）先格考候所、辛崎料を以、四つ屋ゟ辛崎迄之橋繕等入用ニ相用候義有之候間、願之通申付候也（後略）

下坂本村年寄（「浜年寄」）によれば、村内を流れる四ツ谷川（「四つ屋川」）では、上流から流れてきた砂で川下が埋まってしまっており、「町内へ水出家々危御座候」と、付近の住民が洪水の危機に直面していた。しかも、これまで下坂本村年寄は数百人の人足を動員して砂の除去作業を行なっていたのであって、さらに人足を出すことはもはや困難であった。そこで年寄は、「辛崎普請料」（唐崎銀）の二〇〇匁を砂の除去作業の費用として使わせてくれるよう、東塔執行代に願い出るのである。

さらに下坂本村年寄は、四ツ谷川の砂の除去を行なうにあたって、その砂を「四つ屋橋ゟ辛崎迄之道」の修復に用いることを提案している。この道は北国街道の一部であり、琵琶湖岸沿いの位置にあるため、砂が湖に年々流出して水に浸るようになってしまい、人々の往来にも支障が生じつつあった。しかし、道の修復には「凡二千五百荷程」という大量の砂が必要なので、今回除去した砂をそれに用いるというのが年寄の示したプランであった。今なら琵琶湖が増水しているので、大量の砂を積んだ船を道の間際まで近づけることが可能であり、その分作業が容易だというのである。

東塔執行代はこの出願について、「辛崎料を以、四つ屋ゟ辛崎迄之橋繕等入用ニ相用候義有之候」と、「辛崎料」（唐崎銀）を四ツ谷から唐崎の間の道に架かっている橋の修復に用いた先例を踏まえて許可している。この先例については、宝永三年の西塔執行代の「日次記」の六月一八日条に、「一四谷ゟ唐崎迄之橋、石ニ而掛候筈ニ相談申候、但四枚掛ニ致候得者、橋壱つニ廿四匁宛入候橋以上五つ有之候、唐崎相かわり払候而不足之所者、唐崎六月ニ除置候修理料ニ而相調候筈也(23)」という記事があるのが該当すると考えられる（「唐崎六月ニ除置候修理料」が唐崎銀のこと）。

このように唐崎銀は、唐崎社自体の修復以外にも、その周辺の道や橋の修復にも用いられることがあった。そして元文三年の事例では、川下の砂を除去することで洪水の危機を回避しつつ、その砂を用いて道の修復を行うという一石二鳥のプランが示されているのである。あるいは、唐崎銀によって砂の除去を行なうためには、その作業を唐崎社周辺の道や橋の修復ともリンクさせて、唐崎銀使用の先例と整合させる必要があったとも考えられる。

さらにもう一例、今度は下坂本村における火災発生時の事例を取り上げよう(24)。

元文六年の五月一五日、下坂本村の大道町で出火があり、村内の家三〇軒・小屋一〇軒を焼く火災となった。延暦寺では被災者二六人に対して金一八貫八〇〇文を支給するなどの援助策を試みているのであるが、次の史料にはそうした最中での特徴ある唐崎銀の使用法が示されている。

【史料6(25)】

（五月）廿九日　曇

（中略）

一浜年寄召寄、重兵衛来候故、辛崎四つ屋ゟ之道と朧池ゟ之道と江砂敷候様、只今水引不申、船通自由成内ニ敷候様、橋之際ハ石を敷候様、尤辛崎銀之内ニ而日用ニ仕様、此節百姓障ニも可有之候、焼失之者共をも相加、貧究（ママ）成ル者共ニ為致候様云云、申付候所、奉畏候得と、仕候ハ、弐百五拾匁計ハ掛り可申由故、銀高弐百五拾匁迄ハ仕様ニと申渡候事

これは元文六年の「日次記」中の記事であるが、東塔執行代は下坂本村年寄を呼び寄せて、唐崎・四ツ谷付近の道と、唐崎より南側に位置する朧池という地点の道へ砂を敷く作業を、湖が増水して船が砂の運搬に使える間に行

なうようにと指示している。

この点について、同年の「日次記」の別の箇所によれば、当時の下坂本村では朧池から唐崎に向かう道および橋の整備作業が進められていたようである。この道は「京都堂上方」がお忍びで唐崎社を参詣するにあたってたびたび用いる道でもあったため、整備の必要性が高く、唐崎銀二五〇匁を費用として用いることが予定されていた。なお、この時期に唐崎社別当が毎年上納する唐崎銀の額は二〇〇匁であったから、二五〇匁というのは東塔執行代の元に積み立てられていた分を加えた額であろう。

そして史料の傍線部において東塔執行代は、今回の作業は唐崎銀で日雇を雇って行なうべきだが、今は下坂本村住民が難義するかもしれないので（「此節百姓障ニも可有之候」）、とくに火災で焼け出された者たちを作業に参加させるようにと申し付けているのである。これは、焼け出された「貧究成ル者」を日雇として労働に従事させ、賃金を支給して援助するという意味を含む措置と思われるが、その賃金の出所となるのは唐崎銀であった。ここでも唐崎銀は、元文三年の水害時と同様に、道や橋の整備作業を通じて、被災した下坂本村住民を経済的に援助するための費用とされているのである。

以上、下坂本村では水無月会に参詣者が唐崎社へともたらした金銭が、唐崎銀というかたちを取りつつ、下坂本村住民の生活を支える非常用資金としても用いられていたことが確認できた。もとより、唐崎銀の額はそれほど多いものではない。しかし本章でみた事例のように、災害時にあって住民の生活を支え、その生命を守る役割を担うことがあったという点には、やはり注目すべきであろう。

ところで前章でも、下坂本村年寄は出茶屋経営の利益を村の運営の補助的資金として用いることを希望していた。これを本章での考察とあわせるならば、一八世紀前期の下坂本村では、唐崎社参詣者のもたらす利益の一部を公的な資金として、村のために活用するという意識が醸成されつつあり、その実践が始まっていたと推察されるのである。

また災害時にあって、東塔執行代と下坂本村年寄が唐崎銀をなるべく有効に用いる方法を検討している姿からは、彼らの領内統治能力の高まりを見出すことも可能であろう。こうした機会を通じて、下坂本村の「成り立ち」にとって唐崎社参詣者のもたらす利益が意味を持つということが、次第に延暦寺によっても認識されていったのではなかろうか。

三　唐崎社と下坂本村および周辺住民との宗教的関係――雨乞いをめぐって――

ここまでみてきた通り、唐崎社は下坂本村の「成り立ち」にメリットをもたらす存在であったのであるが、それは唐崎社が多くの参詣者を呼び寄せる名所としての性格と機能を有することによっていた。しかし、唐崎社は名所であるだけでなく、地域のなかの神社のひとつであり、日常的な祭祀を担う一宗教施設であったはずである。本章では、宗教施設としての唐崎社が下坂本村と有した関係とその特質について検討することにする。

明治五年（一八七二）に日吉社の境内外の摂社について調査した史料[26]によれば、唐崎社は「氏子凡七戸」の神社とされており、これは唐崎社の氏子は下坂本村のなかでも唐崎町の住民に限られていたことを示しているだろう。近世にあって、唐崎社の修復を行なうさいの主な労働力となるのが唐崎町の住民であったことも、あるいはこの点に由来するのかもしれない（ただし前章でもみた通り、唐崎町以外の下坂本村住民も、日雇というかたちで賃金と引き換えに労働力を提供することはあった）。

また同じ史料中には、日吉社の境外摂社として、唐崎社のほかにも早尾神社・倭神社・戸津若宮・酒井若宮が挙げられているが、このうち下坂本村に鎮座する戸津若宮の氏子の数は八〇戸、酒井若宮が四〇戸となっている。また『近江輿地志略』には、下坂本村の神社として、若宮社・両社権現社・輿成社・磯成社・御供所大明神社などが挙げられているが、このうち両社権現社は、下坂本村の町々をそれぞれ南氏子（北大道、南大道、堂之前、小辛崎、柳町、石川組、馬場）と北氏子（南酒井、北酒井、梵音堂、新町）として抱え込み、幅広い氏子圏を形成していたようである[27]。

以上のように、唐崎社は下坂本村のなかにあって、他の神社と比べて少ない氏子しか持たない神社であった。そうした意味では、下坂本村のなかで唐崎社と常日頃から関係を有していたのは、ほぼ唐崎町の住民に限られていたと考えられる。しかしその反面で、唐崎社には下坂本村の全住民から特別な能力を発揮することを求められる機会も存在した。たとえばそれは、下坂本村において雨乞いが実施される時であった。

近世における下坂本村での雨乞いの実態を知るために、一九世紀の事例となるが、嘉永六年（一八五三）の雨乞いについて概観してみよう[28]。この年の五月の時点では大雨が降って、琵琶湖の水位が通常より約二尺上昇するほどであったが、同月二四日の雨を境として七月中旬まで雨が一滴も降らなくなり、旱魃状態に陥った。そのため下坂本村では、七月一二日から一四日まで住民たちが比叡山中の社やそれぞれの氏神の社に籠もって祈誓し、さらに一五日からは「先例之通、丈十弐間之大蛇を造り、雨乞修行」するという計画を立てるのである。

一四・一六両日にやや夕立があったので雨乞いは延期となったが、これ以降また雨が降らなくなり、やはり七月二四日から二六日にかけて雨乞いが行なわれることとなった。この時に「丈十弐間之大蛇」も製作されているのであるが、それは紙・麦藁・木・古い箕・笊籬などを材料とした、蛇というより龍のかたちをした巨大な作り物であった。製作を実際に担当したのは、この時に下坂本村の月行事にあたっていた新町の住民たちであった。

雨乞いには下坂本村各町の一五歳から六〇歳までの住民が参加して、集団で下坂本村を練り歩いた。その先頭には「八大龍王、雲龍之画」を描いた大幟が立ち、次に「御幣持」が従い、さらに先払いの者や下坂本村の肝煎中を従えた「大蛇」や、下坂本村の各町から出た行列が、太鼓や半鐘を打ち鳴らしながらこれに続いたのである。

そして、この雨乞いの行列が向かったのが唐崎社であった。彼らは唐崎社に到着すると、龍神と唐崎明神に神酒代を捧げている（「龍神と唐崎明神へ為神酒代と百文献備之事、尤辛さき肝煎調指出ス事」）。唐崎町の住民は、唐崎社周辺の道を掃除して、行列を出迎える役目を与えられていた。なお史料中には、この雨乞いは享保一一年（一七二六）の先例に基づいて行なわれたという一文が付記されている。

このように、下坂本村における雨乞いは、唐崎社へ向かって住民たちが「大蛇」とともに村内を行進するという体裁で行なわれたのである。雨乞いにあたっては、各町の氏神にも唐崎社と同じく神酒代一〇〇文が供えられたようであるが、一連の行事の中心にあるのは明らかに唐崎社であった。唐崎社は下坂本村の「成り立ち」を経済的側面だけでなく、雨乞いを通じて住民の生活環境の回復を図るという宗教的側面においても支えていたのである。

下坂本村住民による日記[29]にも、嘉永六年の雨乞いについての記事がみられるが、そこでは「唐崎明神ゟ勢田すみ向て拾弐間之大蛇を出し、明神へ参詣いたし」と、「大蛇」が唐崎社から進発したような表現となっている。また、唐崎社へ下坂本村住民が参詣するさいには、「其時町々ゟだん〳〵はりあいニ相成、夫幟と又ハニハカと云て大はつみ、太間町ニて待合、夫より段々下り申候」と、各町が競って幟を出したり、「ニハカ」（＝俄踊り）を行なったりと、きわめて賑やかな状況が生じたとされている。

唐崎社での雨乞いを行なうのは、下坂本村だけではなかった。たとえば元文五年（一七四〇）の東塔執行代の

「日次」の六月一日条には、「一浜年寄来、志賀村ゟ雨請之願、辛崎へ今晩かけ申度旨申来候故、承届候旨及返答候間、御届申上候由也[30]」とあり、この年には唐崎から近い園城寺領の志賀村（南滋賀村。現、大津市南滋賀など）が唐崎社で雨乞いを行なっている。また宝永六年（一七〇九）にも、正光寺村・新在家村・見世村（前二ヵ村は郷帳などで南滋賀村一村として記載。見世村は現、大津市見世など）の「滋賀三村」が唐崎社での雨乞いを行なった例があり[31]、唐崎社は下坂本村を越えて、周辺村々まで含めた広い範囲にあって、雨乞いの神として受容されていたことが判明するのである。

しかし、唐崎社に雨乞いの神としての意義を認め、雨乞いの執行を要求する地元の人々と、実際に唐崎社を運営する宮仕との間には、意識上の隔たりも存在していたようである。次に挙げる史料からは、そうした事情についてうかがうことができるであろう。

【史料7[32]】

滋賀三村
正光寺村
新在家村
三世村
新在家村
九兵衛

宝永六年己丑
右三村ゟ新在家村九兵衛、廿七日ニ御供所江参申候ハ、右三村ゟ雨乞、明日ゟ仕度ト申候、何トモ明神様御祓諸参詣之さかりニ存、えんりよに存候得とも、地頭方へ申上候故、只今ニ延引仕候段々申候間、何トモ諸参詣之段、此方ゟも唱申候、しかしなから願ヲトメ申候儀如何敷存候、其三人罷帰テ、何も談合被成候ト申候、明朝飯過ニ又右人被参、何モ談合申候所、地頭方へ申上候へハかへかたく候ト、何も申候ト被申候、其時鳥目五拾疋、神酒二升明神江被上、御祈念之奉願由申候間、拙者神前へ持せ祈念申上候也、松光も跡ゟ来り拝スルナリ、扨其日廿八日夕飯過ニ、神前雨乞ヲのほり持せ、宮ヲ北ゟ南へメクリ社参スルナリ、其ヨフルナリ、少計、明廿九日、又右之時分ニ雨乞、スミヨシヲトリナトノ様ナルツクリコトヲスルナリ、扨其日ハ人込ゆへ、神前へ参北道ノ方へぬけトヲリ帰ル、唐崎茶屋はつれ時分ゟ雨ふり、一時計ふり満足申也、明卅夕飯過ニ、諸屋《庄》ツレタチ神前へ参詣シ、先御礼ニ参ル由申也

これは、文政三年（一八二〇）の「唐崎勤番別当家祖流之由緒」という表題の史料の巻末に記されている文章であり、宝永期の史料を写したものと思われる。若干文意がわかりにくい箇所があるが、大意は以下の通りであろう。

宝永六年の六月二七日に正光寺村・新在家村・見世村（「三世村」）の三村から、新在家村の九兵衛という者が唐崎社を訪れて、明日雨乞いを行ないたい旨を宮仕に申し入れて来た。しかし六月末はまさに水無月会の時期であり、「明神様御祓諸参詣之さかり」、つまり参詣者が一年で最も多く唐崎社に集まる時期でもあった。九兵衛によれば、そのことについては三村側も「えんりよに存」と思っているが、すでに「地頭方」に申し出ていることでもあるから、やはり雨乞いを執行してほしいとのことであった。そして翌朝にも九兵衛は唐崎社にやって来て、同様の発言を繰り返しており、その結果、雨乞いは三村側の望み通り執行されることになる。

この時の雨乞いは、「鳥目五拾疋、神酒二升明神江被上、御祈念之奉願由申候間、拙者神前へ持せ祈念申上候」

と、金銭と神酒を唐崎社に捧げた上で祈念を行ない、「神前雨乞ヲのほり持せ、宮ヲ北ゟ南へメクリ社参スル」というものであった。嘉永期の下坂本村の雨乞いに比べると、ずいぶん簡素な印象を受けるが、翌二九日の雨乞いでは「スミヨシヲトリナトノ様ナルツクリコトヲスルナリ」と、住吉踊りのようなことがあわせて行なわれている。この日は唐崎社境内が参詣者で混み合っていたため、北の方の道を抜けて帰ったが、その途中に雨が降り出したようで、三〇日には三村の庄屋（「諸屋」）たちが御礼として参詣するため唐崎社を訪れると述べられている。

この一連の経緯については、まず三村側が雨乞い執行を要求するさいに、水無月会の最中であるからはばかられると発言していることが注目される。これは、宮仕の心情について配慮したものであろう。宮仕には、水無月会で参詣者から散銭や祈禱料を獲得する機会をなるべく逸したくないという意識があり、「参詣之さかり」での雨乞い要求は、やはり迷惑だったと考えられるのである。また、この時期は唐崎社境内が参詣者で混み合うので、その最中に雨乞いを実施するのは実際に困難であるという事情もあったのかもしれない。

しかし、三村側は宮仕に配慮する姿勢は見せるものの、実際には「地頭方へ申上候へハかへかたく」と、領主へ出願済みであることを理由に、たとえ水無月会の時期であっても早急に雨乞いを行なうよう、宮仕に強要しているのである。すなわち、地域外部から来訪する参詣者から得る諸利益によって生計を立て、唐崎社を運営しなければならない宮仕とは異なって、三村の住民は地域内部において主に農業によって生活を営んでいたため、今直面する水不足を解消することが何より重要であった。三村の住民にとっては、水無月会よりも雨乞いの方が優先されて然るべきものだったのである。

唐崎社と三村側との間に見出せる意識の隔たりが、唐崎社と下坂本村との間にも同様に生じていたかどうかは詳らかではないが、あるいは下坂本村のなかでも人口の約半分を占める農業従事者(33)と唐崎社の間には、これと類似の状況があったかもしれない。唐崎社は、参詣者の受け入れを経営上の基盤とする名所としての性格を強く有していたために、地域外部から来訪する参詣者との結びつきこそが最も重要であった。そのため宮仕たちは、参詣者から多くの利益を獲得し得る水無月会のような機会を優先する傾向を常に有していたのであるが、それは地域内部における安定した生活の回復を望む住民の心情と、必ずしも一致するものではなかった(34)。

むすびにかえて

一八世紀前期の下坂本村においては、唐崎社参詣者から出茶屋経営を通じて得られる利益を村の運営の補助のために活用しようとする動きがみられ、また水無月会における唐崎町と下坂本村「拾弐組」による出茶屋の共同経営も行なわれるようになった。さらに、本来は唐崎社の社殿や石垣・松の修復費用であった唐崎銀が、災害時における住民の援助のために用いられるケースもみられた。いわばこの時期の下坂本村では、唐崎社参詣者から得られる利益の一部が住民の間で共有化され、公的資金化されつつあったのである。

これら事例については、唐崎社が下坂本村の「成り立ち」のなかに組み込まれる初発的な段階を示すものとして、ひとまず把握しておきたい。そして、その背景としては、一七世紀後期以降の近江国湖南地域の寺社と同様に、唐崎社参詣者も増加しており、そこから唐崎社が得ていた諸利益も増加していたことなどが推定される。ここから、下坂本村にあってそれらの利益が注目を集め、村全体での活用の方途が探られる契機が生じたのではなかろうか。

さらに唐崎社は、雨乞いの神社として下坂本村および周辺村々から広い崇敬を集めていたのであり、宗教的側面においても下坂本村の「成り立ち」を支えていた。しかしその一方で、唐崎社における水無月会と雨乞いをめぐっては、宮仕と地域住民との間に意識上の隔たりも存在していた。
名所および名所を運営する宗教者は、参詣者を引き寄せることで地域に多大な利益をもたらしたが、地域外部から来訪する参詣者と強く結びつき、常にその動向から大きな影響を受けたために、地域住民の心情や地域慣習からはむしろ乖離してゆく傾向があったと考えられる。これは住民と宗教者との間に軋轢や対立が発生する要因にもなり得るものであったが、不断にそれら事態の解消に努めることも、地域が名所を取り込みながら「成り立ち」を保とうとする上での重要な課題となったであろう。

ここまで本稿では、唐崎社が下坂本村の「成り立ち」に対して、経済的・宗教的な意味で一定度の貢献を果たしていたことを論じてきたが、下坂本村に唐崎社の「観光地」としての性格が検出し得るかという点については、現時点では以下のように考えておきたい。

以前、筆者が「観光地」の典型例とした富士山麓地域（とくに駿州側山麓の御厨地方北部）の場合は、もともと標高が高く寒冷である自然条件にも規定されて農業生産力が低く、富士山参詣者がもたらす諸利益に対する経済的依存の度合いが高かった。さらに宝永期の富士山噴火によって地域一帯が火山灰に埋まり、畑地や秣場《まぐさば》が荒廃して以降は、富士山参詣者の勧誘を通じて再生産を維持する「観光地」としての展開を強めるようになる[35]。

しかし下坂本村ではこれとは異なり、農業をはじめとして、北国街道沿いの在方町としてさまざまな業種の店舗営業や、船・駕籠など交通労働も展開していたのであり[36]、これら多様な諸経営活動が下坂本村の「成り立ち」を支えていたのである。こうしたなかで、唐崎社参詣者から得られる利益は、一八世紀前期段階の下坂本村にあっては村の運営や住民の生活を支える役割を担いつつあったものの、村の経済全体にとってはあくまで補助的な位置にあったと考えられる。しかし、唐崎社が下坂本村の「成り立ち」を支える存在のひとつとしての位置を獲得したことを重視するならば、御厨地方北部のように「成り立ち」を富士山に大きく依存していたわけではないが、この時期以降の下坂本村は唐崎社の「観光地」としての性格を幾分か帯びるようになったと言い得るであろう。

さらに近世の下坂本村については、水損・旱損・風損などの災害の連続と経済的困窮化が指摘されており[37]、そうした傾向が一八世紀以降も続くのであれば、唐崎社がもたらす利益が下坂本村にとって有する重みも当然変化していくものと考えられる。また下坂本村は、唐崎社のみならず延暦寺・日吉社への参詣拠点でもあった。ここから、複数の名所と関わる複合的な「観光地」として下坂本村を捉えることが可能になるかもしれないが、今は具体的に論じるだけの材料がない。これらについては、すべて後日を期さざるを得ない。

註

（1）拙著『富嶽旅百景――観光地域史の試み――』（角川書店、二〇〇二年）など参照。

（2）近世における「観光地」については、前掲註（1）拙著および拙稿①「近世旅行史研究の成果と課題」（『歴史評論』六四二、二〇〇三年）参照。「観光地」と地域の広域的な「成り立ち」との関係については、拙稿②「近世における寺社の名所化と存立構造」（『日本史研究』五四七、二〇〇八年）参照。

（3）前掲註（2）拙稿②参照。

（4）唐崎社については『新修大津市史』八（一九八五年）、佐藤眞人「日吉社大宮縁起の考察」（『國學院大學日本文化研究所紀要』七四、一九九四年）、前掲註（2）拙稿②など参照。下坂本村については『新大津市史』別巻（一九六三年）、『新修大津市史』七（一九八四年）、岩田浩太郎「戸〆騒動の諸相」（『山形大学紀要（社会科学）』三〇―一、一九九九年。後に『近世都市騒擾の研究』吉川弘文館、二〇〇四年に収録）、吉田ゆり子「神仏分離と門前町坂本」（『年報都市史研究』一〇、二〇〇二年）など参照。

（5）京都叢書刊行会編『増補京都叢書』二（一九三四年）。

（6）拙稿「十七・十八世紀における近江八景の展開」（高埜利彦・西田かほる・青柳編『近世の宗教と社会Ⅰ　地域のひろがりと宗教』吉川弘文館、二〇〇八年）参照。
（7）前掲註（4）『新修大津市史』七参照。
（8）前掲註（5）『増補京都叢書』一一。
（9）小島捨市編『校訂頭注近江輿地志略』（西濃印刷、一九一五年）。
（10）新修京都叢書刊行会編『新修京都叢書』一一（臨川書店、一九七一年）。
（11）叡山文庫・生源寺・日記二〇。
（12）叡山文庫・別当代・日日三〇。
（13）叡山文庫・生源寺・日記二一。
（14）個人文書「下坂本記録　第壱番」宝永六年（一七〇九）～正徳六年（一七一六）。
（15）拙稿「富士山御師と宿泊業」（『歴史』八八、一九九七年）参照。
（16）個人文書「下坂本記録　第六拾壱番」天保八年（一八三七）～同九年。
（17）叡山文庫・止観院・日日三八
（18）叡山文庫・別当代・日日二九。
（19）前掲註（2）拙稿②参照。
（20）叡山文庫・止観院・日日四四より。
（21）前掲註（4）『新大津市史』別巻によれば、下坂本村を流れる川としては、比叡の諸谷に発する大宮川・藤ノ木川・四ツ谷川・際川や、上流の用水路の延長である飴屋川・寺田川・芋掘川などのほか、扇状地末端からの湧水による諸河川などがあった。河川は短いものが多いが、比叡の諸谷を水源とする河川は勾配が急であるため、豪雨の時には氾濫を起こしやすかった。また明治三七年（一九〇四）の洗堰完成以前は、琵琶湖岸沿いでは高水位に伴う被害がしばしば発生した。
（22）前掲註（20）史料。
（23）叡山文庫・生源寺・日記二三。

(24) 叡山文庫・止観院・日日四七による。
(25) 前掲註(24)史料。
(26) 滋賀大学経済学部附属史料館収蔵、西川吉輔家文書・宗教四「近江国滋賀郡日吉神社境内鎮座摂社」明治五年(一八七二)。
(27) 前掲註(4)『新大津市史』別巻参照。
(28) 大津市歴史博物館蔵「下坂本記録」嘉永六年(一八五三)による。
(29) 個人文書「萬覚記録帳」嘉永五年(一八五二)。
(30) 叡山文庫・止観院・日日四六。
(31) 飛鳥井氏所蔵文書。本稿では滋賀県立図書館蔵マイクロフィルム紙焼版によった。
(32) 前掲註(31)史料。
(33) 前掲註(4)岩田論文によれば、天保一三年(一八四二)の段階で、下坂本村の全戸数三一四戸のうち一六〇戸が農作専業である。
(34) 名所や「観光地」における諸動向と地域慣習との乖離については、拙稿「近世後期富士山麓における地域社会像」(『日本歴史』六〇一、一九九八年)参照。
(35) 前掲註(1)拙著参照。
(36) 前掲註(4)岩田論文によれば、下坂本村には米屋・荒物屋・菓子・塩肴・豆腐・青物・煮売などの商人、屋根職・大工・莚簾縄草履などの藁細工・鍛冶屋・香類・紺屋職・飾師・道具・傘・提灯などの職人、宿屋・茶屋、日雇、舟渡し、駕籠屋、洗濯縫針などの賃仕事といったように、五三種にのぼる職種が存在しており、門前町および街道町としての分業の展開が確認できる。
(37) 前掲註(4)『新大津市史』別巻参照。

〈謝辞〉本稿執筆にあたり、叡山文庫・大津市歴史博物館・滋賀県立図書館等各史料収蔵機関、及び史料所蔵者の方に大変お世話になった。記して感謝申し上げる。

化政期における社会的交通の展開と民衆宗教の成立

――如来教の事例に即して――

神田秀雄

はじめに

多くの人口を抱えていた江戸や大坂、名古屋のような大城下町の発展が、近世後期における庶民信仰の多様な展開を促していたことは、これまでも都市民俗学の視角から指摘されてきた事実である。(1)また近世後期には、街道や海路などの発達が寺社参詣の旅を普及させ、そのことが庶民信仰の世界の拡大と変容をもたらしたこともよく知られている。(2)そして、民衆宗教や創唱宗教と呼ばれるいくつかの新しい宗教が一九世紀初頭から明治維新期にかけての日本に成立した事実は、そのような社会的変容の帰結点の一つにほかならない。しかし、庶民信仰の世界の拡大・変容と民衆宗教（創唱宗教）の成立との相互関係については、これまであまり立ち入った追究はなされてきていないと思われる。

筆者は、一九世紀初頭、名古屋に隣接する熱田で創唱された如来教について、かねて研究を重ねてきた。民衆宗教の宗派としてよく知られている天理教や金光教が、江戸と並ぶ大都市大坂の強い経済的影響下にあった農村部、ないしは商品経済の浸透が進んだ山陽の農村部で創唱されたといえるのに対して、如来教は、ほとんど城下町名古屋の一部ともいえる都市的性格の濃厚な地域で創唱されている。それでは、民衆宗教が成立するためには、どのような地域的・文化的環境が有利だったといえるのだろうか。

ところで筆者は、如来教およびその分派の一尊教団に関係する諸史料を網羅的に収載する史料集『如来教・一尊教団関係史料集成』全四巻（以下、『史料集成』と略記）を浅野美和子氏とともに継続的に刊行してきたが、二〇〇九年六月、両教団に共通する膨大な教典『お経様』を主に収載したその『史料集成』は、第四巻の刊行をもって完結を迎えた[3]。そして、すでにその各巻に詳細な解説を加えたことから、筆者は、特に教祖在世時代における如来教の宗教思想と宗教活動については基本的な解明を果たしたと考えている。しかし、如来教・一尊教団の関係史料はきわめて膨大なもので（四〇〇字詰め原稿用紙に換算して優に三〇〇〇〇枚を超える）、『史料集成』の解説もかなりの長文にわたっている。そのため、如来教がどのような宗教なのかについて広く理解を得るには、あらためて一稿を起こし、その全貌を描き直してみることが必要だと考えられる。

そこで本稿では、さいわいにも本論集が「都市と旅」をテーマとして編まれていることを踏まえて、化政期（一九世紀初頭）の名古屋一帯における社会的交通の展開と如来教の成立・展開の関係に最大の焦点を置きながら、教祖在世時代における同教の全体像をあらためて素描してみたい。なお、『史料集成』の編纂過程で、筆者は、最初の神憑りから入滅にいたる教祖喜之《きの》の在世時代を四つの時期に区分して捉えている。そこで行論の都合上、その時期区分を次に掲げながら、まず本稿の構成について説明しておこう。

第Ⅰ期〔如来教の成立期〕享和二年（一八〇二）八月～文化八年（一八一一）

第Ⅱ期〔如来教の確立期〕文化九年（一八一二）～同一三年（一八一六）閏八月
第Ⅲ期〔如来教の成熟期〕文化一三年（一八一六）閏八月～文政三年（一八二〇）三月
第Ⅳ期〔教祖喜之の晩年〕文政三年（一八二〇）四月～同九年（一八二六）五月

本稿の「一　如来教の成立とその社会的基盤」では、教祖喜之の誕生から右の第Ⅰ期までを主な対象時期としながら、教祖の前半生、初期の信者たちのプロフィール、教祖の社会認識などを明らかにすることを通じて、如来教が成立した経緯とその社会的基盤を解明する。ついで、「二　如来教の発展と尾張藩社会」では、教祖在世時代の第Ⅱ期以降、如来教は、尾張地方一帯および江戸・関東の両地域にわたる化政期の社会とどのように関わりながらその宗教活動を発展させていったのか、その筋道を明らかにする。そして「三　創唱宗教の成立事情に関する新たな仮説の提起」では、一、二の分析を踏まえて、近世における都市と交通の発展と如来教という宗派の成立との関係を確認しながら、幕末維新期の民衆宗教の成立事情に関する新たな仮説を提起することにしたい。

一　如来教の成立とその社会的基盤

1　教祖喜之の前半生と思想形成の立脚点

教祖喜之の前半生

如来教の教祖伝である『御由緒』などによると、[4] 宝暦六年（一七五六）、尾張国愛知郡熱田新旗屋町（現、名古屋市熱田区旗屋）に「百姓」長四郎の娘として生まれた喜之は、八歳前後に両親と三人の兄弟のすべてを流行病で失った。孤児となった喜之は、叔父の伝史郎に引き取られたが、叔父の家の貧しさから、ほどなく住み込みの奉公に出されるようになり、いくつもの奉公先を経験した。その後、喜之は、おそらくは十代の中頃までに、近在の蟹江村に住む百姓庄次郎に嫁いだが、その結婚は食い扶持を減らすために嫁に出された性格の濃いものだったと考えられる。ところが、夫の庄次郎は身持ちが悪く、やがて出奔してしまう。そこで喜之は庄次郎の家を出て、かつての奉公先である名古屋の漢方医橋本家にふたたび奉公し、そこでの奉公生活に活路を求めることになった。

その後、喜之は、尾張藩士石河主水《いしこもんど》家の隠居（主水邦命《もんどくになが》）に特に望まれ、また橋本の指示に従って奉公先を石河家へ移し、邦命の看病役となった。そして、同家で数年間隠居（邦命）を看病する間に、喜之は、隠居との間に深い信頼関係を築き、同時に給金の全額を上回る金子を蓄えることができた。さらに喜之は、安永六年（一七七七）の邦命の病没後も、その子息主水直澄《なおずみ》に長く仕え、寛政六年（一七九四）に直澄が死去したのを機に、翌年、四〇歳で石河家を辞した。そして、主水邦命の指示に従って「米屋某」に預けてあった金で生家を買い戻して熱田新旗屋町へ帰郷し、「一文商ひ」の店（駄菓子なども売る零細な雑貨店）を開くとともに、わずかな畑を作りながら独居生活をはじめた。

帰郷後の喜之のもとには、かつての夫庄次郎が寄食するようになり、やがて病を発してわがまま放題を言いながら喜之の看病を受け、そのまま他界した。そしてその間、喜之は、家財のほとんどを質に入れたり新たに綿紡ぎをしたりして看病と家計の維持に努めたが、庄次郎の死後には借金の返済のために日夜綿紡ぎに追われるようになっていたらしい。

喜之はその後、近所の老婆の勧めに従って、近くの尾頭町に住む法華行者覚善《かくぜん》の息子で一一歳になる倉吉という男子を養子に貰い受けたが、その養子縁組と同時に、喜之の家には倉吉の父覚善も同居するようになった。どうやらそれは、蓄えがあるという覚善の言葉に期待して、喜之が父子二人を受け入れる約束をしたものだったらしく、また逆に覚善は、嘘の条件を呼び水として喜之に女房役・母親役を担わせ、体のよい居候を決め込むつもりだったらしい。そしてその後、覚善は、金銭的な約束を果たさなかったばかりでなく、苦情を申し立てた喜之に立腹して癇癪を起こし、大声で罵るようになっていったという。

そうした状況を思案にくれながら過ごしていた喜之の口から、享和二年（一八〇二）八月一一日、雪隠のなかで、「何にも心遣ひをする事はない。頓《やが》て安気《あんき》に成《なる》ぞやう」という言葉が語り出され、ひと月後の九月一二日にも同様の言葉が口を突いて出たという。そしてそれらが、当時四七歳を迎えていた喜之という女性の最初の神憑りだった。

その後、法華行者の覚善、日蓮宗の説教僧真綱院《しんこういん》、知多郡緒川村（現、同郡東浦町緒川）に住む金毘羅道者石道《せきどう》の三人にわたる審神を経て、約一年後の享和三年八月には病気治しを求める多くの人々が喜之のもとへ集まるようになり、さらに神憑り状態における喜之の説教を聴聞するようになっていったという。

キーワードとしての「奉公人」――思想形成の立脚点――

右のような喜之の前半生に関してもっとも重要なキーワードは「奉公人」である。というのは、もとより喜之が前半生の大半を奉公人として生きたからだが、さらに重要なのは、『お経様』諸篇をはじめとする教団史料のなかに、喜之がその前半生を通じて育んだ、「奉公人」としての規範意識がしばしば表れているからである。紙幅の関係から多くは紹介できないが、ここでは、晩年にあたる文政八年（一八二五）四月二日、武州の商家名張屋の手代清七に向けて喜之が語ったという次のような発言を挙げてみよう。(5)

奉公する迚《とて》も、お主様《しゆうさま》を如来様と心得て、我心《わが》真当《まつとう》に致し、何事にても正当《しようとう》の心をもつて取扱、日々を大切に御勤申て、何ぞ入用な事の有時は、差控《さしひかえ》なく、旦那様へお向申《むかい》て、「私は、今日かやう〳〵な事がござり升で、どうぞ是丈《だ》け私にお呉被成《くれなされ》」と言つて見されい。旦那様が「いや」と仰ふが仰（何）んと仰せふ（「が」脱か?）、日々の正当の心をもつてお勤申《つとめ》にゐては、其時、旦那様のお心には、「ア、、あ奴は正当な奴でや。可愛奴でや」と思召《おぼしめす》ゆへ、「おぬしは夫《それ》で能《よい》か、いるならおぬしの能《よい》程持つて行《ゆか》しやれ」と仰せんじやかけでや。

実は、右の引用の前後には、主人の目をかすめたり、主人の物を使い得のように思ったりしてはならない旨が繰り返し記されており、それはこの時代の奉公人に向けて説かれていた、ごくありふれた規範にほかならない。しかし、右の一節に見える「お主様を如来様と心得て」という言葉は、単に奉公先の主人に対する服従を説いた言葉ではないと考えられ、そこにこそ、この一節の重要な特徴を認めるべきだと思われる。すなわち、喜之の立場からすると、奉公先の主人とは、彼の奉公人が何かを必要とする事情があるならば、その願いに応えてくれるべき存在だったらしい。そして、そのような主人であることを信じて奉公するならば、主人の側からも奉公人が一人の人間として尊重される結果がもたらされる、というのが、おそらく右の一節で喜之が説こうとしていることがらなのである。

それでは、奉公人にとってのそのような主人観、ないしはあるべき主従関係をめぐるそうした観念を、喜之はなぜ、どのようにして持つにいたったのだろうか。その経緯は、実は教祖伝『御由緒』の前半部分にかなりよく表れている。そこには、かつて奉公していた漢方医橋本大進から深い信頼を得ていたという事情とともに、その橋本の推薦で石河主水家の隠居の看病役を担うようになった喜之が、隠居（主水邦命）との間でいかに深い信頼関係を築きながらその晩年を見送ったかが特筆されているのである。

その記事によると、喜之は、病状が進んで歩けなくなった隠居を、手押し車を作らせてそれに乗せ、邸内を巡って慰めたという。また、祥瑞とされる霊芝《(れいし)》（万年茸）を喜之が二年続けて邸内に発見すると、隠居はそのことを心から喜んだという。そして隠居は、その死に臨んで枕辺に喜之を呼び、親身な看病に深い感謝の言葉を述べるとともに、給金とは別にかなりの金子を与え、「是を米や（屋）何《なに》がしと申す者へ預《あつ》け置《(おけ)》やう。己《(おれ)》が死ぬと、爰は分取《ぶんどり》の様に成《(なる)》に依《よつ》て、其時、主は、黙《だま》つて、其預け置た金を持行《もちゆけ》」と遺言したという。

右のような逸話は、あえて割り切っていえば、余命が長くないことを悟った老弱な武家の隠居が、心を許せるその家卑を求めて喜之と出会い、そのことで晩年の孤独を癒したという話だともいえるだろう。しかし、肉親と早く死に別れて薄幸な前半生を送った喜之にとっては、石河主水邦命の看病役を務めた体験は、自らの働きぶりや存在価値が他人から認められた体験であり、尽くす者と尽くされる者との歓びの共有を実感しえた体験だったのだと推察される。したがって、『お経様』などにしばしば認められる、奉公人とその主人とのあるべき関係をめぐる喜之の発言は、そうした自らの体験の意義を普遍化させるかたちで主張した発言だとみることができよう。つまり喜之は、「奉公人」としての前半生の経験を立脚点として、そこから自らの思想を形成していったとみることができるのである。

もう一つのキーワード「民間宗教者」

それではさらに、石河家の隠居との間に築くことができたと喜之が考えた信頼関係には、どのような歴史的背景があるといえるだろうか。そこで新たなキーワードとして浮上するのが、実は「民間宗教者」という語句である。

というのは、喜之の生涯に関する複数の所伝には、石河家での奉公生活中、喜之が病臥中の隠居に対して民間宗教者としての役割を果たしていた形跡が認められるからである。

そのことの一端は、霊芝（万年茸）を邸内に発見したという逸話にもすでに表れているが、史料探索の範囲を『お経様』諸篇に広げれば、たとえば史料番号M一九一Bの篇には、次のような一節を見出すことができる。

「徳蔵さも、人の使《つかい》に行たり、代参《たいさん》にゆかんすが、能《えい》かへもし」と女〔教祖喜之のこと：引用者註。以下同じ〕がいふが、能《えい》とも〳〵。頼んだ事なら、人の心を破《やぶ》らぬやうに、どこへ成《なり》と、能事《よいこと》ならいつてやらしやれ。とかく人の為《ため》と思ふなら、我身《わがみ》をすてて成《なり》とも歓《よろこ》ぶやうにしてやらしやれ。夫《それ》は、如来様はお詠《なか》め遊ばすぞやう。此方《このほう》〔金毘羅大権現〕も知つて居《おる》てなふ。

この一節は、信者が依頼を受けて「代参」に行くことを、喜之（＝金毘羅大権現）が賞讃・推奨していた様子を伝えている。そして、説教のなかで喜之が右のように述べていることは、石河家への奉公中、喜之自身が隠居の求めに応じて何らかの神仏へ「代参」していた可能性を示唆している。また、最初の神憑りの約一年後、さまざまな病気治し願いに応じるかたちで喜之の本格的な宗教活動がはじまったとされている（『御由緒』）ことからさらに推察すれば、同家で奉公中の喜之は、そこに出入りしていた商人や職人、尾張藩士らに対しても、「代参」のような活動を広く引き受けていた可能性が高いと考えられよう。

ところで「代参」は、この時代に広く発展していた霊場信仰、つまり伊勢信仰や金毘羅信仰のような民俗宗教が広めた信仰活動の様式にほかならない。それでは、そのような民間宗教者の役割は、この時代、なぜ急速に期待されるようになったのだろうか。ここでは、当時の尾張藩社会に即してその問題にふれてみよう。

そもそも尾張藩社会は、一八世紀末の天明・寛政期あたりから大きな社会変動期を迎えていた。当時の同藩領では、まず、近世社会で最大規模の「商品」であった米の生産が空前の高まりを示し、それは、藩領の内外に及ぶ先物取引にも発展を遂げていた。そして同藩領内には、江戸への移出を主目的とする酒造業と酒造米生産が広まり、酒や肥料の運送にあたる廻船業も発達していた。さらに、木綿生産や綿織物業も広まっていたほか、酒造業や廻船業に関連する農外労働や出稼ぎで生計を立てる者の数も増大しつつあった。なお、およそ寛政期以降に尾張藩が領内の農村に布達した諸法令には、同藩が甘藷や道豆をはじめとする各種の農産物生産の実態調査やそれらの生産奨励を繰り返していた事実のほか、木綿・藍・蠟・水油・瀬戸物・墨・桟留縞などにわたる国産会所を設定したり、米切手（藩札）の発行とその強制通用などを推進していた様子が広く記録されている。(6)

そうしたなかで尾張藩領民の多くは、生活を維持するために、新たな営業を手がけたり新興産業に労働力を提供したりすることを迫られていたと考えられる。したがって、この時代に民間宗教者への期待が高まった最大の理由は、そうした未経験のことがらが含むリスクを、神仏への祈願によって軽減しようとする思いからだったと考えられるのである。

また、一八世紀末から翌世紀にかけては、後述する如来教信者の例にもみられるように、家族の繋がりが大きな意味を持っていった時代であった。具体的にいえば、この時代は、より貧しい人々にとっては、家族の誰かが郷里を離れて働かざるをえなくなった時代であり、武士や商人、職人などで、比較的裕福な人々にとっては、適切な相続者を確保して家名を繋ぐことが至上の課題とされた時代だったといえる。したがって、家族構成員の病気や死を神仏への祈願によって避けることは、階層を超えた要求となる一方、相対的に富裕な社会階層にあっては、家族に囲まれながらの終焉や親身な介護を受けながらの終焉が望まれていたのだと考えられる。そして、それらの要求や願望を実現するうえで強く期待されていったのが、民間宗教者を介した祈願だったと考えられるのである。

ちなみに、ここでいう「民間宗教者」とは、より典型的には先述のような霊場信仰の布教者がそれにあてはまるが、仏教諸宗派の僧侶や諸社の神職などにも同様の役割を果たす者がいたことはいうまでもない。しかし、一般に近世後期における庶民信仰の世界では、諸願に具体的に応えてくれる宗教者こそが求められており、農民や町人のなかには、新たに僧侶や神職の資格を得たり、または何らかの寺社（霊場）の配下となることによって、そうした宗教者になろうとする者が急増していた。また近年、近世後期の寺院については、遠隔地の霊場に関わるさまざまな神仏が境内に勧請されていた場合が多く、同時に、そうした霊場信仰を中心とする各種の講の集会所として機能する側面が大きくなっていた、という理解が定着しつつある。[7] 近世期にも、たとえば真宗のように、固有の教義宣布を担う性格の濃い宗派があったことは事実であるが、総じていえば、近世後期の庶民信仰の世界では、修験はもちろんのこと、僧侶や神職などにも、むしろ代参や祈禱のような「民間宗教者」的な役割が期待されるようになっていたのである。

なお、喜之という女性が当時の名古屋の諸階層に幅広く受け容れられたのは、苦労の多い生活だったことを容易に想像できるその出自のゆえと、家族に見守られながら生涯を終えるライフコースからは疎外された人物だったことによると考えられる。すなわち、喜之という元奉公人の女性は、当時の人々の利害関心を自らは超越している存在として、つまりは「民間宗教者」として受けとめられ、信頼を得ていたのだと考えられよう。

2　初期における篤信者の輩出とその契機

喜之の信者となった人々には、名古屋一帯に住んでいた多くの商人や職人、尾張藩士らのほか、近郊農村部の住民や、後年には金毘羅講から合流した江戸・関東在住の人々もいたことが知られている(8)。以下のこの節では、先にふれた教祖在世時代の第Ⅰ期に入信して篤信者となった何人かについて、各階層ごとにそのプロフィールを紹介してみよう。

名古屋の町人の事例

文化初年までに入信したことを確認できる商人の代表的な例として、まず、名古屋近郊御器所《ごきそ》村の住民で米穀商だったとみられる清水屋彦左衛門と、名古屋禰宜町在住の油屋金蔵を挙げてみよう。その二人には、入信が早いことと以外に、彼らの名前が登場する『お経様』諸篇の記事に、「取次」や「引受」「代参」の語句が見られることに共通点があり、そのことは、彼らがかなり積極的に布教を担っていた人物であることを表している。

そのうち清水屋彦左衛門は、教祖伝『御由緒』末尾の享和三年（一八〇三）の記事に名前が初出する人物で、その記事によると、入信の直接の契機は、「腹痛にて家職成難《なりがた》」かったものを、喜之にすがった結果、七日（一説には一〇日）のうちに全快したことにあったという。また、記事内容から、同じく享和三年頃のものと推定できる史料番号M二五二の『お経様』には、その間の経緯が、

御器所村吉蔵女房、去年、稲穂にて目を突《つき》、片目なし。姉の進（勧）めに依て御祈誓《きせい》を懸《かけ》、信心の徳に依て、

> 仏、うみつぶれたる眼速《すみやか》に開く。「我《わが》（汝）目は直らぬ眼なれども、姉が信心に依て直し取《とら》する。是より姉を親と致し、朝晩拝をせよ」と仰られ、代参に参る人は同村彦左衛門と申者、眼病の代参致す中《うち》に、我《わが》腹痛、ぶつのやうなる煩《わづらひ》（患）、いつとなく病退く。〔傍線引用者〕

と記されていて注目される。すなわち彦左衛門は、持病の平癒を願って教祖にすがり、「代参」のかたちで布教するうちに持病の腹痛を救われたのである。なお、史料番号M四二の『お経様』には、彦左衛門が文化六年（一八〇九）に死去したことが記されているが、後述するように、「彦左衛門」を襲名したその息子が、文政期には、喜之の晩年を世話したことが知られている。

一方、文化二年以前に入信していたとみられる油屋金蔵は、名古屋城下の下町に属する禰宜町で「七軒間口の大店」を営んでいたという人物である。[9]『お経様』諸篇には、金蔵が何人もの病人の平癒願いを取り次いでいた様子が記録されており、それらの記事から、同人はもっとも熱心に布教を担っていた信者の一人だったと考えられる。また、『文政年中おはなし』という教団史料[10]には、金蔵の生涯に関する、およそ次のような趣旨の記事が記されていて注目される。すなわち同人は、神憑り状態の教祖から、お前の前生は高五〇〇石の仙台藩士で、その前生に「三人半分のうらみ」を受けたことが腹痛という今の苦しみをもたらしている、それは「地獄の責苦」に替えて与えられた如来の慈悲だと心得て感謝せよ、とたびたび言い聞かされていた、そこで金蔵は、腹痛のもっとも激しかったある日を自分の命日と定め、そろばんを投げ捨てて油の貸付もことごとく棒引きし、以後は夫婦で箸削りを生業としながら、「後世《ごせ》」における審判の存在を信じ、売り喰いをして生涯を終わった、というのである。そしてこの記事からは、金蔵が、持病のために家業の経営に大きな困難を抱えていたとみられること、また結果的に家業を放棄している点からも、同人は適当な相続者に恵まれなかったらしいこと、などを読み取ることができよう。

出会いの接点としての石河家と米穀商の役割

既述のように『御由緒』には、石河家の隠居（主水邦命）がその臨終に際して喜之にかなりの金子を与え、「是を米や（屋）何がしと申す者へ預け置《おけ》やう」と遺言したことが記されている。一方、文化一一年の『お経様』に名前が初出する同じく米穀商の美濃屋善吉は、名古屋の門前町に大きな店を構えていたものを、やがて「繁花（華）の地をうき事におも」うようになり、文政元年（一八一八）には、前述の清水屋彦左衛門が住む御器所村へ移住したという[11]。そして、尾張藩が如来教に最初の本格的な統制を加えた同三年の四月以前に、同村にはその美濃屋善吉が中心となって喜之の隠居所が建てられ[12]、喜之は、文政九年の入滅にいたる晩年を、善吉や彦左衛門らに身のまわりの世話を受けながら、その隠居所で生活したことが知られている。

そこで、それらの情報を総合すると、与えた金子を預けておけと主水邦命が喜之に遺言した「米や（屋）何がし」とは、美濃屋善吉かその先代だった可能性が高いと考えられる。そして、かねて善吉ないしその先代と知り合いだったと推測される清水屋彦左衛門（文化六年に死去した先代）も、石河家に出入りして喜之と面識を得ていたか、または早い時期に紹介を受けていたと考えられるのである。なお、油屋金蔵も石河家に出入りして喜之に接した可能性があるが、その接触は彦左衛門や善吉らを介してだったかもしれない。それはともかく、開教後間もなく入信して熱心な布教を展開した篤信者のなかに、石河主水家を接点として喜之と関わりを持った人物が少なくなかったことは間違いないと思われる。

ところで、そもそも石河主水家は、尾張藩年寄（家老）の石河伊賀守家一万石の分家にあたり、禄高二〇〇〇石の大身だった。[13]美濃国に広大な給知を持つ本家伊賀守家は、同国羽島郡駒塚村に陣屋を構えており、同村には、すでに一八世紀には「延米会所《のべまいかいしょ》」が置かれていたという。[14]したがって、石河主水邦命が「米や（屋）何がし」を喜之に推薦したのは、石河家出入りのそうした米穀商らを邦命がよく知っていたからだと推測できる。そして、美濃屋善吉や清水屋彦左衛門は、そうした米穀商だったとみてまず間違いない。しかも、名古屋城下に大店を持つ米穀商は、多くの場合、藩士層が禄米を受け取る際の窓口になっていたものと考えられ、同時に藩士層への金融にも携わっていたと推測されるから、米穀商と藩士らの接触はかなり日常的なものだったと思われるのである。

尾張藩士の事例

『お経様』諸篇には、武士（尾張藩士やその陪臣）の名前もかなり早い時期から登場している。武士階級の信者のうち、教祖の説教会場として自宅を提供するなど、信者として積極的な活動をしたとみられる人物には、禄高が一〇〇石から三五〇石程度で、馬廻組や大番組のような番方職に就いている者が多かったのだが、ここでは、教祖の自宅（「御本元」）以外でもっとも多い四〇回にわたって自宅を提供した稲垣庄兵衛（禄高一〇〇石。馬廻組・大番組）について取り上げてみよう。

その稲垣庄兵衛は、後述するように、文化九年、『お経様』の正式な筆録者集団「御綴り連」が成立した際にはその一員となり、記憶力のよさを買われて、もっぱら説教内容を記憶する役割を担ったという人物である。[15]公開されている『お経様』諸篇には、彼が入信した経緯は直接記されていないのだが、はるか後年に成立した文書には、四人の女子を持つ同人が、どの娘を家に残したらよいかを教祖に尋ね、回答を得ていた事情が記されている。[16]したがって稲垣は、跡目を相続させるべき直系の男子に恵まれず、養子を迎えるべき女子の決定を教祖に願っていたことになる。

文化三年の『お経様』のうち月日不詳の篇（「稲垣庄兵衛宅にて金毘羅様御説教」M二七B）によると、その日の説教の座は、稲垣が多くの未信者を自宅に集めて喜之の説教を聴聞させようとして設けたものだという。開教からまだそれほどの年月を経ないその時点では、狐狸の憑依したものだとして喜之に悪口を浴びせる者も多かったようで、その日の説教で金毘羅大権現（＝神憑り状態の喜之）は、そうした人々を厳しく批判する一方、同日の説教の座を設えた稲垣のこころざしを賞讃している。

なお、同様に多くの回数にわたって説教会場を提供した尾張藩士には、ほぼ同じ時期に入信した永田一郎右衛門（禄高一五〇石。馬廻組。自身の瘡毒の病から入信）や、太田半右衛門（禄高三五〇石。大番組頭・御先手物頭。子息の重病から入信）らがいたことが知られている。そして、そうした武士たちが喜之と接触した契機には、同じ武士同士の人脈のみならず、むしろ米穀商らを中心とする、名古屋の商人や職人たちとの日常的な付き合いも含まれていた可能性が高い。換言すれば、この時代の社会的な交通（人的交流）は、社会階層を大きく超えて進んでいたと考えられるのである。

熱田近郊農村の事例――宗教的コミュニティーの希求――

一方、『お経様』をはじめとする教団史料には、実は、初期の布教者を生み出したもう一つのルートとして、当時、喜之が住んでいた熱田と近郊農村との交通を通じた筋道があった様子が表れている。ここで「近郊農村」と呼ぶのは、具体的には熱田から二〇キロメートルほど隔たった、知多郡北部の緒川村（現、同郡東浦町緒川）一帯を指すのだが、同村で活発な信仰活動を展開した人物に、飴屋を営んでいた利七という人物がいる。

『御由緒』によると、享和三年（一八〇三）の初夏、喜之の「一文商ひ」の店に立ち寄った利七は、そこで休息する間に、喜之の身体には金毘羅大権現が天降るという話を聞いた。その際、喜之の神憑りの真正性や天降る神の由来が確かめられていないと聞いたことから、利七は、緒川村に住む修行僧で金毘羅道者でもあった石道を喜之と法華行者覚善に紹介し、両人が金毘羅大権現の由来を聴き取るための仲介をした。そしてその結果、覚善も喜之の神憑りの真正性を信じるようになっていったという。

そもそも利七が喜之の神憑りに関心を持ったのは、同年、生まれたばかりの娘（初生児）を亡くしていたからだったらしく、『御由緒』によれば、その後の同年初秋、利七は、喜之と同居していた覚善の息子倉吉（当時一一歳）を、喜之に天降った牛頭天王《ごずてんのう》の求めに応じて養子として迎え入れている。おそらくその養子縁組は、当時の喜之にとって、事実上の覚善の妻や倉吉の継母の役回りから脱却し、教祖としての立場を確立していくために不可欠なことがらで、またそれは、嬰児を亡くした利七夫婦が新たな人生に踏み出すためにも必要な方策だったのだと考えられる。

教祖在世時代の代表的な篤信者であるその利七は、『お経様』にも三十数篇にわたって名前が登場する。そしてそれらの諸篇には、利七が肉親の病気や死に相次いで見舞われながら、その原因（障《さわ》り・祟《たた》り）を除去するための手だてを熱心に講じていった様子が記されている。すなわち、浄土宗の篤信者だった利七は、如来教への入信直後からはじめた水行に加えて、「夏《げ》の内回向《うちえこう》」（浄土宗と民俗仏教に由来する行儀）を重ねて試み(17)、文化九年（一八一二）には浄土宗の行儀である「授戒《じゅかい》」の意義に関する伺いを教祖に寄せている(18)。また、足かけ一一年間に八回にわたって教祖を自宅に招き、その際、名古屋から教祖に同行してきた何人もの同信者を宿泊させている。さらに、名古屋城下で開かれた説教の座にも熱心に出席し、亡くなった縁者や知人の追善を願っている。そしてその間の文化六年、同村の住民茂兵衛の臨終に際しては、教祖のもとへ赴いて対処のしかたを問い、再度茂兵衛の家へ戻ってその臨終に立ち会ったほか[19]、同一〇年、同村の忠右衛門が死亡した際にも、その追善供養、および遺族となった同人の父母の生活について教祖に願いを寄せている[20]。

ちなみに、当時の緒川村は、酒造業・廻船業・新田地主・米穀肥料商などを兼ねる豪農商が成長し、同時に地域の在町として発展していた経済的な先進地だった[21]のだが、飴屋利七は、この地域一帯に展開する地主小作関係に系列化されるような生業を望まず、むしろ独立した自家経営の方向を模索していたものと推測される。そして、右のような同人の活動は、そうした人生観と不可分なものだったと考えられる。つまり、当時の緒川村には、如来教の信仰を核とする宗教的コミュニティーが形成されつつあり、利七はそうした活動の中心人物だったといえるのである。

3　諸願の歴史的性格と教祖の社会認識

神憑り状態における教祖喜之の説教を記録した膨大な文献『お経様』には、信者たちから寄せられた願いや伺いと、それに対する神仏（＝神憑り状態における教祖）の回答が併せて記録されている例が多い。そこでこの節では、まず、信者たちの願いにはどのようなものがあり、それらはどのような歴史的背景を負うものだったのかを説明し、そのうえで、教祖喜之は当時の社会をどのように認識していたのかを明らかにしてみよう。

「日待空間」の中心主題とその歴史的性格

今日公開されている『お経様』諸篇には、病気治し、死者への追善、跡目相続、行方不明者（家出や破船事故等による不明者）の探索、縁談、建築、家宅の移転、井戸掘り、火災・地震・流行病等からの救済などが、人々の願いや伺いとして記録されている。そして、そのうちもっとも件数が多いのが病気治し願いで、死者への追善願いがそれに次いでいる。それでは、一見ばらばらなものにも見えるこれらの願いや伺いには、どのような傾向を認めることができ、そこにはどのような歴史的背景があったとみることができるだろうか。

ところで、喜之の説教の座は、早い時期から「御日待《おひまち》」の名で呼ばれていた。本来、「日待」は、前夜から潔斎して寝ずに日の出を待って拝む民俗行事だが、化政期前後の名古屋では、日の出を待たずに散会する場合でも、何らかの宗教的な動機のもとに人々が参集する機会が「日待」と呼ばれていた。(22) そして当時の如来教の場合、「御日待」は、あらかじめ設定した会場で神憑りする教祖の説教を聴聞し、同時にさまざまな願いや伺いを教祖に投げかけて、天降った神仏からそれらに対する回答を聞く機会となっていた。したがって、教祖在世中における説教の座は、そうしたやり取りが交わされる空間だったのであり、膨大な『お経様』という文献は、単に教祖の教説を記録した文献ではなく、むしろ「日待空間」におけるやり取りを記録した文献として受けとめるべきものなのである。

先に挙げた諸願のうち、病気治し、死者への追善、跡目相続、行方不明者の探索、縁談などは、いずれも家族の安定的な構成いかんという問題に関わる願いであり、しかもそれらは、実は記録されている諸願の件数の大半を占めている。そこで、それらの事実を確認すると同時に、『お経様』を「日待空間」におけるやり取りの記録として捉える視点に立つならば、家族の安定的な構成いかんという問題こそが、実はその「日待空間」の中心主題だったとみることができよう。

それでは、そうした特徴を持つ信者たちの諸願には、どのような歴史的性格を認めるべきだろうか。「家族の安定的な構成いかん」という問題が典型的に表れているのは、次代を担うはずの子どもの病気や死、ようやく成人に達したかその直前で死亡した男女の病気や死、さらには幼い子どもを残しての親の病気や死などの、いわば不条理な病気や死の事例である。そこで、ここでは、それらの事例の歴史的性格を検討してみよう。

先にふれた知多郡緒川村の住民飴屋利七は、生まれたばかりの娘を亡くしたことを機に最初の神憑り直後の喜之と接触を持ち、篤信者となった人物である。その利七については、享和三年の夏、緒川村に住む修行僧石道を喜之と法華行者覚善に同人が紹介したことをすでに記したが、彼がそうした仲介をしたのは、嬰児の死という不幸の由来や、それへの対処のしかたを、すでに彼が喜之に問いかけていたからだったらしい。そしてその嬰児に対して、神憑り状態の喜之は、当時、「初瀬」という名前を与え、その子どもの十三回忌が営まれた文化一一年には、「初瀬」は利七の家族を済度するために如来から遣わされていた「円基法師」という者だった旨を述べているのである。[23]

また、最初の神憑りから七年を経た文化六年、この世の成り立ちに関するまとまった教説をはじめて喜之が説いた説教〔同年一〇月一八日の『お経様』（M四八）がその記録〕では、いずれも死亡して間もない篤信者で、知多郡緒川村の百姓茂兵衛と、みしという若い女性の「後世《ごせ》」（来世）における様態が主な話題になっている。その二人の経歴や日常はあまり詳しくは伝えられていないが、複数の教団史料を突き合わせると、そのうちの茂兵衛は、およそ次のような人物だったと推測される。

すなわち茂兵衛は、利七を中心に緒川村一帯に作られていた、喜之の教えを核とする地域的コミュニティーの一員であり、家計を農外収入に頼る人物だったらしい。また同人は、熱田で「一文商ひ」を営む喜之の店へ最初の神憑り以前から出入りしていた人物で、持病があった彼は、さまざまな信心を遍歴した末に、ようやく真に帰依すべき対象として喜之に出会ったもののようである。そして、その茂兵衛について、父長四郎の生まれ変わりだったと喜之が述べていることから、おそらく彼の死は、喜之の父長四郎と同様に、複数の幼児を残しての壮年の死だったと考えられる。[24]

もう一方のみしという女性については、産褥熱のために数え年二二歳で亡くなったことのみが知られるが、史料番号M四八の『お経様』には、文化六年（一八〇九）一〇月一八日、喜之がそのみしと茂兵衛について次のような発言をしていたことが記録されている。すなわち、同日の説教で、神憑り状態の喜之は、二人が「浄土へ往生を遂げた」ことを述べ、茂兵衛については喜之の父親の生まれ変わりであった旨を、またみしについては「あれは如来からのお使いの人で、此度済度に来」ていた者だった旨を強調しているのである。なお、史料番号M四七の『お経様』には、最初の神憑りから一〇年の間に死亡した信者一〇〇人ほどのなかで、「浄土へ往生をした」旨を喜之が語ったのは、右の茂兵衛が最初だったと記されており、そこには、同人に対する深い共感と慈しみの感情をうかがうことができよう。

以上、飴屋利七の場合は嬰児を失った若い夫妻、茂兵衛の場合はまじめに働いたにもかかわらず幼児を残して世を去った壮年男性、みしの場合は主婦としての活躍を目前に死んだ女性の事例であり、これらに共通するのは、その死がいずれも寿命による死にはあたっていないことである。そしてどの事例においても、これらの死が家族に深い悲しみを与えるものだったことは容易に想像がつく。総じていえば、「日待」の場では、このような不条理な死への対処という問題が、そこに集った人々からひじょうに高い関心を呼んだのであり、教祖喜之がもっとも精力を傾けたのもその問題だったと考えられる。

もとより『お経様』には、「家族の安定的な構成」に関して、それほど深刻ではない事例も登場している。しかし、教祖在世時代の如来教では、瀕死の重病者の平癒を願うために人々が参集して「日待」を催した事例がしばしばあったのであり[25]、「家族の安定的な構成」をめぐる人々の願いは、その願いが叶わない場合の対応をも同時に問いかけるものだった。つまり、「家族の安定的な構成」の確保は、この時代には叶えることのかなり困難な願望だったのであり、それが民間宗教者を介して広く願われるようになっていったところにこそ、一九世紀初頭の社会状況が表れているのである。

教祖喜之の社会認識

それでは、そのような一九世紀初頭の社会を、教祖喜之はどのようなものとして認識していただろうか。次に引く文化一〇年正月二八日の『お経様』（M七四）の一節は、その認識をよりまとまったかたちで伝えている。

> 娑婆で能者《よき》といふは、此渡世といふを安堵にくらす者を能ものといひ、又我《(わが)》渡世成《なり》がたなうくらすものは、あ（悪）しきものと取扱ふ事でござる。そこを以《(もつて)》能《よき》ものあ（悪）しきものといふのでござる。又今度の一大事といふものは、此世界の世の渡りを致すべきもの、、能《(よき)》ものもあ（悪）しき者も、如来のお手前では、少しとても其お差別《しやべつ》はござらぬぞや。又結構な世の渡りをなしたよりも、我内心に貯て善心の志あるものは、譬《たとへ》（仮令）非人《ひにん》、乞食《こつしき》に至るまで、「あれは能《よき》ものでやなあ。扨《さて》もあれは結構なものでやなあ」と仰られて、また娑婆の此世の渡りいたすもの、、能者《よき》あ（悪）しきものとても、如来にはお差別《しやべつ》はござらぬ。此世界を安気安堵にくらすものを、能《(よき)》ものとお取扱ひを被成《(なされ)》るぞや。

すなわち、この一節の前半には、現世では、よい（価値のある）人間だとされるのは毎日の生活に何の心配もない豊かな人間であり、日々の生活に事欠くような人間は悪い（価値のない）人間として扱われている、という趣旨が主張されている。またそれに続く後半では、「後世《ごせ》」にいる如来は、この世での成功・不成功にかかわらず、「善心」の志を持つ者、言い換えれば現世的な欲望や価値観に惑わされずに安心して生涯を全うする者に対して、たとえそれが非人や乞食であろうと「あれはよい人間だ」とおっしゃるのだ、という趣旨が述べられている。そして、先に見た喜之の前半生を考慮すると、右の前半部分の主張こそ、実は当時の社会に対する喜之のもっとも基本的な認識を表していると考えられる。つまり喜之は、一九世紀初頭の社会を、何よりも、豊かな者が尊ばれ、貧しい者が賤しまれるようになった社会として捉えているのである。

なお、右は教祖在世時代の第Ⅱ期の篇からの引用であるが、開教後間もない文化二年以来、『お経様』諸篇には現世を「末法の世」だとする終末意識の表明が繰り返されているから、喜之が早くから右のような認識を持っていたことは疑いない。そこで次に、右のような喜之の社会認識の内実をさらにうかがわせる史料として、文化三年四月二八日に喜之のもとへ参詣した村瀬五左衛門という人物の生き方を、神憑り状態の喜之が褒め称えていた様子を伝えている一節〔『お経様』（M一二二）〕を掲げてみよう。

> 先《（まず）》、主《（ぬし）》は常々諸人をいたわり、惟一《うい》（愛い）奴《やつ》でや。此利益《（りやく）》も其通《そのとう》り。如来の思召には、「善心になれよ。諸人を痛《いたは》しく思ひ、譬《たとへ》（仮令）目下なるもの迚《とて》も目上に思ひ、いたわつて取《とら》せやう」との如来の思召成《（なれ）》ば、夫《（それ）》、主も先、善心の躰《たい》に当《あた》るなふ。如来の御慈悲《じひ》お思召道理を考 合《かんかへあは》せ、「誠《まこと》や難有《（ありがたい）》」と得道《とくとう》 致《（いたい）》て、諸人をいたわつて遣《（やる）》のを、此方《（このほう）》にては、先善心と取扱《とりあつか》ふ。（後略）

ここに述べられているのは、社会的に劣位にある者を労ることが如来の意思に叶う行為・態度であり、「善心」

にあたるという趣旨である。そしてこの一節は、生涯を通じて喜之がその存在を信じ続けたと考えられる、人間相互のあるべき関係を述べたものになっている。つまり、『お経様』における危機意識や終末意識は、現実の社会が、そうしたあるべき人間関係を喪失し、むしろそれとは正反対の方向に向かっていることを、最初の神憑り前後から、喜之が深く実感していったことに由来していると考えられるのである。

このように見てくると、一九世紀初頭の社会に対する教祖喜之の認識は、伝統的な社会に市場の論理が侵入するようになって、個々の人間がそれぞれの才覚で生涯を生きねばならない状況が顕著になり、村や町の互助的な機能が急速に低下しはじめた現実を反映しているとみることができる。そこで次に、章をあらためて教祖在世時代の第Ⅱ期以降における如来教の発展に論を進めよう。

二　如来教の発展と尾張藩社会

1　教祖在世時代における教勢発展の基本的な筋道

説教活動の活発度から見た教祖在世時代

前章では、教祖在世時代の四つの時期区分のうち第Ⅰ期（如来教の成立期）を主な分析対象としながら、如来教が成立した歴史的経緯とその成立基盤を明らかにしてきた。そこで以下のこの章では、伝搬の経過に焦点を置きながら、教祖在世時代の如来教はどのような発展の筋道を辿ったのかを明らかにしたい。

既述のように、『お経様』はきわめて膨大な文献なのだが、その年次別成立篇数は、教祖喜之が神憑り状態で行なった説教の年次別実施回数と等しい関係にある。そこでまず、その年次別篇数を表にして掲げ（表1）、その数

表1　『お経様』編年順諸篇の年次別篇数

時期区分		年次	西暦	干支	年次中小区分	年次別伝存篇数	同左内訳	収載篇数	未収載篇数	3ヵ月以上にわたる『お経様』の不伝存期間
第Ⅰ期	如来教の成立期	文化元	1804	甲子		1		1	0	1月17日～翌年2月6日
		文化2	1805	乙丑		16		12	4	5月29日～11月3日
		文化3	1806	丙寅		13		8	5	5月21日～11月22日
		文化4	1807	丁卯		9		8	1	4月17日～11月6日
		文化5	1808	戊辰		6		3	3	4月21日～翌年2月3日
		文化6	1809	己巳		8		8	0	5月26日～9月15日
		文化7	1810	庚午		4		2	2	2月29日～9月4日および11月21日～翌年9月11日
		文化8	1811	辛未		2		0	2	9月13日～12月18日
第Ⅱ期	如来教の確立期	文化9	1812	壬申		17		16	1	
		文化10	1813	癸酉		25		21	4	
		文化11	1814	甲戌		37		32	5	
		文化12	1815	乙亥		25		22	3	
		文化13	1816	丙子	～閏8月7日	16	7	7	0	4月13日～閏8月7日
第Ⅲ期	如来教の成熟期				閏8月8～		9	8	1	
		文化14	1817	丁丑		16		16	0	
		文政元	1818	戊寅		19		14	5	
		文政2	1819	己卯		16		15	1	
		文政3	1820	庚辰	～4月14日	10	4	4	0	5月3日～翌年4月11日
第Ⅳ期	教祖喜之の晩年				4月15日～		6	3	3	
		文政4	1821	辛巳		2		2	0	5月1日～翌年2月12日
		文政5	1822	壬午		5		5	0	2月12日～9月29日
		文政6	1823	癸未		6		3	3	6月19日～翌年2月7日
		文政7	1824	甲申		2		2	0	4月22日～翌年8月19日
		文政8	1825	乙酉		2		1	1	8月21日～翌年4月晦日
		文政9	1826	丙戌		1		1	0	
		合　計				258		214	44	

字にもとづいて各時期における宗教活動の活発さの度合いを確認してみよう。

表1から明らかなように、第Ⅰ期（如来教の成立期）にも多くの『お経様』が成立している。しかしこの時期の大きな特徴は、毎年、三ヵ月以上にわたる中断期間を挟みながら説教活動が進められていったことである。つまり第Ⅰ期は、教祖の説教を聴聞すると同時に諸願に対する神仏（＝神憑り状態の喜之）の回答を聞くという宗教活動の形態が、まだ充分定着しない時期だったのである。そこで、そ

うした中断期間の有無という視点からさらに第Ⅱ期以降における宗教活動の状況を確認すると、まず第Ⅱ期（如来教の確立期）には、右のような説教活動の中断期間は認められない。そしてその後、三ヵ月以上にわたる中断は、第Ⅱ期と第Ⅲ期（如来教の成熟期）の間に認められるほか、第Ⅳ期（教祖の晩年）にはふたたびそれが毎年見られるようになることが表1から知られよう。

実は、ここで議論の前提にしようとしている時期区分は、その中断期間の有無を重要な指標の一つとして筆者が試みたものなのだが、その有無が生じたのは、およそ次のような事情によっている。すなわち、第Ⅰ期に中断期間が多かったのは、喜之を狐狸の憑依した者だとする受けとめ方がまだ地域社会に根強く存在し、信者集団の結束も弱い状況にあったこと、また説教の筆録態勢が整っておらず、喜之の従妹にあたるりかという女性がほぼ一人でその筆録を担っていたこと、などの事情に由来している。それに対し、第Ⅱ期に中断期間がまったく見られないのは、文化八年にりかが死去したことを機に、翌九年、『お経様』の正式な筆録者集団として五人の尾張藩士からなる「御綴り連」が組織され、その組織が機能していったこと、さらに、そうした恒常的な説教活動が信者の側から強く求められるようになっていったことによるのである。また、第Ⅱ期と第Ⅲ期の間に中断期間があるのは、後述するように、一部の信者の信仰姿勢を喜之が批判しようとしていたためであり、第Ⅲ期に中断期間がないのは、江戸の金毘羅講中の如来教への合流という事態を迎えて、ふたたび説教活動が活発化していったからである。そしてその後の文政三年（一八二〇）四月、尾張藩による最初の本格的な統制を受けたことを機に、宗教活動の展開が困難な時期（第Ⅳ期＝教祖の晩年）を迎え、説教活動が不活発となって、その状況が教祖の入滅まで続いたのである。

次に、各時期において如来教はどのような地域的ないし組織的な広がりを示していったのか、また各時期にはどのようなできごとがあったのかにもふれながら、あらためて教勢発展の筋道を辿ってみよう。

各時期における伝搬地域の拡大と宗教活動の概要

次に掲げる表2は、『お経様』諸篇および文政年間に成立した『文政年中おはなし』と『文政年中御手紙』という史料[26]に登場する信者の居住地を、名古屋城下（武家町・碁盤割・下町）、近隣地域（愛知郡・知多郡・中嶋郡・美濃国など）、遠隔地に分けて、各居住地名の初出を時期ごとに表にまとめてみたものである（《　》で囲んだものは、その時期その地域に結成されたとみられる講組織の名称）。諸史料への居住地名の初出は、その時期にはじめて当該地域に信者ができたことを意味するとはかぎらないし、また当該時期以降にその地域の信者がいなくなったことを意味するものでもないが、この表は、如来教の教勢がいつ頃どの地域へ及んだかの目安にはなるはずである。そこでまず、そうした理解を前提としながら、各時期の伝搬状況についてこの表から読み取れる特徴を列挙してみよう。

① 名古屋城下の武家町が初出する時期は第Ⅰ期のみであること。

② 名古屋城下の町人地のうち、いわゆる「本町人」の店が並ぶ「碁盤割」に属する町名の初出は第Ⅰ期から見られるが、第Ⅱ期、第Ⅲ期にも初出があり、第Ⅳ期の初出は見られないこと。

③ 名古屋城下の町人地のうち「碁盤割」以外の下町に属する町名の初出は第Ⅰ期にも見られるが、多く現れるのは第Ⅲ期になってからで、第Ⅳ期にも初出があること。

④ 愛知郡・知多郡・中嶋郡などの近隣地域における居住地名の初出は第Ⅰ期の段階でかなりの数が認められ、第Ⅱ期・第Ⅲ期にかけて初出が続くこと。

⑤ 愛知郡・知多郡・中嶋郡以外の近隣地域における居住地名の初出は第Ⅰ期には美濃国に多く、そのほかには伊勢国（伊勢・白子）が見られるが、第Ⅱ期には尾張国沿海部の海東郡と伊勢国四日市、第Ⅲ期には美濃国と尾張国の春日井郡・海東郡に見られるものの、第Ⅳ期には初出は見られないこと。

表2　教祖在世時代の各時期における信者居住地名の初出状況

		第Ⅰ期 成立期 享和2年(1802) ～文化8年(1811)	第Ⅱ期 確立期 文化9年(1812)～ 文化13年(1816)閏8月	第Ⅲ期 成熟期 文化13年(1816)閏8月 ～文政3年(1820)4月	第Ⅳ期 教祖の晩年 文政3年(1820)4月 ～文政9年(1826)5月
名古屋城下	武家町	武平町 代官町 南片端 巾下 御添地	《金城の東に住る講中》(《東の方に住ける講中》)		
	碁盤割(町人地)	茶屋町 長嶋町 門前町 本町 伝馬町	中通り《中通りの講中》	米倉町 宮町 瓦町	
	下町(町人地)	禰宜町		西水主町 伝馬橋裏 中橋裏 新道 納屋町《裏町の講中》	納屋町裏
近隣地域	愛知郡	熱田辻が花町 尾頭町 押切村 御器所村 高須賀村 広井村 丸山村 岩塚村	北井戸田村 戸部新田 《押切町の講中》(《巾下の押切町に住る講中》)	大喜村 井戸田村 日置村	
	知多郡	緒川村 大高村	横須賀村 成岩村	半田 小野浦村	
	中嶋郡	一宮村	於保村 神明津村	北嶋村	
	美濃国	岐阜 駄知村(土岐郡) 神戸村(安八郡) 土田村(加茂郡)	《岐阜講中》	笠松 南新田	
	その他の近隣地域	伊勢(伊勢国) 桑折村(尾張国丹羽郡) 白子(伊勢国)	茶屋新田(尾張国海東郡) 四日市(伊勢国)	矢田村(尾張国春日井郡) 清洲(尾張国春日井郡) 方鈴村(尾張国海東郡)	
遠隔地		信州馬籠宿	信州松本	信州木曾谷 江戸 武州 近江国	武州上尾宿 相州戸塚宿 江戸(加賀町/伊勢町/本所元町/深川佐賀町) 房州 《江戸講中》

⑥　遠隔地の居住地名の初出は第Ⅰ期には「信州馬籠宿」、第Ⅱ期には「信州松本」が認められ、第Ⅲ期には「信州木曾谷」のほか「江戸」「武州」「近江国」が見られるようになり、第Ⅳ期にはもっぱら江戸・関東方面の居住地名が初出すること。

以上を前提に、教勢発展の筋道をあらためてまとめると以下のようになる。

第Ⅰ期（如来教の成立期）

この時期に何らかの願望成就を求めて教祖に接触した人々には、武士階級（尾張藩士、陪臣等）に属する人々がかなり多かったと考えられ、同時に名古屋城下の「碁盤割」の住民もかなりの割合を占めていたと推測できる。そしてそのことは、前章でふれたように、それらの人々が、喜之の最後の奉公先であった石河主水家を何らかの接点として教祖と接触していた可能性を示唆している。また、城下の下町に属する禰宜町の名が見られるのは、そこに居住していた油屋金蔵が早くから入信していたためであるが、後述するように、第Ⅲ期には、この地域の住民にも信者が増えていくことになる。

一方、名古屋の近隣地域のうち知多郡緒川村に早くから信者ができた事情は前章でふれたとおりで、また文化元年（一八〇四）頃、緒川村に近い同郡大高村に治病等を願う人々が多く集まった様子は、史料番号M二五三の『お経様』に記録されている。さらに、教祖の自宅があった熱田を含む愛知郡は文字どおり名古屋の周辺地域で、この地域の居住地名が第Ⅰ期から多数初出するのは、ごく自然な動向だといえよう。

なお、岐阜ないし美濃国方面に早くから信者ができたのは、岐阜が喜之の側近（取次役）となった覚善と関係の深い土地柄だったとみられる事情のほか、石河家と関係する米穀商らが同家本家の陣屋所在地である羽島郡駒塚村方面と頻繁に美濃街道を行き来していて、その往来を契機に信者が生まれていた可能性も考えられよう。

ちなみに、土岐郡駄知村の名が登場するのは同村長久寺の僧侶の事例で、名古屋での出養生を目的として城下玉屋町の旅籠に投宿していた同人は、岐阜の住民と相宿となり、その人物の話で喜之の存在を知ったことから救いを求めたのだという[27]。喜之の活動を知る人物との相宿を機に「御本元」へ参詣したという記事はその一例しか見出せないが、実際にはそうした例も少なくなかったのではないかと考えられる。

さらに、その他の近隣地域からの参詣事例のうち、伊勢や白子からの参詣者については、当時、熱田―桑名間(東海道のいわゆる「七里の渡し」)のほか、伊勢湾内の海上交通一般も相当に発達していたことが知られている[28]から、そうした交通に従事する人々を介して喜之の存在が知られていった可能性が高いといえよう。

なおまた、遠隔地の居住地名として第Ⅰ期に挙がっている信州馬籠宿からの参詣は、史料番号M二四の『お経様』に記録されている文化三年五月一八日の事例である。そして同日の参詣者は、讃岐の象頭山金毘羅大権現に参詣する旅の途次、熱田には金毘羅大権現が天降ってその神意を語る女性がいると耳にしたことから喜之のもとへ参詣したものらしい。後述するように、金毘羅参詣を目的とする旅の途中や終了後に喜之のもとへ参った事例はほかにもあるのだが、当該記事はそのもっとも早い事例にほかならない。なお、信州方面の住民に喜之の噂が早くから伝わったのは、木曾街道・中山道ルートで名古屋と信州とを往復する職業を持つ人物を介してであった可能性が高いといえよう。

ここで便宜上、教祖喜之の年譜と教祖在世時代の主なできごとを簡便にまとめた表3を掲げ、その記事にも言及しながら第Ⅱ期以降の分析を続けることにしたい。

表3 教祖喜之の年譜およびその在世時代における如来教史上の主なできごと

	西暦	和暦	教祖の数え年	事項
如来教創唱以前	一七五六	宝暦六	一	二・二：喜之、尾張国熱田新旗屋町に「百姓」長四郎の娘として出生。
	一七六三	宝暦一三	八	喜之、親・兄弟と死別し、以後、叔父に引き取られる。幼少時から多くの奉公先を経験。
	一七六八	明和五	一三	喜之、名古屋の漢方医橋本家へ下女奉公する。 ・その後、海東郡蟹江村の百姓庄次郎に嫁ぐも夫が出奔し、漢方医橋本家に再奉公する。 ・さらに尾張藩士石河主水家へ奉公先を移す。
	一七七七	安永六	二二	喜之が看病した石河主水家の隠居邦命が死去する。
	一七九五	寛政七	四〇	石河主水邦命の子息直澄の死を機に同家を辞し、生家を買い戻して独居する。 ↓ 畑作、「一文商ひ」、綿紡ぎなどで生計を立てるようになる。
	この間			・病身の先夫が寄食するようになり、喜之はその死まで看病し困窮する。 ・法華行者覚善父子と同居し、覚善の子倉吉（一一歳）を養子とする。 ↓ 覚善父子の寄食により、喜之の困窮はさらに深まる。
第Ⅰ期 如来教の成立期	一八〇二	享和二	四七	八・一一：喜之、はじめて神憑りをする（「お口開き」）。 九・一二：喜之、二度目の神憑りをする。
	一八〇三	享和三	四八	・象徴的な行動や既成宗教者の審神を経て、金毘羅大権現の降臨を覚善に承認させる。 ・その後、自宅や信者の家を場として人を集め、神憑り状態で説教を行なうようになる。
	この間			・知多郡緒川村の百姓、名古屋の町人、尾張藩士ら、初期の信者が入信。 ・教祖喜之、覚善との確執をはらみながら活動を進め、次第に固有の教説を展開する。
第Ⅱ期 如来教の確立期	一八一二	文化九	五七	・説教の筆録者集団「御綴り連」が成立する。 ・この頃から「三界万霊」の救済祈願が信仰活動の中心に位置づけられてゆく。
	この間			・喜之は「神命」により「りゅうぜん」を称する（教祖としての立場確立：文化一〇年）。 ・喜之の説教活動が最盛期を迎え、文化一一年には『お経様』の成立篇数が最多を記録。 ・教勢の定着、講活動の活発化↓ 文化一二年までに一〇ちかい数の講名が記録される。

期	時期	西暦	和暦	年齢	事項
					・宗教思想の基幹的な部分（「三界万霊」救済を含む）が形成される。 ・この時期の後半には宗教活動の進め方をめぐって信者集団の内部に対立が生まれ、教祖喜之はそうした動向に対する批判を込めて、説教活動の中断を宣言して実行する。
第Ⅲ期	如来教の成熟期	一八一六	文化一三	六一	閏八・一九：江戸在住の金毘羅講の人々が教祖喜之を訪れて集団で入信、以後、喜之は説教活動をふたたび活発に展開する。
		一八一七	文化一四	六二	三・八：江戸の金毘羅講中が教祖喜之を再訪、その指導者金木市正も入信する。
		一八一八	文政一	六三	九月：金木市正、白川家に初入門し江戸日本橋佐内町の金毘羅社の実質的主宰者となる。
		この間			・教祖喜之の教説がもっとも深化を遂げ、またその終末意識が急速に切迫する。 ・この時期の終わりまでに喜之は隠居所を寄進され、愛知郡御器所村へ移住する。
第Ⅳ期	教祖喜之の晩年	一八二〇	文政三	六五	四月：尾張藩より最初の本格的な統制を受け、覚善は知多郡緒川村へ退居する。 ・この後、説教の実施回数は大幅に減少するが、教祖は隠居所で信者らと対話を続ける。
		この間			・江戸の講中の信仰が急速に広まるが圧迫を受ける（文政五年以降）。 ・武州川越出身の渡辺きくが来名し、病床に臥した教祖の看病にあたる（文政八年）。
		一八二六	文政九	七一	五・二：教祖喜之、美濃屋善吉や渡辺きくらに見守られつつ入滅する。

第Ⅱ期（如来教の確立期）

すでにふれたように、第Ⅱ期には、文化九年（一八一二）、喜之の説教の正式な筆録者集団として五人の尾張藩士からなる「御綴り連」が成立している。また翌一〇年には、喜之の呼称が金毘羅大権現の「神命」によって「媹姾《りゅうぜん》」と定められるなど、教祖としての喜之の立場が急速に確立してゆく。さらに、これもすでに見たように（表1）、喜之の説教の実施回数は、文化九年に一七回、同一〇年に二五回、同一一年に三七回、同一二年に二五回、同一三年に一六回を記録し、その数字は、この第Ⅱ期こそが教祖在世時代中もっとも宗教活動の活発な時期だったことを物語っている。さらにこの時期には、それらの説教を通じて喜之の教説の基幹的な筋道が形作られ、宗教思想の面でも如来教の骨格が固められていったといえる。

そこで、再度表2にもとづいて第Ⅱ期における伝搬状況を確認してみよう。第Ⅱ期に関する表2のデータから明らかなのは、愛知郡、知多郡、中嶋郡、その他の近隣地域に新たな信者居住地名が引き続き初出するものの、特徴的なのは、名古屋城下やその周辺に講組織の結成が見られるようになることである。すなわち、当該期の『お経様』諸篇には、「金城の東に住る講中」「中通りの講中」「押切町の講中」「岐阜講中」などの名称が現れるようになるのだが、教勢面から見るかぎり、第Ⅱ期は、名古屋一帯およびその近隣地域で信者集団の組織化が進み、同時にその活動が活発化していった時期なのである。

しかし、この時期における講活動の活発化は、一方では、宗派仏教や流行を遂げつつある民俗宗教との関係をめぐって信者集団の内部に対立を生む結果をもたらした（表3の当該期の部分参照）。やがて文化一三年四月以降、教祖喜之は、そうした信者集団の動向を批判する意味を込めて説教活動を五ヵ月あまりにわたって中断していくのだが（表1参照）、この時期以降における講活動の展開と教祖の教説の深化がどのように関わっていたかについては、次の2節であらためて論じることにしたい。

第Ⅲ期（如来教の成熟期）

続く第Ⅲ期の何よりの特徴は、江戸や武州へ如来教の信仰が伝搬したこと、および名古屋城下のうち「下町」に属する信者居住地名が多く初出して、その下町にも講組織が結成されていったことである（表2参照）。

そのうち江戸・武州方面に信者ができたのは、史料番号M一六八の『お経様』によると、文化一三年閏八月一九日、江戸で金毘羅大権現を信仰する人々（一般的な金毘羅信仰の講中）が、讃岐国の象頭山金毘羅大権現へ参詣した帰途、熱田には金毘羅大権現が天降る女性がいると聞いて喜之をはじめて訪問し、入信したことが発端になっている。また、史料番号M一七八の『お経様』、および一尊教団の創設者清宮秋叟が残した『清宮秋叟覚書』[29]の021節によると、その講中は翌一四年の三月八日に教祖喜之を再訪しており、その際、講中の指導者で江戸日本橋佐内町の金毘羅社の神職でもあった金木《かねき》市正《いちのかみ》がはじめて喜之のもとに参詣している。如来教信者としての江戸の講中の活動が本格化していくのはそれ以降になるのだが、同じく右の二史料によると、江戸の講中に喜之に関する情報を提供したのは、名古屋での現地労働力を調達するために江戸から派遣されていた亀三郎という人物だったらしい。つまり、如来教の信仰が江戸・関東方面に伝わったのは、象頭山への参詣旅行という契機のほかに、江戸に本拠を持つ商人による名古屋での営業という要素や、それに関連する両地域間の往来も関わっていたことになるのである。

一方、この時期には名古屋の下町に属する居住地名の初出が目立つほか、『お経様』諸篇には「裏町」(下町)に講組織ができた様子が記されている。そしてそれらの事実は、名古屋一帯に如来教の信仰が拡大するなかで、相対的に下層の階級に属する人々にも同教の信仰が浸透するようになったことを表しているとみてよいと思われる。というのは、城下の西部を南北に貫く運河堀川の西岸に位置するそれらの町々は、物資の集散にあたる職業に従事する人々が多数居住する地域だったからである。その「裏町の講中」については、この時期における教説の深化とあわせて2節であらためてふれることにしよう。

第Ⅳ期(教祖喜之の晩年)

文政三年(一八二〇)四月以降の第Ⅳ期は、喜之の側近であった覚善と教祖喜之自身が尾張藩寺社方に喚問されて覚善が知多郡緒川村へ退居[30]し、表向きの宗教活動が困難になっていった時期である。この時期に如来教が統制を受けるにいたった原因は、第Ⅱ期、第Ⅲ期と昂揚を示したその宗教活動が、他の既成宗教者（僧侶や神職、修験者など）や民間宗教者の活動と次第に競合するようになり、それらの宗教者から告発されたことにあったのではないかと考えられる。[31]その事情を直接明らかにできる史料は乏しいが、すでに第Ⅱ期に、信者集団の内部に宗教活動の進め方をめぐる対立が生じていたことや、この頃、寺社関係の公事（訴訟）に関する法令を尾張藩が頻発していた事実を考慮すると、そのような推定がもっとも事実にちかいと考えられるのである。なお、当時、教祖喜之はすでに名古屋近郊の御器所村に隠居所を寄進されて移住していたのだが、右の統制以降、表立っての説教活動の継続は困難となり、会場もほぼ喜之の隠居所のみとなって、喜之はむしろ訪れる信者と個別に対話することの方が多くなっていったようである。

また表2から明らかなように、この時期には、名古屋一帯やその近隣地域では信者の居住地名の初出はほとんど見られなくなり、江戸・関東方面の地名のみが多数初出している。そしてそのことは、名古屋一帯の信者集団の活動が停滞的な状況に陥っていった一方で、江戸・関東方面での活動が活発に展開されていたことを想像させる。しかし、当該期の『お経様』諸篇や『文政年中御手紙』の記事は、当時、金木市正を中心とする江戸の講中の活動が、幕府による厳しい監視のもとに置かれていた様子をうかがわせている。

なお、文政八年の一一月に病臥するようになった教祖喜之は、翌九年の五月二日に御器所村の隠居所で数え年七一歳の生涯を閉じたのだが、[32]いくつかの関係史料の記事には、右のような状況にあったこの第Ⅳ期に、江戸の日本橋南茅場町に本拠を持つ米穀商石橋栄蔵が如来教に入信する一方、尾張藩の御用商人となっていた様子が伝えられている。[33]そして、その後の弘化三年（一八四六）、「尾張藩御用会所取締役」に就任したことが知られている同人は、同時に如来教の篤信者でもあり続けたことを確認できる。[34]

そうした石橋栄蔵の事例がかなり特別なものだったことは間違いない。しかし、江戸・関東方面に如来教の教勢が及んだ背景に、江戸の商人の名古屋における営業や商用を帯びた往来があったことも確かであり、そうした要素もまた同教の教勢が拡大する契機だったことは、よく記憶しておくべきことがらだといえよう。

2　教祖の教説の深化と講活動の展開

「三界万霊」救済の教義の発展と「押切町の講中」の活動

総数約二五〇篇にものぼる膨大な『お経様』諸篇のなかには、教祖喜之がきわめて多岐にわたる内容の教説を語っていた様子が記録されており、その教説の全貌を本稿で紹介することは、到底困難である。しかし、すでに見てきた信者集団の活動や諸願との関係からいえば、主に第Ⅱ期以降の『お経様』で次第に重要な位置を占めていった「三界万霊」の救済に関する教説こそが、教祖在世時代の如来教における中心的な教説だと見なすことが可能である。そこでこの節では、その教説が中心的な位置を獲得していった経緯にふれながら、第Ⅱ期以降の講活動がどのように繰り広げられ、それと教祖の教説形成とはどのような関係にあったのかを明らかにしてみよう。

「三界万霊」の救済を掲げる如来教の救済思想は、「三界万霊」または「万霊」の語に、順次、新たな意味づけを与えてゆくことを通じて、先祖供養をめぐる当時の社会通念を解体しようとしている点に大きな特徴を持っている。その際、先祖供養をめぐる当時の社会通念とは、一八世紀初頭前後における檀家制度の確立以降、次第に通念化していったもので、「死者の霊が死後ただちに安定を得ることはなく、その成仏いかんは、子孫がその追善供養を丁重に営むか否かに関わっている」とする観念である。そして、より由来の古い民俗的な意識が変形を遂げて成立したはずのそうした観念には、一方で、「祀ってくれる縁者のない霊は先祖の霊の安定を害する可能性を持つから、無縁仏の供養（施餓鬼）を先祖供養とともに行なう必要がある」とする観念が付随していたと考えられる。それに対し、如来教の救済思想では、教祖と信者たちとの応答を通じて、つぎつぎに新たな教説が生み出され、全体として右のような社会通念の解体が図られていったといえる。

その救済思想が形成されはじめたそもそもの発端は、生後間もない女児を失ったことを機に、先にふれた知多郡緒川村の利七が、その後さまざまな願望を教祖に寄せ続けていったことにある。史料番号M一二の『お経様』によると、娘の三回忌にあたっていた文化二年（一八〇五）の五月、新たに生まれた息子の病気という事態を抱えていた利七は、「夏の内回向」という修行を自発的に勤め、その途中の節目に教祖のもとを訪れて来たという。またその後の同九年、利七は、浄土宗の授戒の意義について伺いを寄せ（M六〇）、授戒の本来の意味は「三界万霊」を助けることだという金毘羅の回答を得ている（M六一）。さらにその次回の説教にあたるM六二の篇には、前回の説教に接した利七の母が、「三界万霊の命日」を定めることを願った様子と、その母の求めに応じて、金毘羅が「三界万霊の命日」を四月一二日と定めたことが記されているのである。

「三界万霊」は不特定多数の亡魂なので特定の「命日」はないはずなのだが、あえて「命日」を定めることが願われたのは、「三界万霊」への追善供養を定例化して、それを日常の信仰活動に組み込むことで亡霊一般の「成仏」を促し、諸霊が未成仏状態にあることへの怖れを緩和しようという発想に立つものだったらしい。そして事実、この日以降の喜之の説教では、尾張藩による最初の本格的な統制を受けた文政三年まで、この「三界万霊」の救済に関する教説が中心的な位置を占めてゆくのである。

ここで、この救済思想が主張していったことがらを簡便にまとめておくと、それはおよそ次の六項目に集約できる。[35]

① 人間が死んで「後世《ごせ》（来世）」に赴くときには「万霊」を連れて如来のもとへ行くべきであり、「万霊」を連れてゆくことがその死者自身の救済の条件である。
② そうしたかたちにおける「万霊」の救済こそが如来教開教の目的である。
③ 子孫に菩提を弔われている有縁の霊もまた未成仏の「万霊」になっている。
④ 人の生涯は子孫による死後の追善供養を保証されてはじめて意味を持つ、とする社会通念にとらわれているかぎり、現世に生きる人間もまた「万霊」である。
⑤ 多くの人間が「後世」の秩序（如来の秩序）を根拠としてこの世を生きるようになる時節が迫っている。
⑥ その時節の到来によって「三界万霊」の救済が成就し、人間の主体構造の根本的な転換が起こる。

ところで、前節に見たように、第Ⅱ期までの如来教には、名古屋城下を中心にいくつかの講が成立していたのだが、それらの講組織のうちもっとも活発な活動を展開していたのが、「（巾下の）押切町《（おしきりちょう）》の講中」と呼ばれていた講である。しかも、特に注目されるのは、その講中が右のような喜之の教説と深く関わる活動を展開していたことである。

すなわち、文化一二年の史料番号M一三六の『お経様』の前書きには、「押切丁の講中、毎月毎《ごと》に、世界中の精《せう》霊《れう》助《（たすか）》りし事を奉願《（ねがいたてまつり）》しが、年の始めなれば、媹姾様を御請待申上、猶も追善の事を奉願ければ、金毘羅様御下りあらせられて、御説教に」という記事がある。その記事によると、「（巾下の）押切町の講中」は、「世界中の精霊」の救済を願って毎月の集いを持っていたことになるが、教祖喜之を招待する「日待」のかたちでその集いを営んだのは正月だけで、それ以外の「毎月」は、講中のみが参集して慰霊の集いを持っていたらしい。そして、同一一年のM一一一の篇の前書きに、「信心の面々、世界中の聖霊《せうれう》助《（たすか）》らせ給ふ事を願置《ねきおか》れて、猶媹姾様の御憐《あはれみ》を奉願しが」とあることからすると、「世界中の聖霊（精霊）」への追善を願うこの講中主催の「日待」は文化一一年にはじまっていたらしく、翌年には正月に営まれるようになったようである。またさらに、文政三年のM二二二の篇の前書きからは、その「日待」が文政三年まで足かけ七年にわたって続けられていったことを確認できるのである。

ちなみに「巾下《はばした》」は、名古屋城本丸の北西に位置するかなり広い地域の通称で、名古屋村、押切村を含み、下級家臣たちの屋敷が多い地域であった。また押切村（『お経様』の表記では「押切町」）は、本来の名古屋城下の「町続き」の一つにあたり、大垣にいたる美濃街道が村の中央を通る、市街化が進んだ地域だった[36]。そして、「巾下」の武家屋敷には、篤信の尾張藩士であった速水藤右衛門や稲垣庄兵衛らが住んでいたことが知られており、また「押切町」には、これも篤信者の大工籐八が住んでいた。したがって、『お経様』諸篇に見える「押切町の講中」ないし「巾下の押切町の講中」は、その地域一帯に住まいがあった、下級尾張藩士と町人の両方からなる信者集団だったと推測できる。

それでは、その「押切町の講中」が、七年にもわたって「世界中の精霊」に向けた追善供養の集会を毎月開き、正月には教祖を招待して「日待」を催していた理由は、どこにあっただろうか。その問いへの回答を端的に表すような記事は『お経様』に見出せない。しかし、すでに見てきたように、この時期の信者たちは、家族の安定的構成いかんという問題に最大の関心を寄せていたのであり、多様な亡魂やデーモンに対する怖れの意識も、実はそうした関心に由来する場合がほとんどだったと考えられる。そして、亡魂による禍を逃れるためには、慰霊の行事を定例化してゆくことがもっとも納得のいく方法だったように思われる。既述のように、緒川村利七の母の願いをきっかけとして、文化九年には「三界万霊の命日」が定められていたのだが、「押切町の講中」は、その「万霊」に向けた慰霊を自分たちの生活に引きつけたかたちで定例化していったといえるのである。

「裏町の講中」の活動

一方、教祖在世時代の第Ⅲ期の『お経様』には「裏町」という語句が多出しており、先に掲げた表2に見られるように、「裏町の講中」という語句も登場している。その「裏町」は、特定の地名というよりは、名古屋城下を南北に貫く運河堀川とさらにその西を流れる江川に挟まれた地域を漠然と指す呼称だったようで、その地域に属する堀川西岸沿いの大船町、船入町、納屋町、西水主町などには、穀物や肥料をはじめ、名古屋一帯で消費される諸物資を貯蔵する倉庫が建ち並び、その裏手の道筋には諸荷物を扱う日庸取りたちの住居もあったらしい[37]。したがって「裏町の講中」は、地域社会の新たな発展を先端で担う人々が居住する地域に生まれた講だったといえる。

その「裏町の講中」の語は、文化一四年の史料番号M一八一の篇の前書きに、「名古屋の裏町といへる所に住《すみ》し、油屋彦兵衛といふ人の宅におゐて　御説教有し其故は」とあるのが初見で、その後は同年のM一八三の篇と文政二年（一八一九）のM二〇七の篇に、「日待」を催した様子が二回記録されているにすぎない。つまり「裏町の講中」は、「押切町の講中」とは異なって、講としての定期的な集会はほとんど催さない信者集団だったらしい。

しかし、先にふれたように、この地域の禰宜町に住む油屋金蔵は、開教後の早い段階で入信し熱心な布教を展開していたことが知られており、「裏町の講中」のためにはじめて説教会場を提供した右の油屋彦兵衛も、同業者であるその金蔵に導かれて娘の病気を助けられ、文化二年に入信したらしい。したがって、「裏町」の住民たちにも開教後の早い段階から入信していた人物が含まれており、その集団が独自に「日待」を催すまでに発展したのが、教祖在世時代の第Ⅲ期だったとみることができよう。

それでは、「裏町の講中」はどのような活動をしていたのだろうか。油屋彦兵衛宅での説教記録であるM一八一の篇の前書きには、先の引用箇所に続いて、「右の辺《ほとり》に七年已前《いせん》出火有し年回なれば、同所の講中、心を合せて御

日待をなし」と記されている。また、文政二年のM二〇七の篇には、同じくその前書きに、

于時《ときに》文政二年卯二月上旬《じゅん》、火事にたゝりし由《よし》を所々《しょしょ》にていひふらしければ、広井《ひろい》の内裏町の講中打寄《より》、同八日の夜、柏屋善右衛門に舎《やど》りを乞《こふ》て、媹姾様を御請待申上ければ、御慈悲余りて、「さあらば秋葉大権現《あきばだいごんげん》の御下《さが》りを願ふて、右の由《よし》を伺ひ奉《たてまつ》らむ」とて、則《すなはち》御下り願はせ給へば、頓《やかつ》て御下り有《あり》て、御辞に。

と記されている。つまり、「裏町の講中」の願望の一つは、火災の難を逃れることだったのだが、木造家屋が密集する近世の城下町では、火災こそがもっとも怖れられた災害だったから、そうした彼らの願望は、名古屋の下町の住民にきわめて相応しいものだったといえる。しかも、文化一三年（一八一六）一〇月のM一七二の説教を最後に、金毘羅大権現以外の神仏は教祖に天降らなくなっていたことを考慮すると、M二〇七の説教は、火災の噂を怖れるこの地域の人々の願いに応えて、教祖の身体に防火の神である秋葉大権現が天降るかたちになったことが明らかである。

さらに、文化一四年のM一八三の篇の前書きには、「広井の内裏《うら》町におゐて悪《あし》き風《かぜ》（風邪）流行《はやり》、人死す事多し。依《よつ》て、其辺《へん》の信者、心を合せて御日待《おひまち》をなして、何《いつ》れも、右の流行《はやり》病ひを遁《のか》る、やうにと、媹姾様へ願ひければ」と記されており、その記事からは、この日の「日待」が流行風邪の蔓延防止を願って開かれていたことが明らかである。実はその約二ヵ月前には、流行病の噂が名古屋市中に広まっていた[38]のだが、流行病もまた、火災と並んで城下町住民から広く怖れられる禍だった。したがって、「裏町の講中」が「日待」の場に寄せた願望は、いずれも大城下町の住民に相応しい願望だったといえる。そして、その「日待」に会場を提供した油屋彦兵衛と柏屋善右衛門

がともにこの地域で家業を営む商人だったこと、およびこの地域には大工や日庸取りの信者が多数いたという事実からすると、「裏町の講中」は、熱心に布教を展開していた商人が中心となって、最底辺層を含む多様な地域住民に呼びかけて活動していた講組織だったとみることができよう。

以上に見てきたように、第Ⅲ期に活発な活動を展開していた「押切町の講中」や「裏町の講中」は、むしろ名古屋城下の縁辺や下町に結成されていた講だった。そして、下級藩士や職人たち、名古屋一帯の日常的な流通機構を末端で担っていた商人やその配下にいる人々こそが、それらの講に属しながらこの時期の信仰活動を実際に展開し、その他の幅広い階層にわたる信者たちを導いていたものと考えられる。

江戸の講中の歴史的性格

文化一三年閏八月にはじまる第Ⅲ期（如来教の成熟期）以降、如来教に合流した江戸・関東方面の講中は、一言でいえば、前世紀末以来全国的な流行が進んでいた金毘羅信仰（讃岐国象頭山金毘羅大権現への参詣を焦点とする民俗宗教）の講中が如来教に合流したもので、その入信の直接的な契機は象頭山参詣の旅にあったといえる。しかしまた、すでにふれたように、この時代、江戸―名古屋間の商取引や交通が相当に進んでいたことが、彼らの入信の大きな背景になってもいた。

その講中の指導者で、日本橋佐内町の金毘羅社の神職だった金木《かねき》市正《いちのかみ》については、文政元年（一八一八）、神道家元の一家である京都の白川神祇伯家に初入門していたこと、またその後、すでに他界していた彼の伯父で同じく白川家門人の神職であった金木豊後門流の実質的な後継者となって、活発な布教活動を展開していたこと、などが明らかになっている[39]。身分上は町方の支配に属する「社人《しゃにん》」（下級の神職）だったとみられる市正は、江戸やその周辺地域で屋敷神（大名家等の武家屋敷に祀られた社を含む）や小社の神祭に従事するとともに、「代参」を引き受けることで、かなりの賽銭を得ていたらしい。

市正の主な信者には、尾張藩の御用商人として名古屋にも店を持っていた既述の石橋栄蔵・惣吉父子や日本橋伊勢町に大店を構えていた和泉屋喜左衛門らがいたほか、前掲の表2に見られるように、江戸の加賀町、本所、深川等に店を持つ商人たちや、中山道上尾宿、東海道戸塚宿等の住民がいた。『お経様』には、市正が大名家の奥筋にも布教していた様子が記録されているから、彼がかなり裕福な人々を信者にしていたことは間違いない。しかし、そうした人々が市正のもとへ寄せていたのも、実は、病気治しの願いが多かったらしい。たとえば石橋惣吉には目の見えない小児がいたのだが[40]、江戸・関東在住の信者たちが、家業のうえで成功を収めたり高い社会的ステータスを得たりしている場合があったとしても、彼らのなかには、財力では解決のつかない不条理を抱え、救いを求めていた者が少なくなかったのだと考えられる。

ところで、『清宮秋叟覚書』には、市正が祈禱者的な「社人」であると同時に、かなりの荒行を実践する行者でもあった様子が伝えられており、市正の活動は、そうした活動を通じて病気治し等の霊験を現すことに重点を置くものだったらしい。したがってそれは、「此世建始りしより始ての終りの利益」を説き、「後世《ごせ》を歓ぶ」ことを目的に掲げる教祖喜之の信仰とは、もともとかなり異質な性格を持つものだった。文政五年一〇月のM二三六の『お経様』には、金木の金毘羅社が「御利益」が上がって繁昌する一方、その繁栄ぶりが疎まれて、その筋では金木を捕えようとしていたことが記されているのだが、それ以後の市正は、その派手な信仰活動が教祖や一部の信者から批判を受けるようになり、その状況が基本的には解消しないまま、同九年の教祖の入滅を迎えるのである。

教祖喜之の没後二〇年を経過した弘化三年（一八四六）、金木市正は幕府の手で伊豆の三宅島へ遠島処分となり、三年後の嘉永二年（一八四九）に同島で没している。一八世紀後半以降の白川家配下に関する基本的な史料である『白川家門人帳』を細かく分析すると、市正がそうした処分を受けた原因は彼が白川家配下の宗教者として大きな布教実績を上げていたことにあった、という事情が分かってくる。したがって、市正の三宅島遠島は、如来教信者に対する弾圧というよりも、むしろ天保改革期に白川家配下に加えられた一連の弾圧の一部だったと考えられる(41)。

既述のように、教祖在世時代の如来教には、地域や所属階層を異にするいくつかの講が組織されていたのだが、右のような事実を視野に入れるなら、江戸・関東の講中は、むしろ独自の信仰活動を進めていた金毘羅信仰の信者集団とその指導者が、より確かな霊験と活動の拠り所を喜之という存在に求めたことから生まれた、かなり特異な講組織だったといえよう。

三　創唱宗教の成立事情に関する新たな仮説の提起

以上に見てきたように、如来教という創唱宗教は、明らかに名古屋という都市的な環境を背景に成立している。しかし、都市という社会環境は、創唱宗教の成立にとって必須の条件、あるいは、つねに有利な条件だったといえるだろうか。また殊に、近世期の江戸や大坂の町中には創唱宗教が生まれなかったのに対して、名古屋の縁辺に如来教が生まれたのはなぜなのだろうか。それらの問いに正確に答えるためにはいくつもの視角からの考察が必要となるが、ここではひとまず、如来教の事例に即して筆者の仮説を提起しておきたい。

まず、後続の宗派である天理教や金光教が、近代になって大阪における教勢発展を大きな契機として全国的発展を遂げていったことはよく知られており、そのことを考慮すれば、名古屋を舞台として近世期に一定の教勢を獲得していた如来教の存在は、創唱宗教の発展にとって都市的な環境が有利な条件であったことを示唆するものだといえよう。たしかに、名古屋という都市には、社会変動に由来するさまざまな困難が現れやすかったと考えられ、そこには、新たな信仰に救済願望を抱く人々が生まれやすい条件があったとみて間違いない。また、如来教の教典『お経様』に、金毘羅、伊勢、熊野、秋葉などの霊場信仰（民俗宗教）への言及が広く認められることは、当時の名古屋住民の間に、いくつもの民俗宗教に対する期待がたかまっていたことを表しており、そうした期待が創唱宗教への期待に移行しやすかったことも疑いない。

しかし、天保九年（一八三八）に教祖がはじめて神憑りを経験した天理教については、その後、長いあいだ帰依者がほとんど現れなかったこと、そして二〇年以上を経た幕末期から徐々に入信する者が増えていったことが知られており、近世期に開教した民衆宗教のなかに、信者が集まりやすい都市的な環境のもとで成立していない宗派があったことは明白である。そこで、幕末期までの一九世紀に開教した如来教、黒住教、天理教、金光教についてあらためて考えてみると、以上の四宗派のうちで、如来教の場合と成立の事情がやや似通っているのは黒住教だということになる。というのは、如来教と黒住教は、近世期の段階で一定の帰依者を獲得していた点、しかもそのなかに、武士階級に属する人々がかなり含まれていた点に、共通する事情が認められるからである。

ところで、近世後期の江戸市中は「民間宗教者」の活動を不可欠とする社会になっていたことを、近年、複数の研究者が指摘しており、その様子は、たとえば、白川神祇伯家、吉田神祇管領家、修験等の配下にあった江戸在住の下級宗教者たちの強制移住を意図した天保一三年六月の幕令「出家社人山伏等町住居新規ノ神事仏事停止ノ触書」の布達に関わる事情によく表れている。すなわち、当該の幕令布達をめぐっては、老中・町奉行と寺社奉行との間に対立があり、その際に寺社奉行は、檀家との接触を断たれれば日々が送れなくなる下級宗教者の現実を重視する立場をとっていたことが知られているのである。[42] つまりそのような経過には、当時、多くの江戸住民が下級宗教者の活動を必要とし、それに応える活動が生業として確立していた様子（住民・宗教者側の事情）とともに、幕府もそうした現実を無視できなかった様子（行政側の事情）が表れているといえよう。

ところが最近、ほぼ同様のことがらは当時の名古屋についてもいえることが明らかになってきた。というのは、本稿の冒頭でふれた『如来教・一尊教団関係史料集成』第四巻の編集過程で、筆者は、文政・天保期の名古屋でも「民間宗教者」の活動が不可欠なものになっていたこと、および、当時の尾張藩当局は、民間宗教者の競合が大きな争いに発展するような場合にだけ権力を発動して統制することを宗教政策上の基本姿勢としていたこと、の二点を確認する結果になったからである。[43]

しかしそれならば、当時の江戸と名古屋の状況は、どこに違いがあったのだろうか。筆者はその最大の相違点を、江戸が全国規模の政治・経済都市であり、そこには諸藩士をはじめとするさまざまな住民が集まっていたのに対して、名古屋はあくまでも国持ち大名の城下町だったことに認めたいと考える。すなわち、すでに見たように、近世期の如来教は、多くの尾張藩士やその陪臣、有力町人などを信者に抱えていたのだが、化政・天保期の尾張藩当局は、名古屋の住民に如来教の信仰活動を不可欠なものとする者がおり、しかもそのなかに多くの尾張藩士が含まれていることを充分に認識していたと考えられる。換言すれば、幕府当局が、江戸在住の民間宗教者を基本的には治安という視点で捉えながら、その活動を全否定まではできなかったというのとは多少事情が異なって、尾張藩当局は、「金毘羅講」（如来教）という教祖信仰（創唱宗教）に強権的な取り締まりを加えれば、藩士層やその生活を支える町人層の間に亀裂が生じ、それが当時の藩体制全体にも小さくない影響を及ぼすことを恐れ、その意味から統制の発動を躊躇していたと思われるのである。

とはいえ尾張藩は、文政三年（一八二〇）、覚善と教祖喜之を喚問し、如来教に最初の統制を加えており、教祖没後の天保二年と翌年には、如来教を名指しした禁止令を布達している。[44]しかし、そのうちの前者は、既存の寺社や修験等の管轄を受けないまま喜之の信者集団が活動していることを、競合する他の民間宗教者が告発したことから行なわれた統制だったと考えられ、また後年の禁止令布達は、藩役人のなかに如来教の講活動に反対する、いわば啓蒙主義的な勢力が現れ、その意見を放置できなくなった結果だったと考えられる。そして総じていえば、幕末期までの尾張藩において、如来教の講を厳格に禁止する藩論が一致してまとめられたことはなく、同藩の如来教統制は最後まで徹底しなかったと思われるのである。

なお、如来教に続いて開教した黒住教にも右と似た事情があったことは、実はこれまでの研究で明らかにされている。[45]すなわち、教祖黒住宗忠は、文化一一年（一八一四）に太陽＝天照大神との合一を体験した後、祈禱禁厭による病気治しを進める一方、信者の家を会場として、儒教や心学を採り入れた説教活動を展開していったのだが、そうした宗忠の門人には多くの岡山藩士が含まれていた。また宗忠は、門人に宛ててしばしば書簡を送り、彼らの日常生活にも具体的な指針を与えていたが、その宛先となった者にも岡山藩士が多かった。さらに、黒住教には、幕末期の藩内抗争が激化した文久三年（一八六三）にいたってはじめて藩の禁止令が出されたが、それはすでに同教が多数の信者を擁するようになったのちのことであり、それまで岡山藩は、同教への統制に熱心ではなかった。

そのような事実を確認すると、近世後期に大規模な家臣団を抱えていたことで共通点を持つ尾張藩と岡山藩は、むしろ藩体制の統合という視点から、藩士層や有力な町人層、農民層などが創唱宗教を必要としている現実を基本的には認めていたと考えられ、そのことが、如来教ないし黒住教における活動の展開を相対的に容易なものにしていた、という歴史的解釈が成り立つように思われる。つまり、幕末維新期の民衆宗教は、従来、近畿・山陽を中心とする先進的な農村部に成立したといわれてきたのだが、黒住教の事例に加えて新たに如来教の成立事情が明らかになったことは、およそ次のような仮説の定立を促していると考えられる。すなわち、幕末維新期の民衆宗教のうち一九世紀初頭までに開教した宗派は、むしろ大藩の城下町周縁部やその近郊で、武士階級を含む城下町住民との密接な交通を前提として成立した、というのがその仮説である。そして、それらの宗派に続く天理教や金光教の開教は、創唱宗教に対する人々の期待が、その後、先進的な農村部にも拡大していったことを表しているといえるのではないだろうか。

ただ、一九世紀初頭における新宗派の成立・展開は、いうまでもなく、狭い意味での家臣団の日常生活や、藩当局における行政上の都合とだけ関連させて捉えられるべきでない。前章までの分析からも明らかなように、如来教の成立・展開には、一方で、国民的市場の形成に向かう時代状況が色濃く反映しているのであり、江戸・関東の金毘羅講中が如来教に合流したことは、そのことを代表する事実にほかならない。そもそも寺社参詣の旅自体がそうした歴史的動向を背景に展開した事象なのだが、江戸と上方の中間に位置する名古屋は、当時における全国的な経済活動の拠点の一つであり、多様な庶民信仰を含む文化的情報の伝達・再創造の拠点でもあったとみてよいだろう。

民衆宗教の近代における発展いかんが都市的な環境のもとで開教したか否かとは直接関わりがないことは、如来教と天理教の事例を比較すれば明らかである。すなわち、幕末期にいったん衰微してしまった如来教が、明治二〇年代以降になってようやく近代的教団を形成しながらも、今日にいたるまで相対的には小規模な宗教に留まっているのに対して、開教の当初、教祖の神憑りが広く受容されるような社会環境に恵まれなかった天理教は、その後の教派神道体制下には最大の教団に発展したことが知られている。しかし、如来教の成立は、以上に記してきた意味で、近世社会における都市と交通の発展をつぶさに反映したものであり、創唱宗教の近世的な展開をもっとも典型的に表す事例の一つだったと理解して差し支えないと思われる。

註

(1)宮田登『江戸歳時記』(吉川弘文館、一九八一年)、同『江戸のはやり神』(筑摩書房、一九九三年)、同『都市の民俗学』(吉川弘文館、二〇〇六年)などを参照。

(2)新城常三『新稿　社寺参詣の社会経済史的研究』(塙書房、一九八二年)は、その種の研究を代表する書物である。

(3)神田秀雄・浅野美和子編『如来教・一尊教団関係史料集成』全四巻(清文堂出版、二〇〇三~〇九年)。

(4)『御由緒』は、前掲註(3)神田・浅野編『史料集成』第一巻所収。なお、以下、如来教教祖喜之の前半生については、『御由緒』のほか、同書所収の「媹姾如来喜之・伝記断片B」などによる。

(5)『文政年中御手紙　一』L18。前掲註(3)神田・浅野編『史料集成』第四巻所収。

(6)『新編　一宮市史　資料編七』(一宮市、一九六七年)所収の「尾張藩村方御触書集」を参照。

(7)西海賢二『近世遊行聖の研究』(三一書房、一九八四年)は、近世後期におけるそうした寺院の実態を捉えようとした代表的な労作である。

(8)『お経様』に実名が登場する二百余名の人物のなかから、尾張地方とその周辺に住む信者について、かつて筆者がその階層構成を試算した数字では、名古屋とその周辺の在住者六六%強のうち、町人三六%(商人二〇%、職人一一%、生業不明五%)、尾張藩士三〇%、尾張藩領の農民一二%、美濃国・伊勢国在住者五%、その他五%、不明一二%、計一〇〇%、となっている。

(9)「信仰に生る」前掲註(3)神田・浅野編『史料集成』第一巻所収。

(10)前掲註(3)神田・浅野編『史料集成』第四巻所収。

(11)『お経様』(「文政元年寅十月廿一日　善吉舎」M二〇二)。なお、今日までに公開されている『お経様』諸篇はそのすべてを前掲註(3)神田・浅野編『史料集成』に収載してあるが、各篇の収載巻が第何巻であるかについては、同書第四巻の別冊（その2）に掲げた「Ⅱ—1．『お経様』諸篇目録」を参照されたい。以下同じ。
(12)『お経様』（「文政三年辰正月十五日　稲垣舎」M二二二）、および清水諫見「教祖の御生涯（六）」（前掲註(3)神田・浅野編『史料集成』第一巻所収）。
(13)徳川林政史研究所蔵「系譜　石河式三郎」による。
(14)『新修半田市誌　上巻』（半田市、一九八九年）七一三〜七一四頁。
(15)『如来教団由緒及沿革概要』（前掲註(3)神田・浅野編『史料集成』第一巻所収）の第四章第五節を参照。
(16)同右。
(17)『お経様』（「文化二年丑五月廿八日　御本元」M一二）。
(18)『お経様』（「文化九年申四月廿六日　永田舎」M六〇）。
(19)『お経様』（「文化六年巳九月廿九日　御本元」M四七）。
(20)『お経様』（「文化十年酉五月十九日　稲垣舎」M七九）および同（「文化十年酉六月十六日　伊右衛門舎」M八二）。
(21)『新編東浦町誌　本文編』（愛知県知多郡東浦町、一九九八年）三一七〜三一八頁。
(22)高力種信『猿猴庵随観図会』（国立国会図書館蔵）の安永二年五月一三日条のほか、同『猿猴庵日記』（名古屋叢書三編14『金明録』名古屋市教育委員会、一九八六年）に、いくつもそうした例が見られる。
(23)『お経様』（「文化十二亥年四月晦日　稲垣舎」M一四七）。
(24)以上、この段落は主に『文政年中おはなし』C39（前掲神田・浅野註(3)編『史料集成』第四巻所収）による。
(25)文化一〇年（一八一三）の『お経様』諸篇には、名古屋で大店を営んでいた青貝屋半七と大番組与頭の職にあった尾張藩士太田半右衛門が、この年はじめて、ともに息子の病気平癒願いを寄せて入信し、熱心な信者になっていった様子のほか、喜之の信者集団が何度も「日待」を催し、右の息子たちの病気平癒を願っていた様子が記されている。
(26)前掲註(3)神田・浅野編『史料集成』第四巻所収。
(27)史料番号M二七一の『お経様』（年月日不詳）による。
(28)青木美智男『近世尾張の海村と海運』（校倉書房、一九九七年）を参照。

(29) 前掲註(3)神田・浅野編『史料集成』第四巻所収。

(30) 尾張藩による文政三年の如来教統制については、公開されている『お経様』諸篇では、「文政三年四月十八日御役所一件」(M二二八)、「同年四月二十一日　御坊、御役所呼出し御伺」(M二二九)の両篇に関係記事がある。

(31) そのように推定できる根拠の詳細については、前掲註(3)神田・浅野編『史料集成』第四巻の解説第一章「日本の近世社会と如来教」(拙稿)を参照されたい。

(32) 編年順の『お経様』のうち最後の篇である「文政九戌年五月一日　御一尊様御太切《ママ》に入らせられて御金言」(M二四八)は、教祖喜之の入滅の様子を記録した特異な一篇である。

(33) 石橋栄蔵という人物について現時点で判明している情報は、前掲註(3)神田・浅野編『史料集成』第四巻所収の『文政年中御手紙　一』冒頭のL1書簡への註釈にまとめてあるので参照されたい。

(34) 『新修名古屋市史　第四巻』(名古屋市、一九九九年)の「第三章新文化の発達」のうち、「第四節新宗教の成立」(岸野俊彦執筆)、および前掲註(3)神田・浅野編『史料集成』第四巻所収の『清宮秋叟覚書』059節・128節を参照。

(35) 以下に掲げるのは、①②④が文化一一年(一八一四)の史料番号M一〇八の『お経様』、③が文政元年(一八一八)の同じくM一九五の篇、⑤が文政元年のM一九五の篇と文政二年のM二一七の篇、⑥が文政元年のM二〇二の篇から、神田がそれぞれ要約・抽出したものである。

(36) 「巾下」と「押切」に関する詳細は、文化一四年(一八一七)の史料番号M一七六および文政二年(一八一九)の同M二〇六の『お経様』への註釈(前掲註(3)神田・浅野編『史料集成』第三巻所収)を参照されたい。

(37) 「裏町」に関する詳細は、文化一四年(一八一七)の史料番号M一八一および同M一八三の『お経様』への註釈(前掲註(3)神田・浅野編『史料集成』第三巻所収)を参照されたい。

(38) 高力種信『猿猴庵日記』の文化一四年三月の条。前掲註(22)の『金明録』を参照。

(39) 金木市正の活動に関しては、近藤喜博編『白川家門人帳』(清文堂出版、一九七二年)のうち、武蔵国の部分にもっとも詳細な記事がある。なお、前掲註(3)神田・浅野編『史料集成』第四巻解説第一章「日本の近世社会と如来教」(拙稿)を参照されたい。

(40) 前掲註(3)神田・浅野編『史料集成』第四巻所収の『文政年中御手紙　二』冒頭のL20書簡を参照。
(41) 金木市正の三宅島遠島に関する詳細は、前掲註(3)神田・浅野編『史料集成』第四巻の解説第一章「日本の近世社会と如来教」(拙稿)のうち「3．金木市正と江戸・関東の信者集団の歴史的性格」を参照されたい。
(42) このことについては、林淳『近世陰陽道の研究』(吉川弘文館、二〇〇五年)の「Ⅳ　陰陽道組織の変容・解体」のうち、「二　天保十三年の宗教者市中取締の触をめぐる諸問題」を参照。なお、天保一三年(一八四二)六月の幕令「出家社人山伏等町住居新規ノ神事仏事停止ノ触書」については、そのほか、井上智勝「神道者」(シリーズ近世の身分的周縁1　高埜利彦編『民間に生きる宗教者』所収、吉川弘文館、二〇〇〇年)にも重要な言及がある。
(43) 前掲註(41)拙稿の「2．文政天保期における如来教の信者集団と尾張藩の宗教政策」を参照。
(44) それらの法令は、前掲註(6)書所載の史料番号二〇三七および二一二八の史料がそれに該当する。
(45) 以下、黒住教に関しては、さしあたり、村上重良「黒住宗忠と黒住教」(日本思想大系六七、村上・安丸良夫編『民衆宗教の思想』所収、岩波書店、一九七一年)を参照。

旅する信仰

――明治期四国地方の金光教を事例に――

児山真生

はじめに

安政年間の備中大谷村において金光大神（前名・赤沢文治。戸籍は金光大陣《だいじん》、一八一四～八三）が興した信仰（金光教）は、明治期以降、全国各地へと伝わった。その後の様相としては、「講」などの信仰集団の形成へと発展した事例から全く伝播の痕跡をとどめていないものまで、様々である。これまでの金光教学における「布教史研究」では、布教者（教師）間の師弟関係に注目しつつ、金光大神が神を祀り、参拝者が教えを聞く場所である広前（以下、「大本社《おおもとやしろ》」）と布教者が各地に設けた広前との関係の整理・把握が行なわれてきた。これら研究の特徴を挙げると、信仰上の「救う／救われる」の関係に注目した「救済実践史」としての布教史研究であったといえる。

さて、この視点と方法は、教団の組織内部を系統的に把握する目的において有効である一方で、地域社会と金光教の信仰との関わりを論じる際には、地域社会を救済されるべき対象とし布教者をその具現者とする構図を必然とするものであった。このことが持つ問題としては、たとえば、原田敏明氏が「もし信仰や教義の如何で、その伝播が決定されるものであるならば、たとえばその点で勝れた宗教はそれ以下の他の宗教を圧倒していくべきである。しかるに事実は決してそうではない[1]」と指摘しているように、研究が描き出す布教像と地域社会における歴史的信仰実態との間に懸隔を生じさせてきた。研究によって示された内容と歴史実態をめぐる問題は、ひとえに教学や宗学といった教団側の問題のみならず、澤博勝氏が「真宗地帯」と呼ばれる北陸の信仰実態を「地域の支配関係・社会関係」との関わりにおいて捉え直しを図っているように、諸学を含めた新たな課題として浮上している[2]。

そこで本稿では、これら近年の研究動向を視野に収めつつ、明治期四国地方における金光教の信仰伝播過程と受容の諸相を、教団が収集した諸資料にうかがえる海運や行商といった生業への注目や、地域の社会関係の分析を通じて考察する。四国地方を例にとるのは、金光教の歴史において、人々の評判や噂といった「口コミ」による「霊験談」が契機となって講社[3]が結成されるなど、布教者による救済実践に先行する信仰営為の記録が数多く残っていることによる。また、教団の資料の活用を通じて、広く外来信仰の伝播と受容（定着）の把握に関わる、圏域（たとえば、「布教圏」や「教勢」）として捉える巨視的視座と、個々の救済実践を論じる微視的視座との間を眼差す視座を培うことになればと考える。

以下、第一章では、金光大神が残した「広前歳書帳」の記述に注目して、金光教の信仰と四国地方との接点をうかがっていく。第二、三章では、第一章の考察を踏まえつつ、瀬戸内海上を環流する信仰の情報が四国地方に「陸揚げ」される契機をはじめ、その後の展開の様相について神道金光教会時代[4]に作成された「講社署名簿[5]」を用いて考察する。

なお、本稿では、叙述の煩を避けるため、金光教の教祖の呼称については「金光大神」を用いる。引用史料は、

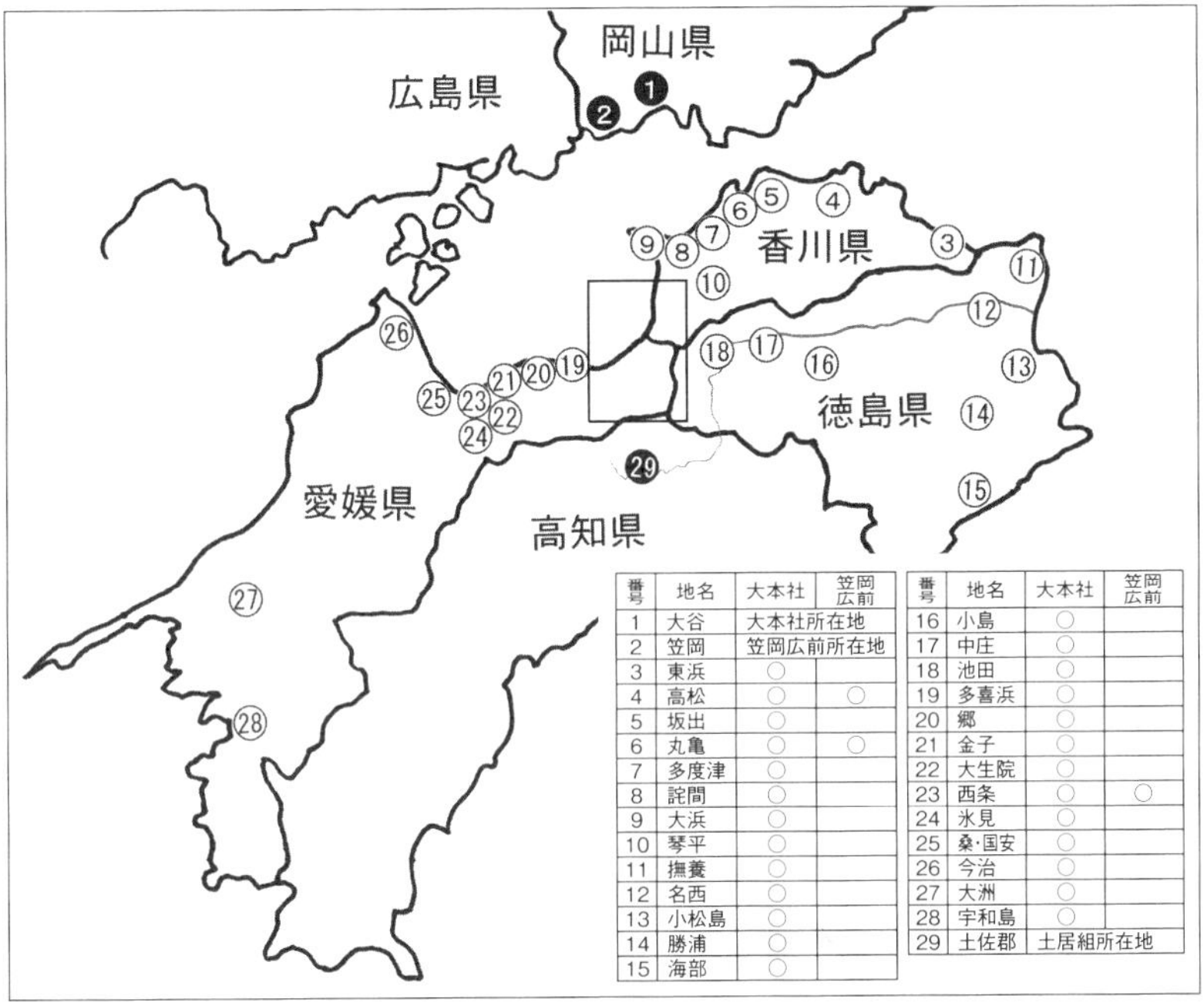

番号	地名	大本社	笠岡広前	番号	地名	大本社	笠岡広前
1	大谷	大本社所在地		16	小島	○	
2	笠岡	笠岡広前所在地		17	中庄	○	
3	東浜	○		18	池田	○	
4	高松	○	○	19	多喜浜	○	
5	坂出	○		20	郷	○	
6	丸亀	○	○	21	金子	○	
7	多度津	○		22	大生院	○	
8	詫間	○		23	西条	○	○
9	大浜	○		24	氷見	○	
10	琴平	○		25	桑・国安	○	
11	撫養	○		26	今治	○	
12	名西	○		27	大洲	○	
13	小松島	○		28	宇和島	○	
14	勝浦	○		29	土佐郡	土居組所在地	
15	海部	○					

地図1　笠岡広前への参拝者出身地

旧漢字及び旧仮名遣いを現代的用字に改め、句読点を補った。本文中の括弧内は筆者によるものである。

＊本稿に登場する地名（地域名）については、四国地方から大本社並びに斎藤重右衛門（一八二三〜九五）が備中笠岡に設けた広前（笠岡広前）への参拝者出身地を示した地図1、2を適宜参照されたい（地図2は、地図1の四角で囲った燧灘沿岸地域を拡大したものである。また、地図2の行政区画については、先年実施された、いわゆる「平成の大合併」以前のものを用いた。なお、地図作成にあたっては、金光教教学研究所・三好光一氏の協力を得た）。

一　「広前歳書帳」にみる信仰の発信者たち

大本社には、安政期（一八五四〜六〇）以降、「霊験あらたか」との評判を聞きつけた者が数

番号	地名	大本社	笠岡広前
1	寺家	○	
2	流岡		○
3	観音寺	○	
4	黒淵		○
5	下林		○
6	中姫	○	
7	大野原	○	○
8	萩原		○
9	井関		○
10	田野々		○
11	海老済		○
12	姫浜		○
13	和田浜	○	
14	和田		○
15	大平木		○
16	堀切		○
17	箕浦		○
18	山城		○
19	余木	○	○
20	長須	○	
21	切山	○	○
22	山田井	○	
23	川之江	○	○
24	下分	○	○
25	下川	○	○
26	上分	○	○
27	妻鳥	○	○
28	馬立	○	○
29	村松	○	○
30	下柏		○
31	上柏		○
32	三島	○	○
33	中曽根		○
34	中之庄		○
35	蕪崎		○
36	野田		○
37	津根	○	○
38	土居	○	
39	北野	○	
40	小林		○
41	中村	○	
42	上野	○	○
43	浦山		○
44	天満	宇摩組所在地	

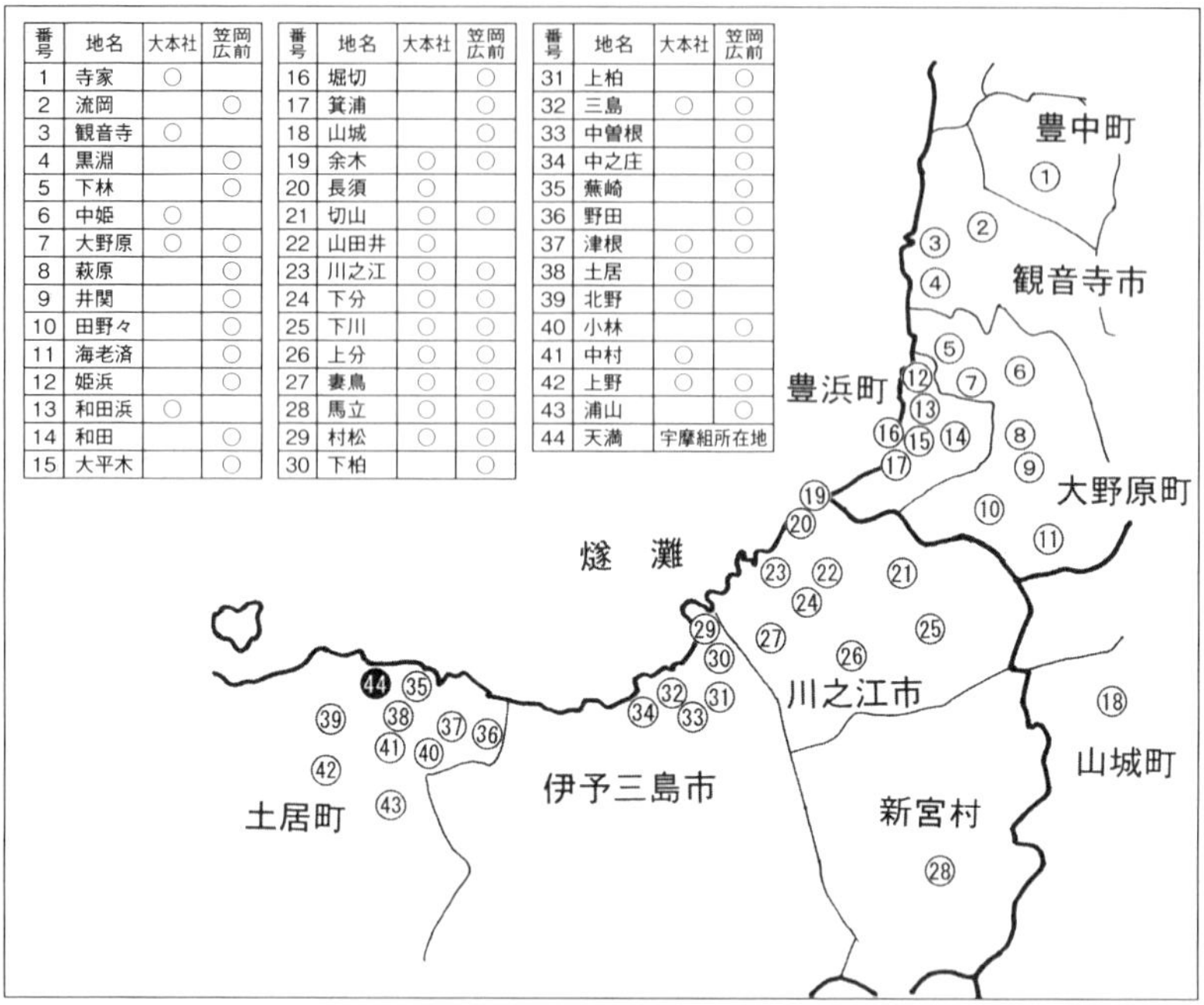

地図２　燧灘沿岸地域拡大図

多く参拝していたと伝えられている。幕末期の参拝者の様子をうかがう史料として、万延元年（一八六〇）から慶応二年（一八六六）にかけての「篤信者」四七五人の住所、干支などを記した「願主歳書覚帳」がある。篤信者の分布の内訳は、備中・四一九人、備前・三四人、備後・一六人である。この帳面からは、幕末期の主たる信仰圏が、備中を中心とした備前・備後の瀬戸内海沿岸域であったと分かる。これら備州方面に交じって「万延元年九月九日　塩飽広島立石浦　千嘉蔵　子歳男」（現、香川県丸亀市広島町立石）などの備州以外の者も記載されている。[6] むろん、記載件数としては僅かであるが、このように瀬戸内海島嶼部から舟を使って参拝する者がいたことからは、大本社の評判がその草創期から陸上に加えて海上へも広がっていたことがうかがえる。

　では、幕末期には備中を中心とした本州側瀬戸内海沿岸域であった信仰圏が、明治以降、どのように広がっていくのか。このことを金光大神に願い届けを行なった者（以下、「願主《ねがいぬし》」と呼ぶ）の住所、氏名、干支、性別、年齢、願い事、奉献物等を記した「広前歳書帳」(7)にみていく。

まず、願主の分布状況について述べておく。幕末期との比較でいえば、中心的エリアが備中、備後、備前であることに変わりはないものの、新たに近畿地方や四国地方からの願主が増加している。加えて、筑前、肥後などの九州地方、加賀や能登などの北陸地方、尾張や遠江などの東海地方といった遠隔地出身者が現れてくる。そのなかには「明治一〇年四月三日　一、長州　申　こんぴら《（金毘羅）》参」をはじめ、「明治一二年八月一一日　一、おわり《（尾張）》国順礼ふふ《（夫婦）》　浣米《（洗米）》願」（なお、「浣米願」とは、剣先のかたちに折った包み紙に洗い米を納めたものの下付を願った、という意味）のような、他の寺社参詣や四国遍路あるいは西国巡礼の「ついで参り」の者、あるいは「明治二年二月一六日　一、下州《（芸州）》本町　卯年　男　寺　志ん願《（心願）》　三十九　家内安全」の僧侶をはじめとする他宗教者など、大本社の評判を聞きつけた者が、それぞれの思いを持って参って来ていた。これらの者たちを含めた願主の広域化とその要因については、布教者による救済実践ばかりではなく、人々の評判や噂などの「口コミ」によって信仰が情報として伝えられていた様相として捉える必要があろう。そこで、「広前歳書帳」から、商品の取引に関わって、広範囲に様々な、そして数々の情報を収集・発信していた交易関係者の存在に注目して考察していく。

①明治七年　六月八日　一、笠岡鞆屋　卯年　家内中礼　海上安全正ばい《（商売）》
　　　　　　　　　　　一、同　て次　讃州高松　戊年　家内安全
②明治一三年　二月一一日　一、笠岡鞆屋　卯年　ふふ《（夫婦）》

品物餅上礼　寅年　ふふ
一、同　子年男　かん立
一、同　讃州かんおん寺（観音寺）　て次　申年女　大病よし礼

①と②のなかにある「て次」とは、「参拝の導きをした人物と導かれた人物の関係を示す言葉」と解釈されている。[8]この「て次」という言葉に注目して史料中の人間関係を示しておく。「笠岡鞆屋　卯年」とは、備中笠岡で綿や藺草を取り扱う廻船問屋を営んでいた鞆屋長左衛門（一八一九〜?）のことである。右の事例は、長左衛門が、①では高松の者を、②では観音寺の女性を、それぞれ連れて参ったことを示している。日頃からつきあいのある人物の勧誘が参拝（あるいは入信）の契機となったとする事例は数多くある。[9]「広前歳書帳」には、長左衛門が「海上安全」「家内安全」「商売繁盛」に関する祈願及び御礼のほかに、親戚縁者をはじめ使用人や近隣の者たちをしばしば連れて参っていたことが記されている。このことから、長左衛門は、彼自身が信仰に与る者であるとともに、信仰の情報を発信する者でもあったといえる。先の事例で注目したいのは、導く側が備中笠岡の者であり、導かれる側が讃州の者というように、瀬戸内海を挟んだ位置にある者が連れ立って参っている点である。

瀬戸内海は、舟（船）によって様々な交易都市が多角的に交渉する環海地域である。この場合の海は、岸と岸とを隔てる障害ではなく、政治・経済・社会・文化各方面の情報の交流を容易ならしめる媒介として捉えられる。江戸時代から綿・塩・砂糖の生産地であり、「讃岐三白」という言葉もある讃州は、綿を取り扱う鞆屋にとって商品の仕入れ地であった。このような背景からは、長左衛門が仕入れ先で出会った人物を大本社へと導いたと考えられる。このような海をまたいだ「て次」も、鞆屋が廻船問屋であるがゆえに可能であったといえよう。

鞆屋長左衛門のような廻船問屋が人々を大本社へ導いた事例は、他の港にもみられる。たとえば、備中玉島の廻船問屋である西綿屋・中原利右衛門は、明治四年（一八七一）一一月六日に「越前三国新保浦」（現、福井県坂井市三国町新保）の者をはじめ、越中や豊後など遠隔地からの者を連れて参っている。備中玉島は綿の移出港として栄えた港町である。西綿屋はその屋号が示すとおり「備中綿」を扱う問屋であった。西綿屋が連れて参った北陸出身者とは北前船の船乗りであり、豊後の人物も船頭である。廻船問屋が船乗りを連れて参っている事例は、玉島以外にも、下津井の問屋が土佐や紀州の者を連れて参っていることをはじめ、備後の鞆や尾道にもみることができる。

一方、寄港地で信仰の情報を受け取った海運関係者のなかには、定期的に参拝する者も現れてくる。そのなかに「紀州下津浦　天神丸舟頭　金右衛門」という人物がいる。「広前歳書帳」に彼の名前が最初に出てくるのは明治七年一二月であり、その後は毎年一回ないし二回、時期としては一一月から一月の間に参っている。「紀州下津浦」とは現在の「和歌山県海南市下津町下津」であり、元禄年間（一六八八～一七〇四）に紀伊国屋文左衛門の蜜柑船が江戸へ向けて出帆した港である。金右衛門の場合には、願い事が「海上安全」や商売の繰り合わせであること、参拝の折に「みかん」を供えていること、そして何より一一月から一月という参拝時期が蜜柑の収穫・出荷の時期と符合することから、瀬戸内海方面への蜜柑の運搬を利用した、いわゆる「ついで参り」であったと考えられる。

ともあれ、港町が信仰の中継点となり、出入りする船乗り並びに交易関係者によって津々浦々へと伝えられていたことが、「広前歳書帳」にみる願主の広域化の要因と考えられる。続いて、各地にもたらされた情報が新たな参拝者を生み出す様相を「広前歳書帳」からみておくことにする。

①明治一二年　三月二八日　一、阿州明在郡高原村　卯年　あい正方　くり合　みみ願

②明治一二年　四月八　日　一、阿州高原村　卯生　みみとし
③明治一二年　六月二五日　一、阿州名石郡　午年　耳と江し

まず、右に示した参拝者の出身地について述べておく。①の「阿州明在郡高原村」とは現在の「徳島県名西《みょうざい》郡石井町高原」である。そして②の「阿州高原村」は①と同じ名西郡石井町高原であり、③の「名石郡」も正しくは「名西郡」であることから、①から③は同一地域（名西郡）出身者といえる。この出身地に留意しながら、①から③の関係を整理してみたい。

①と②の記述は、出身地に加えて、干支（卯年）が同じである。ついで、それぞれの願い事をみておく。まず、①については、「当て字」を用いて記されている願い事（「あい正方　くり合」「みみ願」）を正字に直すと、「藍商法繰り合い」「耳願」となることから、これは藍商人が商売上の繰り合わせとともに、自らの耳に関して祈願した、と理解することができる。また②の「みみとし」を漢字を用いて表記すれば「耳遠し」となる。①、②ともに耳にまつわる祈願をしている。これらの点からは、①と②が同一人物と考えられる。そして、この人物が阿州名西郡の出身者であること、①と②の参拝日が近いこと、藍商人であることを考えあわせれば、①は商いの往路で、②は帰路での参拝であろう。

以上の事柄を踏まえながら、続いて藍商人と③の関係を考えてみたい。③の願い事である「耳と江し」とは、正字に直すと「耳遠し」であり、先の藍商人と同じく、耳に関する祈願をしたことが分かる。もっとも、この人物の干支は「午年」なので、藍商人（卯年）とは別の人物といえる。これらのことからは、③の人物は、藍商人の伝えた大本社の情報を聞きつけて参ってきた者と考えられる。また、③が大本社から遠く離れた阿州名西郡から耳の願

いで参拝していることからは、藍商人が伝えた大本社の情報が、耳に関する霊験であったこともうかがえよう。こうした情報伝達の様相から、情報として伝えられる霊験の種類や内容が、その後の信仰の授受関係や広がりを規定していたと考えることができる。加えて、③が日子や費用を要する大本社への参拝を決意した要因には、「耳遠し」という同病同苦からの興味関心のみならず、近隣の神仏の霊験との比較があったと思われる。③の人物の場合には、耳のことは近隣の神仏へも祈願しつつも、期待するような霊験を授かっていなかったのではなかろうか。このことからは、「何が、どのように伝えられるのか」という情報の内容に加えて、それを「いつ聞くか」という「タイミング」の問題も浮かんでくる。

以上述べてきたことからは、信仰が伝わり、広がっていく要因に関わって、信仰の情報が生業の情報網を介して伝わっていたこと、さらに、その情報がもたらされる時機も含めて、いかに受容者側のニーズに応えるものであったのか、を指摘することができよう。そこで、次章以降では、信仰の情報及びそれが伝えられるタイミングと地域社会における信仰受容・展開の関係を、四国地方において結成された講社を事例に考察していく。

二　地域社会における講社結成とその意味——愛媛県宇摩郡天満村を事例に——

明治二五〜二六年頃、……岡本伊造が砂糖と塩の商いのため、天満より中国地方に向かう船中で、疫病にかかり苦しんでいたところ、見知らぬ旅人から「生神金光大神」と一心に御祈念を頂いて、たちどころに恢復した。その霊験あらたかなることを、村へ帰って人々に語り、天満の村にも、ぜひその神様をお祀りしようと、当時の大庄屋寺尾貫一をはじめ、村の有志と相談して、曾根綱吉、竹内濱太郎、岡本伊造の三人で金光丸と名付けた船を仕立てて、尾道の教会よりご神体を頂いて帰った。

（金光教伊予天満教会『道の源流』、一九八五年、九頁）

これは愛媛県宇摩郡天満村（現、四国中央市土居町天満、地図2㊹）における講社（宇摩組）結成の経緯を伝えているものである。ここには、岡本伊造という人物が、明治二〇年代半ばの瀬戸内海の船の上で行き逢った「見知らぬ旅人」によって助けられたことをはじめ、その後、庄屋を中心に「ご神体」を大本社ではなく尾道から勧請したことなど、講社の結成が、情報のもたらされる契機や時機、地域社会の人間関係との関わりによって生じたことが示されていよう。そこで、本章では、宇摩組結成をめぐる要因とその意味を、地域が有する社会関係との関わりから考察する。

まず四国地方から大本社への参拝者の状況を明治初期に遡って確認しておく。小関照雄氏は、明治七年（一八七四）の「広前歳書帳」をもとに、備中・備前・備後、さらには美作といった、大本社を中心とする近隣エリア以外に、伊予―八〇件、讃岐―四九件、小豆島・塩飽諸島―四三件など、四国地方からの参拝者の増加を述べている。(10)四国地方からの参拝者という点では、大本社に限らず金光大神の弟子が開いた広前にも確認できる。たとえば、斎藤重右衛門が備中笠岡に設けた広前（笠岡広前）には、慶応元年（一八六五）に讃岐や伊予からの参拝者がいた。(11)そして、明治期以降には、大本社と同様に四国地方からの参拝者が増加している。こうした四国地方からの参拝者の様相をうかがう一助として、「広前歳書帳」並びに笠岡広前の明治五年の帳面に基づいて、参拝者の出身地を地図に表した（地図1・2参照(12)）。

地図からは、四国地方からの参拝者が、瀬戸内海沿岸部及び吉野川流域といった海運（舟運）との関わりが予想される地域に偏在的に分布していたことが分かる。加えて、そのなかでも香川県豊田郡から愛媛県宇摩郡にかけての燧灘沿岸地域に多いことが特徴の一つといえよう。燧灘沿岸は古くから海運によって備中・備後と産業的、経済的に結び付いていた地域である。燧灘に面した香川県豊田郡和田村箕浦（現、観音寺市箕浦）にて廻船業を営み、後に金光教教師となる高橋常造（一八五五～一九〇六）の場合には、「白下糖」（さとうきびの搾り汁を煮込んで作った砂糖）を笠岡港へ運んでいた際、笠岡広前の評判を聞いたことが、金光教の信仰と出合う契機であったと伝えられているなど(13)、この地域においては海運が信仰伝播に関わる大きな要因であったことがうかがえる。そこで、豊田郡を事例に海運と信仰の関係を、参拝に注目して述べておく。

……宝田松蔵は笠岡初代（斎藤重右衛門）から神縁をうけて、出社をつくった。松蔵は、知り合いである（合田）弥吉の所有船勇勢丸（和船一五〇石積位のもの）に乗って、笠岡へ往復しておった。そのうちに合田弥吉も、いつの間にか信者となり、船乗り家業をやめて、四国から笠岡にお参りする信者だけを乗せて通うようになった。それほど四国路には信者が増え、伊予、讃岐はもとより徳島、高知の方からも参ってくるようになった。時は大体、明治二六、七年のころで、月に三回乃至四回くらい、一回に六〇人から一二〇人くらいのお参りがあって……。

（「合田総吉談」『笠岡金光大神』一四五頁。聴取年月日は、昭和一九年二月一日）

ここに登場する宝田松蔵（？～一九〇八）とは、明治初頭に斎藤重右衛門の下で入信し、その後、豊田郡和田村箕浦の講社（和田組）をはじめ近隣に数々の講社を設けた人物である。また、合田弥吉（一八三〇～一九〇一）とは、宝田が住まう和田村箕浦の隣接村である愛媛県宇摩郡二名村余木（現、四国中央市川之江町余木）で廻船業を営んでいた人物である。彼は笠岡広前へ参拝する宝田を、自らが所有する和船で運んでいた。和船をしたてての参拝は、宮本常一氏が「イサバやバイ船、チョキ船程度の船は、室積の普賢寺の祭、宮島、伊予石鎚山、四国の札所めぐり、大三島の祭、金比羅詣で、瑜伽山詣でなどの際にも、参拝客の便船として多く使われた」[14]と述べているように、寺社参詣に近距離用小型荷船が用いられてきた瀬戸内海では、一般的な参拝方法であった。

さて、本章冒頭に触れた宇摩組との関係で注目したいのは、「いつの間にか信者となり、船乗り家業をやめて、四国から笠岡にお参りする信者だけを乗せて通うようになった」ことであり、そしてそれが「明治二六、七年のころ」であったという時期である。この頃の瀬戸内海の海運は、船舶の汽船化（大量輸送、スピードアップ）を伴った、近世海運から近代海運への移行期であった。この時代状況との関わりにおいては、合田が始めた参拝者輸送は、時機を得た廻船業からの「業態転換」ともみえる。もっとも、史料に「いつの間にか信者となり」とあることをはじめ、彼が明治二六年（一八九三）一一月に「教導職試補」を得ていることなどを考えあわせれば、単に新たな「儲け口」とは言い切れないものの、参拝者輸送を決断する要因には廻船業を取り巻く環境の変化があったと考える。

加えて、史料中の「伊予、讃岐はもとより徳島、高知の方から」の参拝者が豊田郡に集まっていた、というくだりにも目を向けておきたい。この点については、豊田郡は多くの港を有していたことや、四国各地を結ぶ陸上交通の要衝であったことが関わっている。信仰の情報は、物資の集散地に「陸揚げ」されることによって、人や物の行き交いに乗じて四国内陸部へと伝わり、その情報に触発された者が伝達経路を遡及するかたちで豊田郡の港へ集まってきたものと思われる。こうした人々の存在も、合田をして参拝者輸送を始めさせる要因となったのであろう。

海運をめぐる環境の変化は、和船を操る合田にとっては生活を左右する問題でありながら、一方、信仰の側からみれば、四国からの参拝における「定期航路」が生まれる契機であった。そして、このことに伴う参拝の利便性の向上による参拝者数の増加が、四国地方における信仰情報網の強化・発達を促すことになったと考える。こうした明治二〇年代半ばにおける信仰情報網の発達を踏まえつつ、あらためて、宇摩組の事例をみていくことにする。

「広前歳書帳」には、「明治七年三月一六日　一、伊予　馬郡《（宇摩）》　北の村《（北野）》　子年　守　家内安全酒詰正ばい《（商売）》」と、天満村の隣村である北野村（明治二二年、上野村と合併して関川村となる）からの参拝者が記載されている。笠岡広前の明治五年の帳面にも天満村の近隣村（野田、浦山、津根、蕪崎、上野、小林各村）からの参拝者が記されている。こうした参拝者の記録との関係でいえば、天満村にはおよそ二〇年遅れて金光教の信仰がもたらされたことになるが、近隣村の参拝状況からは天満村の人々のなかにも大本社や笠岡広前の存在を耳にしていた者はいたと考える方が自然であろう。そうだとして、本章冒頭の史料が、明治二〇年代半ばに信仰がもたらされ講社が結成されたと伝えていることに立ち返れば、そこからは先に述べた発達する信仰情報網の影響とともに、もたらされる情報が地域社会の状況に応じて取捨選択されていた様相が浮かび上がってくる。そこで、明治二〇年代半ばの天満村の状況と宇摩組の主たる人間関係を概観しておく。

天満村に信仰の情報がもたらされた明治二〇年代半ばとは、主要産業である製糖の原材料輸入開始に伴う衰退と相俟って、大規模工場がある京阪神地方への移住、さらには明治二五年からの北海道入植[15]など、村外への人口流出が始まっていた。

加えて、いわゆる「明治の大合併」（明治二二年）時には、隣村の蕪崎村と合併（満崎村）したものの、明治二四年頃には両村から「人情・風俗の相異」を理由とした分離請願（明治二八年一月に分離が実現）が行なわれるなど、産業や行政の変容に伴う社会的生活的不安が高まっていた時期である。

時代は異なるものの、この地域における社会的生活的不安と信仰の関係の一端をうかがうものとしては、出雲大社教土居教会に残る文久二年（一八六二）の棟札がある。ここには社殿建築の世話人として近隣二九ヵ村の庄屋の名前が、天領と西条領の区別なく記されている（そのなかには、「御料天満村庄屋寺尾九兵衛」の名前もある）[16]。これら村々は、風水害などの被害を同時に被るなど、危機意識を共有する範囲であった。宇摩組の講社員の分布域はこの棟札に記された村々の範囲と重複する。また、現在に残る大小一四の神社、祠には、素盞嗚尊をはじめ倉稲魂、大己貴命等が数多く祀られている。こうした祭神は、この地域社会がたび重なる生活危機に際して勧請を繰り返してきた証でもある。そして、神の勧請を、生活危機に処する常套手段とするこの地域社会においては、尾道から勧請された「ご神体」にも同様の期待が寄せられていたと考えられる。

その勧請の中心人物として寺尾貫一（一八四九〜九七）の名前が伝えられている。寺尾家とは、宇摩郡、新居郡内の天領を差配した大庄屋である。また、江戸中期以降には大坂、尾道方面と肥料の取引をはじめ、別子銅山に関わる米穀、産銅の輸送を請け負って財をなした[17]。講社に祀る「ご神体」を、大本社ではなく「尾道の教会[18]」から勧請することになったのは、こうした寺尾家の日頃の取引関係を通じて、尾道に「生神金光大神」を祀る社があることを伝え聞いていたからであろう。寺尾貫一は「講長」に就任している。「講長」とは、「神道金光教会条規」（明治二一年）に「教会規律を服膺し社中を指揮し進退を該地分支所に具状し専ら教会講社を拡張するを掌る者」とあり、講社の代表者である。寺尾は、勧請後も引き続き地域社会における信仰営為の中心的役割を担っていた。宇摩組の「講社役員撰挙状」や「講社署名簿」には、後に県議会議員や土居村村長を務める三宅良次や近隣村の戸長佐々木義衛などの名望家、さらには関川村の合田半吾、真鍋多鍋、真鍋金作といった富裕層[19]が名を連ねている。こうした在地有力者たちは、寺尾貫一の人脈に繋がる者と思われる。

以上述べた地域社会の状況、講社の人間関係を念頭に置きつつ、宇摩組結成の意味を講社役員が提出した辞職願との関わりで考えてみたい。

私儀先般来ヨリ教祖ノ御遺誡ヲ堅ク相守リ取締ノ御免許奉戴候処、此度右取締辞職仕ルモ甚恐多ク候得共、私先祖ハ代々日蓮宗ニシテ此度教会所設置ニ付正遷座執行モ端ニ相調ヒ候上ハ右祖宗へ対シ長ク取締役相勤メ候上ハ、一端《ママ》祖宗へ誓ヒヲ立タル効モ無之。且亦私一七才ノ年大病ヲ受ケ我宗へ祈誓ヲ掛ケ速ニ全癒致シ候ニ就テハ、我宗へ堅ク思慮アル事ヲ不顧、再ビ誓願ヲモ忘レテハト存シ候ニ付、近頃甚自由ケ間敷候得共、右祖宗ニ対シ取締辞職之義御聞届ニ預リ度。最《ママ》モ取締辞職スルト雖モ、篤ク深ク金神ノ御教誡ハ相守リ講社ト事計リ可成ノ尽力ハ可仕候。依テ只管辞職ノ義宜敷御聞届之段、謹テ奉願候。以上。

右の資料は、明治二七年一〇月、宇摩組の「取締」（「取締は講長の意を輔け社中の勤惰品行を監査し併せて教資を蓄積し渾て会計事務を掌る者とす」〈「神道金光教会条規」〉）であった岡本伊造が、神道金光教会本部に提出した辞職願である。繰り返しになるが、岡本とは本章冒頭の史料にあるように、天満村へ霊験談を伝え、その後、地域の代表として尾道へ「ご神体」の勧請に出向いた一人である。そして、講社結成後は「講長」に次ぐ「取締」という役職に就くなど、宇摩組の結成、運営に関わった中心的人物である。

結成から日が浅い講社において、「取締」という講社員の信仰を督励すべき立場にある者が、自らの信仰的信念との齟齬を理由に辞職するならば、その影響は講社内部の結束にも及ぶと思われる。そもそも、岡本のような勧請や講社の結成に奔走した人物が、個人の独断専行によって辞職を願い出るとは考え難い。岡本の取締辞職については、彼自身の問題に帰すのではなく、宇摩組との関係で考える必要がある。

まず、岡本の辞職を考える前提として講社役員の撰挙規定を確認しておく。「神道金光教会条規」（明治二一年）には「講社役員は其組衆望者を撰挙せしめ本部に於いて之を命す」とあるのみで、資格や任期等に規定はなく、岡本のように他宗教（日蓮宗）へ帰依していることも役員就任への妨げとはならない。一方、辞職についての規定はないものの、撰挙と同様に講社内部の合意を要するものであったと考えられる。したがって、岡本の辞職願は、宇摩組内部の合意を得て本部へ進達されたとみてよかろう。

続いて、岡本が辞職願のなかで「祖宗」「我宗」への「誓い」を繰り返し述べている点に注目したい。講社役員の資格上は、他宗教への帰依が問題にならない。このことを岡本に即していえば、講社役員への就任並びに職務遂行と「祖宗」へ立てた誓いとの間で、時に葛藤しつつ、どちらも大事なこととして抱えられていたといえる。このように、岡本が葛藤を抱えながらも講社役員を引き受けていたことからは、宇摩組が金光教という固有の教義的組織的体系を受容するか否かではなく、地域社会の生活を守護する神を勧請する目的の下、宗派をまたいで、あるいは超えて繋がった期成同盟的性格を有する集団であったといえる。先に挙げた在地有力者たちも、そうした地域的事業完遂への協力を要請された者であろう。そして、このような人間関係の再構築が図られていくことも、当時の地域社会が信仰に期待した内容の一つではなかっただろうか。「此度教会所設置ニ付正遷座執行モ端ニ相調ヒ候上ハ」と時宜をはかった岡本の辞職とは、地域社会において所期目的が達成された証であろう。

以上、本章では、岡本伊造がもたらした信仰の情報をきっかけとして、それが当時の地域社会が当面していた社会的生活的不安と結び付くことによって、地域社会を挙げての新たな守護神の勧請、そして講社結成へと展開した様相をうかがってきた。併せて、講社が一宗教の末端組織というような系列的意識とは別個に、自らが住まう地域社会の安寧を確かならしめる目的意識に支えられて結成されたものであったと述べた。その後の宇摩組は、明治三八年に改組して金光教伊予天満教会となり、現在に至っている。この改組に前後して地域社会における金光教の信仰の意味にも変容が生じたと推測するが、宇摩組及び伊予天満教会をめぐる歴史継起的様相については他日を期すことにして、次章では、地域の社会関係の変容が講社さらには信仰に及ぼす影響をうかがっていく。

三　社会関係の変容と信仰の帰趨――高知県土佐郡森村を事例に――

本章では、高知県土佐郡森村（現、土佐郡土佐町土居）に設けられた講社（土居組、図1㉙）[20]を事例に、地域の社会関係の変容が講社に及ぼす影響をうかがっていく。高知県北部の山間部に位置する土佐郡は、鉄道や高速道路等の交通網が整備された現在にあっては過疎化が進む僻地である。しかし、近世から近代初期にかけては、瀬戸内海沿岸地域と太平洋沿岸地域の人や物（塩・海産物・茶・楮等）が行き交う「土佐街道」に隣接し、また、吉野川の舟運によって徳島方面、さらには京阪神方面とも繋がっており、各地の様々な生活文化がもたらされた地域であった。その一端は、近世期に出雲御師や杣人が伝えたとされる出雲信仰をはじめ、幕末から明治中期にかけては黒住教、天理教、金光教、キリスト教など、数々の信仰が伝えられていることにも表れている。

ところで、この地域における金光教の信仰の様子は、金光教の教内紙誌をはじめ、『土佐町史』や土佐町近隣の町村史誌、さらには『高知県史』、高知県下の郷土史誌にも記されていない[21]。記されなかった要因については、この後の考察を通じて浮かび上がらせていくことにして、まず、この地域における信仰の契機を、伝承史料にみておきたい。

土佐の教会長真鍋政次郎は、当お道はさらに知らざりしも、貧困に陥り、その身大患に罹りし時、医薬求めんにも手立てなきことから、「備中にはお陰激しきお金神様がおられると、かすかに聞く。そなたへご祈願せん」とて、一心に、只「備中のお金神様お金神様」と願いしところ、はたしてお陰いただきしを、人聞き伝えて、参拝人、日々に来る。されども、「先生はご本部はご存じあるか」と尋ねられしが、「知らず」と言い、「一度、参詣仕りたくも、旅費に乏し」と言う。それより信徒三人して旅費を調え、参詣に来たりしが、お話も承らず帰国す。日々盛んとなり、今や教会を設けんと山田三畝を求めし時、信徒出金せんと言うも断り、ついに教会となるまでは人力を借らず。これ即ち、大神より設け給う天然の教会なり。

（「岡本駒之助の伝え　六」『金光四神言行資料集』金光教教学研究所）

これは、明治二五年（一八九二）頃、岡本駒之助が金光宅吉《いえよし》（一八五四〜九三、金光大神の五男）から聞いたものである(22)。この史料には、高知の山間地域を行き交う人が伝えた情報が、やがて信仰集団形成へと発展した様相が示されている。集団形成の契機となったのは、真鍋政次郎（?〜一九〇〇）が「備中にはお陰激しきお金神様がおられる」という情報を頼りに祈願を行い、病気回復の「お陰」を受けたことである(23)。

まず、注目したいのは、窮地にあった真鍋が、かつて聞いた情報を思い出して祈願していることである。それは、真鍋は聞いた時点で必要を感じなかった情報を受け流さず、記憶にとどめていたということである。桜井徳太郎氏は山間地域や離島に生きる者が信仰に期待する内容として「その自然的環境から食料の不足・天災の出現・病気や災害による死の恐怖に襲われることが多い。そういう不安を医《いや》すべき方法は、神信心以外にないのである(24)」と述べている。この指摘は、高知県の山間地域に生きる真鍋をはじめ、彼のもとに集まってきた者たちの心情にも通じるものである。真鍋が記憶を蘇らせている様相には、地域社会外からもたらされる情報を、日常の必要性ばかりではなく、非常時をも想定しながら受け止めるという、この地域に生きる者の情報収集に対する態度が表れていよう。

さて、先の史料にあるように、真鍋のもとには人が参るようになる。この者たちによって、明治二一年二月の土居組を最初に、その後、約二年間に土佐郡及び隣の高岡郡にあわせて七つの講社（講社員数約一五〇〇人）が結成される(25)。これは、信仰の情報が展開した結果であるが、この実態について土居組の「講社署名簿」からうかがっていくことにする。

土居組の「講社署名簿」には一三五戸、六四六人の名前と住所等が記されている。まず、土居組の構成に関わって、講社員の分布圏と職業を示しておく。講社員の分布圏は、講社の所在地である土佐郡森村を中心に、同郡内（小松、大川、船戸、地蔵寺各村）及び隣の長岡郡（屋所、吉野、田井各村）に亘っている。この分布圏は吉野川水系によって繋がる生活圏と重複するものである。また、職業については一三五戸中、六一戸のものが記されている。内訳は、農業五二戸、商業四戸、工業（檜物師）三戸、医者一戸、無職一戸である。この割合からは、講社員の多くが林業を含む農業従事者であったと予測される。

次に、構成要因について述べておく。土居組の「講社署名簿」の特徴として「同姓」の多さを挙げることができる。全一三五戸のうち、多いものから列記すると「和田」（二六戸）、「川村」（一四戸）、「川田」（一二戸）である（そのほかには、「西村」「森岡」のそれぞれ六戸が続く）。ここからは、いわゆる「株内」といわれる同族集団と、それに伴う本家—分家の関係が考えられる。さらに、同名簿と「土地台帳」の対照からは、講社員の大多数が土地を所有していないことが判明した。これによって、土居組は少数の土地集積地主と多くの小作農によって構成されていたことが分かる。以上の点からは、土居組が、同族関係と土地をめぐる権力関係の影響を受けながら存立するものであったといえよう。

本家や地主をはじめとする地域社会の有力者と信仰の受容・展開の関係に関しては、森正康氏が山梨県における禊教を事例に論じた成果がある。そこで森氏は「有力な指導者――それは必ずしも教導職であることを要しないが――の存在を欠いたとき、一度は定着した地域の宗教組織も、痕跡さえ留めないほどに崩壊してしまうことがある」と、在地有力者の存在が講社の維持・運営に強く影響したことを指摘している。[26] 土居組の場合には、講長であり教導職でもあった真鍋政次郎が明治二六年頃に愛媛県宇摩郡へ転出している。森氏の指摘は、土居組の帰趨を考える上で示唆的である。そこで、真鍋の転出後の講社員の動向を、講社員が関わった土地取引を通してみていくことにする。

「土地台帳」には、土居組の講社員が関わった土地取引が複数件確認できる。その一端を「高知県土佐郡森村大字土居字北ノ土居二一二番地」（地目・宅地）を事例に述べる。まず所有権の移動状況を以下に示しておく（講社員は太字書体で示した。括弧内は移動理由と移動年月日である。なお、今西英吉と今西一三は親子である）。

川田寿太郎→**森岡亀太郎**（買得、明治二六・四・二八）→青木武之助（買得、明治二九・二・八）→**川田久万七**（買得、明治三〇・一・三〇）→**今西英吉**（買得、明治三二・一・一二）→**今西一三**（所有権移転、明治三五・三・二九）→**川田寅吉**（所有権移転、明治三五・七・一七）→川田源吉（?、大正三・一・一七）（以下、省略）

高知県では、明治維新期に全耕地の二割に満たなかった小作地が、明治二〇年（一八八七）には約二倍に増加し、さらに明治二七年には四割強に増加するなど、大量の土地が取引されている。この過程では、小農七割、中農一割、大農二割という農民の階層分化が進み、土地集積地主が登場してくる。加えて、このような現象は農地に限らず、政府の殖産興業政策に基づく土木建築、鉄道敷設、鉱山開発など木材の商品化が進んだ林野にも現れている。[27]

こうした高知県の農地をめぐる土地所有状況を踏まえつつ、さらに地目が「宅地」でありながら目まぐるしく所有権が移動している「森村大字土居字北ノ土居二一二番地」をみるならば、そこには土佐郡内にも土地取引の波が押し寄せていたことともに、それら取引が個々の生活事情と重なっていたことがうかがわれる。そこで、土地取引に関わった講社員の川田久万七と今西英吉を事例に、土地取引と生活の関係を考えてみたい。

まず、川田であるが、「土地台帳」によれば、彼は明治二八年一二月一六日に畑五筆をはじめ、明治三〇年には先に示した「森村大字土居字北ノ土居二一二番地」の宅地一筆と畑二筆を購入している。この時期に土地集積を図っていることからは、川田が比較的安定した生活層に属する者であったといえよう。ところが、彼は明治三二年に買い集めた土地八筆を一括して今西英吉へ売却している。そして明治四〇年五月には「北海道常呂郡野付牛村置戸内」（野付牛村は明治三〇年に屯田兵が入植した村）へ移住している。[28]森村では明治三〇年代後半から「窮乏農民」の救済策として北海道入植が行われている。[29]川田の場合、生活上昇を目指した土地集積が皮肉にも家産を傾ける結果を招いたのではなかろうか。

次に、川田から土地を買った今西英吉についてであるが、彼は森村の隣村（地蔵寺村）の戸長（明治二二年の町村制施行後は同村の初代村長）を務めた人物であり、川田から購入した土地をはじめ多くの土地を所有する地域社会の富裕層に属する人物であった。今西の場合は、死去に伴い土地を息子（今西一三）が相続している。その今西家も、時期や理由は定かではないが高知市内へ転出している。

ここに述べてきた土地所有権の移動状況及びそれに関わった講社員の様子を踏まえながら、地域社会と講社の関

写真1

係を整理しておく。貨幣経済の浸透に伴う人口の移動については前章でも触れたが、土居組の場合には、生活困窮者のみならず、「講社署名簿」と「土地台帳」の対照から今西家のほかにも離村した富裕者が確認できる。このことは土居組にみられる特徴の一つといえる。講社が衰退する要因としては、先の森正康氏をはじめ、桜井徳太郎氏が「外来信仰の結成する講は、栄枯盛衰もまた甚だしかった。一時は多くの同信者を加入できて活況を呈するが、その支持者つまり講元や講親が死没して適当な後継者が得られなくなる時は、衰退を余儀なくされる[30]」と述べているなど、講社の中心となる者の動向との関係が指摘されている。同族関係や土地をめぐる権力関係と結び付いて成り立っていた土居組を含めた、明治二〇年代におよそ一五〇〇人を数えた高知県土佐郡の講社が衰退した要因も、講長・真鍋政次郎をはじめ、講社有力者の離脱であったと推測する。

その土佐郡には後日談がある。一枚の写真を見ていただきたい（写真1）。写真の祠は、昭和四五年（一九七〇）に土佐郡土佐町の寺院境内に再建されたものである。これは現在にあっては「（地域社会外にあった信仰対象との）脈絡が分断され、地域社会内に孤立した形で残存するにいたったもの[31]」ということになるだろう。その一方で、祠の内部に残る、昭和二年に奉納された金光教紋入りの賽銭箱をはじめ、土居組に加入した当時二六歳であった福嶌岡之助という人物が八〇歳になった昭和一七年に奉納した神鏡などの遺品からは、講長・真鍋や講社有力者が離村して以降も地域社会における崇敬対象として存置されていたことがうかがえる。加えて、遺品として残る棟札のなかには、大正元年（一九一二）に「金神社」として祠が建築されていたことを示すものがある（写真２）。願主は僧侶である。この僧侶は、廃仏毀釈で廃寺になった寺院の再建の願いを抱きつつ「金神社」を建築した。この祠が、昭和四五年に建て直されて現在に至る。再建に関わっては次の言い伝えが残っている。

> お寺の裏山には、強い力を持った神様がいる。粗末にしていると災いが起こるかもしれないので、お祀りしよう。

ここには「金神が悪に強いなら善にもまた強いはずである」という金神信仰の論理(32)にも通じる、この地域社会の人々が信仰に期待した内容に加えて、外来宗教が地域社会の〈記憶〉となって民間信仰化した様相をみることができる。それとともに、この「強い力」に期待した一人に僧侶が居たことからは、次の点を指摘することができよう。

まず、土佐郡における金光教の信仰は、講社組織の衰退と相俟って教団組織との脈絡が途絶え、教会設立の動きも起こらなかった。このことが先に触れた史誌等に記録されなかった要因である。その反面では、教団組織の脈絡が途絶えていた、すなわち教団的なくびきから外れていたがために、僧侶によるあらためての奉斎が可能であったといえよう。そしてこれらのことは、信仰の情報が空

写真２

間的のみならず歴史時間的に、また、教団という枠組みをも超えて展開することの証といえるだろう。

おわりに

本稿では、金光大神が残した「広前歳書帳」や神道金光教会時代の「講社署名簿」をはじめとする教団の史料を中心に、地域の社会関係との関わりにおいて、信仰が伝わり、広がる様相を論じてきた。第一章では、廻船問屋への注目から稼業によって信仰が伝わる様相とともに、人々が新たな信仰を意欲する要因に関わって、情報の内容、伝達の時機について述べた。第二章では、海運業者が関わることによって強化、発達する信仰情報網の様相とともに、地域社会の実状・実態と結び付くことによって教派（宗派）意識とは別の位相において信仰が要請・受容される様相を考察した。第三章では、「土地台帳」から土地所有権の移動状況を示しつつ、貨幣経済の浸透に伴って農村部に生じた人々の流動化が講社と信仰に及ぼした影響を論じるとともに、実地調査から明らかとなった祠の存在を通じて、情報化した信仰の帰結に関わって、教派（宗派）の違いや時代社会を超えて展開する様相を示した。

その反面で、多くの問題を残している。とりわけ、本稿で述べた内容の普遍妥当性が当面の問題となろう。まず、金光教における信仰伝播把握に関わっていえば、「水運」との関係が深められる必要がある。今回は、大本社と四国地方との関係を浮かび上がらせる意図から瀬戸内海の海運を取り上げたが、「水運」ということに関しては、舟運の問題が残っている。紙数の関係で言及し得なかったが、たとえば、岡山県の場合には、山間地域で生産された米などの物産が、高梁川、旭川、吉井川の舟運によって瀬戸内海沿岸の港町（玉島や西大寺）へ運ばれ、そこで弁才船に積み換えられて大坂などの都市部へと輸送されていた。反対に都市部からは海産物をはじめとする生活物資のほかに、津山市京町の金刀比羅宮のように高瀬舟関係者によって信仰が伝えられている[33]。舟運は、出雲や伯耆から金刀比羅宮への参詣に利用されていたことなど[34]、生活物資のみならず信仰や文化を運ぶ役割を担っていた。海運と舟運をあわせた水運への注目によって、そのネットワークと結び付きつつ、また、それに条件付けられながらあった信仰の伝播・受容の様相をみることになるのではなかろうか。

また、金光教の事例にみる地域社会への信仰伝播、受容の過程とその特徴、さらにはその宗教史上における意味を捉えるためには、他宗教の事例との比較検討が不可欠である。第一章では、阿波の藍商人に関する事例を取り上げたが、天理教の伝道史にも、阿波の藍商人が信仰を伝えていた事例をみることができる[35]。また、第二章に示した宇摩組結成の契機となった瀬戸内海上での信仰との出合いという点では、高野友治氏の『天理教伝道史（Ⅴ）――中国・四国篇――』に記された、明治二七年、愛媛県新居浜在住の布教師塩田武助氏の取り組みに関する次の一節に刮目させられる。

塩田（武助）氏は、（周防）大島から徳山へ布教に行く考えで、船に乗っていたとき、大島の久賀町在住の麻村忠助氏と一緒になり、忠助氏の妻女が永年中風で病臥していることを知り、久賀町に下船しておたすけにかかった。ところが三日間で不思議な御守護をいただき、その霊救が村中に知れわたって、おたすけを願いに来るものが多くなり、氏は同地にとどまって布教した[36]。

天満村の岡本伊造の事例と右の天理教の事例とでは、救われた体験と救った体験など、子細にみれば相違する点も少なくない。しかし、広く明治二〇年代後半の瀬戸内海上に目を向けるならば、そこが、人々が様々な信仰と出合う契機に満ちていた空間として浮かび上がってくる。加えてそこでは、金光教や天理教といった教派（宗派）は、助けられた体験の後で、事後的に確認されるものであったといえよう。こうした様相への注目は、幡鎌一弘氏が「人々はそもそも「誰に祈るか」より「何を祈るか」にこそ関心があったと考えざるをえないだろう[37]」と述べている人々の信仰生活の様相とも通底する、信仰の組織性や持続性を問題とする視角からは捉えられない、民衆の生きられた宗教世界へと迫る手がかりとなるのではなかろうか。

註

（1） 原田敏明『宗教　神　祭』（岩田書院、二〇〇四年、一六頁。原題「農村と宗教の伝播」〈『宗教研究』一二三号、一九五二年〉）。

（2） 澤博勝『近世の宗教組織と地域社会——教団信仰と民間信仰——』（吉川弘文館、一九九九年）。同「「真宗地帯北陸」の成立と展開——北陸道と日本海海運を媒介とした広がり——」（小林昌二監修『日本海域歴史大系　第四巻　近世篇Ⅰ』清文堂、二〇〇五年）。

（3） 講社とは、金光教の組織的時期区分との関係でいえば、三条の教憲の普及を目的として該地方庁の許可を受けて設置された、教団の最末端組織とみなされてきたものである。本稿では、講社に関する教団制度史的側面を理解しつつも、人々の生活と結び付いた信仰の様相を捉える関心から、「宗教上もしくは経済上その他の目的を達成するために、志を同じくする人々の間で組織された社会集団の一種」（桜井徳太郎『結衆の原点——共同体の崩壊と再生——』弘文堂、一九八五年、一九一頁）という桜井徳太郎氏による「講」の概念及び「講集団」に関わる研究成果との関わりを意識しながら考察を進めることにする。

（4） 神道金光教会時代とは、「布教行為の「取締統一」」、「正統的信心への矯正教化」との方針の下、「類似異端行為」の排除（流行神的体質からの脱却）を掲げつつ教団組織としての制度整備、各地講社の結収に取り組むとともに、明治二〇年一一月の神道本局直轄教会昇格以降には、既成布教圏外での講社結収による教勢拡大（地域的拡大）を図った時期である（佐藤光俊「擬態としての組織化――神道金光教会設立とその結収運動――」〈紀要『金光教学』第一八号、一九七八年〉、北林秀生「神道金光教会における講社結収の展開とその特質」〈紀要『金光教学』第三六号、一九九六年〉）。なお、神道金光教会時代の教団組織化、講社結収に関しては、ほかに以下の先行研究を参考にした。橋本真雄「出社の成立とその展開（上）――教団組織の問題をめぐって――」〈紀要『金光教学』第四号、一九六一年〉。藤尾節昭「布教史試論（二）――殉教者考――」〈紀要『金光教学』第一九号、一九七九年〉。同「布教史試論（三）――布教・縄張り考――」〈紀要『金光教学』第二四号、一九八四年〉。

加えて、この時期の金光教の動向に関しては、歴史学において、近代化以降の民衆宗教の帰趨を論じる指標として、主に民衆救済と国家対応の狭間に立たされた教政者のジレンマが焦点化されてきた（たとえば、小沢浩『生き神の思想史――日本の近代化と民衆宗教――』〈岩波書店、一九八八年〉、桂島宣弘『幕末民衆思想の研究――幕末国学と民衆宗教――』〈文理閣、増補改訂版、二〇〇五年〉）。

（5）「講社署名簿」とは、神道金光教会への「講社加入願」を講社毎に綴ったものである。この綴りは三部作成され、本部、支部、講社がそれぞれ保管していた。そこでまず、「講社加入願」の書式を以下に掲げておく。

教会講社加入願

一、今般御教会講社ニ御加入被成下候上者更ニ生死不二惟神大道ノ御教ニ帰順シ教祖御遺誡ノ旨ニ不背人タルノ通義ヲ達シ最モ御成規ノ趣キ堅ク相守リ可申候也

何府県国郡区町村名

族籍戸主　姓　名　印

父　姓　名　印

母　姓　名　印

妻　姓　名　印

子　姓　名　印

この「講社加入願」からは講社員の住所、氏名が分かる。そのほかに、「講社加入願」の特徴として、①書式で指示されている「族籍」が書かれていないものが多い、②書式にはない職業、年齢（干支）が記入されているものもある。そして「講社加入願」が綴られた「講社署名簿」からは、講社毎の戸数・人数、分布域をうかがうことができる。このことから、従来、市区郡を単位として把握されてきた信仰の広がりを、大字（あるいは小字）のレベルにおいて捉えることができる。

（6）『〈別冊〉金光大神』（金光教本部教庁、一九五五年、註釈七七頁）。

（7）この帳面は、明治二年から明治一三年（明治六年は欠本）までの一一年分が現存する。記述の体裁は、いわゆる「一打ち書き」で記されており、原則的に一筆に一人の願主が対応するかたちとなっている。帳面に記された「一打ち」の総数は一〇万六二四一件である。ただし、一打ちの中には夫婦や家族、同一地域の者や講中等がまとめて記載されているものがあるため、「一打ち」の件数と参拝者数は対応しない。なお、「広前歳書帳」の記述を分析した成果としては、小関照雄「『広前歳書帳』（教祖御祈念帳）について」（紀要『金光教学』第二七号、一九八七年）がある。

（8）前掲註(7)小関論文、一四九頁。

（9）たとえば、金光大神の直弟子の一人であり、後に浅口郡西阿知村（現、倉敷市西阿知町）に広前を開いた荻原須喜（一八五三～一九二五）は、自らの入信の契機として「なんと、私は大谷の金神様で、ようおかげを受けておるんじゃが、ここにもひとつ金神様のおかげを受ける気になってはどうなら。私の家内が病気した時にも、子供が大病をした時にも、大谷の金神様へ参って頼んだんじゃが、言われるとおりに、ようなってきた。また、参ってみりゃ、ほかほかの拝む人とは違うておるぞな。それは、どうも神々しいもんじゃ。まあひとつ参っておみんさい。ありがたいでえ。大谷の金神様が『治る』と言うてくださったら、ぜひようなるぞな。うちにおかげを受けてみて、得心しておるんじゃからなあ。悪いことは言わぬ。まあひとつ、明日の日にでも参っておみんさい」という、同じ郡内に住む「彦さん」という綿買い商人の話を伝えている（『金光教教典』金光教本部教庁、一九八三年、二六〇～二六一頁）。

（10）前掲註(7)小関論文、一二七～一三〇頁参照。

(11) 澤田重信「初期本教の教勢について――斎藤重右衛門の祈念帳の分析――」(紀要『金光教学』第一四号、一九七四年)、青木茂『笠岡金光大神〈改訂版〉』(金光教笠岡教会、一九九五年)参照。大本社や笠岡広前以外にも、尾道の藤井吉兵衛(一八三四~一九〇三)の広前(徳永篤孝「山口県東部初期布教について」〈『金光教学』第五集、一九四九年〉)、六条院の高橋富枝(一八三九~一九二一)の広前(眞田幹夫「「六条院広前祈念帳」について」〈紀要『金光教学』第三二号、一九九二年〉)がある。

(12)「広前歳書帳」には芸予諸島、塩飽諸島、小豆島、淡路島など、瀬戸内海島嶼部全域から参拝者が認められる。このことは笠岡広前も同様である(前掲註(11)澤田論文参照)。瀬戸内海島嶼部を再現するとなればほぼ全島がマーク対象となるため、この地図には再現していない。

(13)『川之江教会初代高橋常造師』(金光教川之江教会同生会、一九八六年)三~四頁参照。

(14) 宮本常一『海の道』(八坂書房、一九八八年)一三七頁。

(15) 天満村があった土居町の記録によれば、明治二五年から大正一〇年にかけて北海道入植事業が展開され、一三三八世帯、一四五九人が移住している(『土居町誌』一九八四年、三七六~三七七頁)。

(16) 鈴木金次郎「土居出雲大社教会の由来」(『宇摩史談』第五九号、一九九三年)三四~三八頁参照。

(17) 前掲註(15)書、八三二頁。

(18)「尾道久保支所御年誌」に「一、五拾銭　伊予宇摩郡　天満村講中」と記されていることから、「尾道の教会」とは大本藤雄(一八五二~一九一八)が開いた広前(後の金光教尾道教会)のことである。

(19) 彼らは明治二五年の宇摩郡を対象としたいわゆる長者番付(「愛媛県東予繁栄栄誉鏡」)に名前を連ねている人物である。この番付には宇摩郡内五〇~一五〇〇石の得米持、四一九人の氏名、村名が記されている。ちなみに宇摩組関係者以外では、川上四郎兵衛(入野村・「神道金光教会講社第九六番教区土居組」)、合田弥吉(余木村・宝田松蔵の信心仲間)、後に天理教の布教者となる真鍋友吉(中之庄村)の名前もある。高村将太「明治廿五年における宇摩郡の長者番付」(『宇摩史談』第三九号、一九八七年)、同「明治廿五年における宇摩郡の長者番付(二)」(『宇摩史談』第四〇号、一九八八年)参照。

(20) 土居組という名称は、同郡内にあった「土居村」に由来する。土居村は明治二二年に周辺一二ヵ村と合併し、

「土佐郡森村大字土居」となる。なお、本稿では叙述の煩を避けるため「森村」を用いる。

(21) 高知県における金光教の布教展開については、広江清（『高知近代宗教史』土佐史談会、一九七八年）が「大阪府西成郡難波村の人、道願縫《どうがんぬい》が（明治）二四年来県して、菜園場町に仮教会所を設けたのが最初である」（八四頁）と述べているように、一般的には道願縫の布教をもってその始まりと理解されてきた。

(22) 史料の補足をしておく。この伝承は、明治二五年頃、大谷村滞在中の岡本駒之助が金光宅吉から聞いた話を、岡本の親族の中堂仙太郎が書きとめたものである。史料中に「土佐の教会長」とあるが、この地域に教会は設置されていない。「教会長」とは「土居組講長」のことである。加えて「天然の教会」も、真鍋政次郎が明治二二年に「土佐郡土居村五番下屋敷」に新築した講社建物のことである。さらに、金光宅吉が参拝者の氏名等を書きとめた帳面（「惣氏子乃おかげお請る心得方人名覚帳」）の明治二〇年二月二〇日と明治二二年五月八日の条に、森村からの参拝者氏名（川村荘吉、宮元國馬）が記されている。このことをもって直ちに「信徒三人して旅費を調え、参詣」の裏付けにはならないものの、金光宅吉はこうした者たちを通じて真鍋政次郎をはじめその周辺の様子を聞き及んでいたと思われる。

(23) 伝承史料からは「お陰」の時期が判然としないが、本稿では、金光教の「独立前教師名簿」に真鍋が明治一八年一〇月に「教導職試補」とあることから、明治一〇年代後半と想定して以下の考察を進める。なお、「土地台帳」には、真鍋が明治二六年六月時点で、愛媛県宇摩郡在住と記されていることから、真鍋が土佐郡で金光教の信仰を営んだ期間はおよそ一〇年間ということになる。以下、参考までに、真鍋の略歴を示しておく。明治二一年七月一〇日に高知県の神道事務分局から神道金光教会へ転属、明治二二年五月二九日権訓導、明治三〇年一月一〇日松《しょう》柏《はく》仮説教所設置（現、愛媛県四国中央市上柏町）、明治三三年九月一〇日松柏小教会長就任、明治三三年一〇月死亡。

(24) 桜井徳太郎『桜井徳太郎著作集第一巻――講集団の研究――』（吉川弘文館、一九八八年）二五五頁。

(25) 七つの講社の名称、所在地、結成年月、戸数、人員数を掲げておく（前掲註(4)北林論文参照）。「土居組」（土佐郡土居村、明治二一年二月、一三五戸、六五六人）、「船戸組」（土佐郡船戸村、明治二二年二月、一六戸、八五人）、「溜井組」（土佐郡溜井村、明治二二年二月、一六戸、七〇人）、「南川組」（土佐郡南川村、明治二二年二月、一五戸、七五人)、「南泉組」(土佐郡南泉村、明治二二年二月、二三戸、九四人)、「和田組」(土佐郡和田村、明治二二年二月、五四戸、二七一人)、「土佐組」(高岡郡田井村、明治二二年五月、五二戸、二四四人)。

(26) 森正康「地域社会における教派神道の受容と定着——山梨県下の禊教——」(『歴史地理学』一三〇号、一九八五年)。

(27) 『復刻版 高知県農地改革史』(不二出版、一九九一年)一二五～一二七頁、『体系日本史叢書七 土地制度史Ⅱ』(山川出版社、一九七五年)二五二頁、古島敏雄『日本林野制度の研究——共同体的林野所有を中心に——』(東京大学出版会、一九八二年)、三井昭二「近代のなかの森と国家と民衆」(内田節編『《森林社会学》宣言』有斐閣、一九八九年)一三二～一三三、一六一～一六二頁、参照。

(28) 白髪神社(高知県土佐郡土佐町宮古野)に奉納された狛犬の台石に「明治四十年五月森村土居ヨリ野付牛村置戸内移住 川田久万七」と刻まれている。川田のほかにも森村から野付牛村に移住した六人の名前が刻まれており、そのなかには講社員であった和田作助の名前もある。

(29) 土佐町史編集委員会編『土佐町史』(一九八四年)四八〇頁参照。

(30) 桜井徳太郎『桜井徳太郎著作集第八巻——歴史民俗学の構想——』(吉川弘文館、一九八九年)二六四頁。

(31) 前掲註(24)桜井著作集第一巻、五三三頁。

(32) 真鍋司郎「民衆救済の論理——金神信仰の系譜とその深化——」(紀要『金光教学』第一三号、一九七三年)八三頁参照。また、金光大神理解のなかにも、たとえば、以下のものがある。「金神という神は、普請するに、知らずにすれば牛馬七匹、知ってすれば亭主より七墓築かすと、昔から言い伝えるじゃないか。そのようなむつかしい神なら、頼みがいがある。心安くしておかげを受ける方がよかろうじゃないか」(『金光教教典』二六四頁)。

(33) 柵原町史編集委員会編『郷土の文化資料〈第四集〉』(柵原町史編集委員会、一九七六年)一三四頁。

(34) 藤沢晋『岡山の交通』(日本文教出版、一九七二年)一二一～一二三頁参照。

(35) 高野友治『天理教伝道史(Ⅲ)——徳島・兵庫・三重・和歌山篇——』(天理教道友社、一九五六年)六八～七四頁。金子圭助『天理教伝道史概説』(天理大学出版部、一九九二年)五九～六〇頁。

(36) 高野友治『天理教伝道史(Ⅴ)——中国・四国篇——』(天理教道友社、一九五九年)一一〇頁。

（37）　幡鎌一弘「守札からみる家の信仰と近世・近代——兵庫県加西市の事例から——」（明治維新史学会編『明治維新と歴史意識』吉川弘文館、二〇〇五年）一九七頁。

関東における大神楽事情

――伊勢・江戸・水戸、三つの大神楽の関係――

北川　央

一　はじめに――大神楽の歴史に関する通説的理解と本稿における問題の所在――

大神楽[1]とは、獅子舞と放下芸《ほうかげい》とで構成される神事芸能で、『嬉遊笑覧』が「獅子舞は伊勢の吾鞍川《あくらがわ》より出るを学びて諸州に大神楽あり」（巻五　歌舞）と記すように[2]、この芸能はまず伊勢国三重郡東阿倉川村（現、三重県四日市市東阿倉川）で起こったと説明されてきた。

これが伊勢大神楽で、昭和二九年に三重県指定無形文化財となり、昭和五六年には「とくに放下の芸系を遺す演目は、芸能史的に貴重であり、獅子による曲芸という芸態にも特色があると認められている」という理由で[3]、国の重要無形民俗文化財に指定された。

ところで、『伊勢参宮名所図会』には、巻之三に「太夫村」の項があり、「桑名の近村なり。このところより代神楽獅子舞六組、また三重郡阿倉川村より六組、已上十二組出づる。諸国竈祓をなす、故に太夫村といふ」と記されるので、(4) 伊勢大神楽は東阿倉川村だけでなく、伊勢国桑名郡太夫村（現、三重県桑名市太夫）でも伝承されていたことが知られる。

この『伊勢参宮名所図会』が刊行された寛政九年（一七九七）の段階では、太夫村・東阿倉川村双方で六組ずつ、計一二組が活動したらしいが、文化一三年（一八一六）一二月の時点では、太夫村だけで、山本源太夫・加藤孫太夫・岡田忠太夫・松井嘉太夫・佐々木勘太夫・山本長太夫・安田市太夫・加藤源太夫・山本金太夫・大塚七太夫・森本忠太夫・森本長太夫の一二組の活動が知られ(5)、東阿倉川村の方でも、文化三年の時点で、石川宗太夫・近藤久太夫・河村三太夫・木村七郎太夫・石川源太夫・近藤勘太夫・堀田吉郎太夫・木村平太夫という八組の活動が確認できる(6)。そして、因幡・伯耆二カ国を檀那場とした太夫村の加藤孫太夫が「代勤」として東阿倉川村の近藤久太夫を派遣しているように(7)、太夫村・東阿倉川村双方の太夫家は、江戸時代から互いに連携して活動していた。

ところで、文化元年刊行の『久波奈名所図会』も中巻に「太夫村」の項を掲げ、「右太夫村と申所は、太神楽之住所なり」と記すが、その後に「太神楽獅子舞」という項を立て、「当村より諸国へ回檀す。三重郡阿倉河にも他国へ出る太神楽の株あり。江戸下谷佐藤縫殿之介、是も又太神楽の株にて回檀す」と述べており(8)、太夫村・東阿倉川村以外に江戸で活動する伊勢大神楽の組があったことが知られるのである。

これこそが、江戸大神楽の伊勢派と呼ばれる人たちで、『東都歳時記』は、その江戸大神楽について、巻之一「春之部」で『事跡合考』を引き、「江戸太神楽と云ふものは、元来伊勢外宮の地に御獅子とて一所にいはひおく男獅子女獅子児獅子の獅子頭あり、これを正月十日、彼《かの》土人祭礼をなす、その時三頭の獅子を舞はすなり。この種類として獅子を舞はし歩き行くを太神楽といふ。同族江戸に下向して徘徊す、これ伊勢派の太かぐらなり。また尾張国熱田の地にも、右しがしらの一種ありて、これも獅子を廻し歩き行くを太神楽といふ。一族江戸に下向して徘徊す、これあつた派といふ。よつて江戸太神楽は右二派なり、そのほかの事伝聞なし」と述べている。(9) 伊勢大神楽そのものに関する理解はともかくとして、江戸大神楽には伊勢派とは別に熱田派と称されるグループがあったことが知られるのである。

その熱田派は、数寄屋町・鏡味《かがみ》権之進ら一二人で構成されたとされ、鏡味権之進の末裔にあたる一二代家元の故鏡味小仙師は、大神楽および江戸大神楽の歴史について次のように語っている。(10)

太神楽の起源は平安朝のころで、尾州熱田が開祖とする説と、初め伊勢吾鞍川より出て一万燈の祓箱に幕を立て四手を付け、諸所を廻ってお祓いをしたことを嚆矢として伊勢を元祖なりという説とがあり、熱田派、伊勢派の二派に分れて今日に及んでいるが、いずれを発祥とするかは定かではありません。

熱田派の太神楽は、白丸一鏡味権之進、大丸菊田靫負がその重鎮で、以前に山神楽ともいい、尾州熱田神宮の大宮司千種伊勢守の下に属していたもので、この人たちの次男、三男連中が見よう見真似でこの芸に通じ、一同相談の上、寛文四年（一六六〇《ママ》）に、熱田大宮司の許しを得て江戸表へ出て、この時は「悪魔祓い」と名づけて大小の屋敷を軒別に歩き、同年三月に帰国したのです。

寛文九年正月、江戸城吹上のお庭にて熱田派太神楽が上覧に供し、これより江戸へ下る事が例となり、江戸に移住するようになって、年々上覧の栄を賜るばかりではなく、山王権現、神田明神等の祭礼の先払いを勤める事となり、そのうちに太神楽の組合ができたのです。その組は、数寄屋町・鏡味権之助《ママ》、川瀬石町・菊田靫負、永島町・鏡味助之丞、三十間堀・若山長之進、長之進方・若山左門、南紺屋町・粟田勝之進、上槙町・鏡味作之進、福島町・鏡味舎人、靫負方・菊田左近、阿部川町・粟田杢之進、浅草町・鏡味小善、小日向・鏡味吾太夫の十二人で、各々一年交替で年番をつとめたもの。その中の鏡味権之助《ママ》が熱田派の江戸専務であり、支配頭だった人で、丸一の先祖なのです。

伊勢派の出府は熱田派より二、三十年後になります。が、江戸に定着した熱田派に比し、伊勢神楽は地方に散在していき、現在の房州鴨川の館三太夫や藤沢の木村善太夫などは伊勢派の人たちです。

ここには、江戸大神楽には伊勢派と熱田派という二つのグループがあったが、熱田派が寛文四年（一六六四）、先に江戸に下り、それから二、三〇年遅れて伊勢派の人々が江戸にやって来たとの認識が示されている。

このように江戸では、伊勢派・熱田派双方の大神楽がさかんに活動するようになったわけであるが、その江戸大神楽がさらに関東や東北各地に伝播していく様子を、中村茂子氏は以下のように解説する[11]。

江戸へ移住した大神楽の中には、更に関東甲信越をはじめ東北各地の大小名等についてその土地に移住し、その保護のもとに領地内をめぐってかまど祓・悪魔祓をするようになった組や、巡業中にその地方の藩主に召されて迎えられた組などがある。例えば、現在、水戸神楽十七代家元・柳貴家正楽家の先祖は、天明五年（一七八五）、巡業中に水戸徳川家に召され、水戸城下に神楽屋敷を給わり、宮内丹後守として水戸徳川家より苗字帯刀を許され、初期は藩主の命令で、武家屋敷のみを御祓いしてまわったが、やがて水戸領内すべての家々まで御祓するようになったという。

要するに、伊勢・江戸と並んで「三大神楽」などと称される水戸大神楽の起源を「宮内丹後守」という人物に求め、彼は江戸大神楽の人であり、天明五年「巡業（回檀）」中に水戸徳川家に召されて、城下に屋敷を賜り、水戸藩領内を回檀するようになったと説明するのである。そして、河野弘氏の「水戸太神楽の系譜」には、「現在継承されている水戸太神楽は、熱田派といわれている。尾州から来ていた者が、やがて住みつき一家をなしたのであろう」と述べられていて、水戸大神楽のルーツは江戸大神楽の中でも、伊勢派ではなく、熱田派であるとの見解が示される(12)。

以上が、伊勢大神楽・江戸大神楽・水戸大神楽、三者の関係についての通説的理解であるが、本稿では、これら三つの大神楽の関係について、主として文献史料を用いて再検証することを最大の課題とし、それぞれの大神楽が広め歩いた信仰の内容や彼らの組織、また大神楽という芸能を生み出した歴史的背景や土壌についても考えてみたいと思っている。

二　伊勢大神楽の概要

前章で記したように、伊勢大神楽は、伊勢国桑名郡太夫村と同国三重郡東阿倉川村の両村で伝承されてきた。その演目は、鈴の舞・四方《しほう》の舞・跳《と》びの舞・扇の舞・綾採《あやとり》の曲・水の曲・吉野舞・手毬《てまり》の曲・傘の曲・楽々《ささ》の舞・剣《つるぎ》の舞・献燈の曲・神来舞《しぐるま》・玉獅子《たまじし》の曲・剣三番叟《つるぎさんばそう》・魁曲《らんぎょく》の一六曲目で構成され、曲目の名称に「舞」とつくのがおおむね獅子舞、「曲」とつくのがおおむね放下芸である。これら八舞八曲を演ずることを「総舞《そうまい》」（総舞わし）と呼ぶが、「伊勢大神楽」といった場合、狭義にはこの総舞を指す。そして広義には、これを演ずる太夫たちや彼らの活動全般をも「伊勢大神楽」と表現する(13)。

写真１　伊勢大神楽総舞のうち「魁曲」（1992年12月24日　於三重県桑名市・増田神社　北川央撮影）

先に記したように、文化年間（一八〇四～一八）頃には、太夫村で一二組、東阿倉川村では八組の活動が確認できたが、明治維新以降は衰退の一途をたどり、とりわけ戦後の高度経済成長期以降は、日本人のライフスタイルや価値観の変化、農村における人口の減少、また太夫家自体の後継者不足などが原因となって、太夫家の廃業が相次ぎ、平成二〇年（二〇〇八）現在、活動を続けるのは、太夫村系が山本源太夫・山本勘太夫(14)・加藤源太夫・森本忠太夫・加藤菊太夫(15)の五組、東阿倉川村系にいたっては石川源太夫組だけになってしまっている。これら六組で宗教法人伊勢大神楽講社を組織しているわけであるが、わずか六組になってしまったとはいえ、彼らが回檀する範囲は、それでも三重・滋賀・福井・京都・大阪・和歌山・兵庫・岡山・鳥取・島根・広島・山口・香川の二府一一県に及んでいる。

伊勢大神楽講社の各組は、それぞれ固有の檀那場を保持していて、神札を携えて檀那場の村々を訪れ、各家々に神札を頒ち、初穂料の多寡に応じて、竈祓い・悪魔祓いの獅子を舞う。そして、特定村落の神社境内などで総舞を披露する。

ちなみに、伊勢大神楽の宗家とされる山本源太夫組の一年を紹介すると、次のようになる。

山本源太夫組の一行は、毎年大晦日になると桑名市の太夫を出発して、その日の内に滋賀県愛知郡愛荘町に入る。

翌正月元旦の早朝、同町愛知川の八幡神社で一年の舞初《まいはじ》めを行なったあと回檀を始め、四月まで東近江市・近江八幡市・長浜市など、滋賀県下を巡り歩く。五月になると福井県に入り、九月初め頃まで越前市・鯖江市・福井市など、同県下を回檀する。九月中旬からは大阪府に入って、藤井寺市・松原市・羽曳野市・富田林市などを巡り、一二月二〇日前後に藤井寺市の道明寺天満宮で一年の舞納《まいおさ》めをして、太夫に戻る。

写真２　滋賀県神崎郡五個荘町塚本（現、東近江市五個荘塚本町）を回檀する伊勢大神楽山本源太夫組（2003年１月３日　北川央撮影）

一年の回檀を無事終えて故郷に戻った各組の太夫たちは、一二月二三日には、山本源太夫師宅の隣に鎮座する伊勢大神楽の守護神・増田神社に集まり、同社の祭礼を執り行なう。この祭礼は「神講《じんこう》」と称され、各組とも太夫本人以外は、たとえ長男や弟であっても参列は許されない。現在は、桑名市江場の神館神社から神主を招いて執行されるが、かつてはこの日に、翌年一年間に各組が配る伊勢神宮の神札・大麻を携えて内宮の御師荒木田孫福館《あらきだまごふくたち》太夫《だゆう》が太夫村を訪れたと伝えられ、第二次世界大戦の戦災で焼失するまで、山本源太夫家には孫福館太夫専用の座敷や風呂が遺されていた[16]。

翌一二月二四日は、各組が勢揃いして、増田神社の境内で総舞を行なう。但し、現在のように各組が揃って一二月二四日に増田神社境内で総舞を奉納するようになったのは、伊勢大神楽が三重県の無形文化財に指定された昭和二九年以降のことであるから、それほど古いことではない。

一二月二四日の総舞奉納は、全国各地から見物客が押し寄せ、増田神社境内は多くの人で埋め尽くされ、入り切れない人々が神社周辺に溢れる。

年に一度のこの喧騒が過ぎ去ると、翌二五日はふだんの静寂を取り戻した増田神社で、御魂入れの神事が執り行なわれる。新年用にきれいに塗りなおした獅子頭や新たに刷った神札を各組の太夫が持ち寄り、再び神館神社から神主を招いて、御魂を入れてもらうのである。

かつては、新年の準備が整うと、これから回檀に旅立つという挨拶の意味を込めて、各組がそれぞれ個別に増田神社で獅子を舞い、太夫村をあとにしたとのことであるが、現在は一二月二四日の総舞奉納をもってこれに代えている。そして、一二月三一日になると、再び太夫を出発して、回檀の旅が始まるのである。

こうした回檀の旅が江戸時代から連綿と続くことは、文化六年（一八〇九）から一四年にかけて、毎年一〇月になると美作・津山城下に岡田忠太夫組の一行が姿を現わすことや、(17)備後・尾道を岡田忠太夫組や加藤源太夫組の一行が通過していくこと、(18)天明四年（一七八四）から享和二年（一八〇二）にかけて紀伊・田辺を木村七郎太夫組の一行が訪れることなど、(19)さまざまな史料によって確認できる。そして、そこには、「岡田忠太夫上下七人」「加藤源太夫上下七人」「木村七郎太夫上下七人」と記され、往来手形でも、

一札之事

一、尾州御預所
勢州桑名在太夫村

森本長太夫
同　和三郎
同　石松
下男四人
〆　七人

右之人数、代々真言宗当院檀那ニ紛無之候、万一宗門違乱之訴人有之候ハヽ、役僧何方迄茂罷出、急度可申披候、為後證、一札依而如件

慶応四年辰三月

勢州桑名神戸郷
勅願所　大福田寺㊞

などと確認できるので[20]、江戸時代の伊勢大神楽の回檀は、通常七人一組で行なわれたことも知られるのである[21]。

三　伊勢大神楽の江戸進出

既に確認したように、伊勢大神楽は太夫村・東阿倉川村両村を本拠としたが、それ以外に江戸を拠点に活動する人々もあった。『久波奈名所図会』では「江戸下谷佐藤縫殿之介」の名が挙っていたが、『守貞謾稿』は巻之七「雑業」のところで大神楽を取り上げ、「今世、大神楽、土御門殿配下ニテ尾州……郡繁吉村ニ住ス、井原金吾ト云ヲ

長トシテ、其下ヲ十二組ニ分ツ。熱田方ト云。然ラバ、是ハ熱田社ニ神楽ヲ奉ルヲ、本意トスル歟。又武府寺社奉行支配ニテ、江戸浅草田町壱丁目ニ住ス、佐藤斎宮ト云ヲ長トシテ、其下モ亦十二組ニ分ツ。コレヲ伊勢方と云」と記し、[22] 江戸大神楽伊勢派の「長」として「佐藤斎宮」の名を挙げている。

そして、伊勢大神楽の江戸下向については、一二代鏡味小仙師が「寛文四年（一六六〇《ママ》）に、熱田大宮司の許しを得て」、初めて「江戸表へ出て」、「寛文九年正月、江戸城吹上のお庭にて」「上覧に供し」て以来、「江戸へ下る事が例となり、江戸に移住するようになっ」た熱田派に比べ、「伊勢派の出府は熱田派より二、三十年後になります」と語るように、[23] 寛文四年（一六六四）下向の熱田派より二、三〇年遅れるというのが通説化しており、近年も山路興造氏が昭和一七年（一九四二）に東京の大日本太神楽曲芸協会が発行した『太神楽由来記』の記述を用いてこの通説を紹介し、

> この「由来記」は、昭和一七年という新しいものであるが、実はこれの種本は、明治三六年に刊行された雑誌『文芸倶楽部定期増刊号』九巻二号に掲載された暁鶏声の「雑録　太神楽」である。内容についてはどのような資料によったものか不明であるが、江戸時代の記述に関しては、当時の神楽社中の手元にある資料などにより、比較的正確に記されたものと思われる。（中略）この伝承は決して伝承にとどまらず、それなりの伝来資料などに基づく裏付けがあったものと思われる。

と述べ、従来の通説を肯定的に受けとめる考えを示した。[24]

また、西角井正大氏も、

彼ら（熱田派の人々）は江戸時代初期に徳川家との地縁を頼りに寛文四年（一六六四）江戸に出、同九年移住した。しかし、故地にはもはや痕跡もないらしい。そして江戸での仕事は天下祭の供奉や悪魔払いのお祓いであった。そして伊勢派は伊勢内宮の支配に属し、鈴川高の宮大明神の社から起こったものとある。次ぎに述べる桑名の増田神社の縁起と関連するとは思えない。ともあれ二、三十年遅れて江戸に出、延宝二年（一六七四）寺社奉行の認可を得た。

と述べ、やはり通説を是認する発言となっている。(25)

山路氏もいうように、熱田派が寛文四年に初めて江戸に下向したことを明記する文献史料は、残念ながら現段階では見つかっていない。ところが、熱田派より「二、三十年後」と漠然と語られてきた伊勢派の江戸下向については、具体的年時を記す史料が、実はいくつも存在するのである。

山本源太夫家所蔵文書中の「乍恐以口上書御訴訟申上候」には、

一、伊勢大神楽之義ハ内宮大子殿大物忌之支配ニ而、同国阿久良川村高ノ宮、上野村増田神之社家共、御当地磐栄《（繁栄）》ニ付罷下り、寛文九年酉ノ三月小笠原山城守様・加賀爪甲斐守様御奉行被遊候節、御吟味之上、神楽職可仕旨御免被成下、其故向後新規ニ仕候者有之候ハヽ、早速御訴可申上旨被為仰付、則御書付頂戴仕候

とある。これは、「下谷上野町　伊勢大神楽支配頭　佐藤縫殿亮」と「同所　右同人支配下　組頭　高橋忠太夫」が、伊勢大神楽の真似事をして支障となる「似セ神楽」の取り締まりを願い出たもので、断簡であるため、年月日

を特定できないのが残念であるが、「阿久良川高ノ宮」と「上野村増田神」の「社家」が一緒に江戸に下向し、寛文九年三月に、当時寺社奉行であった小笠原山城守長頼（在任、寛文六年七月一九日～延宝六年二月六日）と加々爪甲斐守直澄（在任、寛文元年一一月一一日～寛文一〇年一二月一一日）から「神楽職」を許されたと述べている。「阿久良川」は東阿倉川村のことで、「高ノ宮」は東阿倉川村の太夫たちが奉斎した彼らの守護神である。豊受皇太神荒御魂・猿田彦命を祭神としたが、明治四〇年に東阿倉川村の鎮守海蔵神社に合祀された[26]。

また「上野村」は、『桑名志』が巻之五「村里一　桑名郡」のところで「大夫村」の項を掲げ、

満村皆尾州津島ノ社家ノ手代ニシテ諸国へ配札ヲ業トス。又神楽ヲ業トスル者十二軒アリ。元ハ上上野村ト称シ上野村ノ内ナリシカ、　鎮国公（桑名藩主松平定綱、在任、寛永十二年七月二十八日～慶安四年十二月二十五日）ノ御時大夫村ト改命セラル。

と解説するように[27]、太夫村のことを指す。そして、伊勢大神楽が「内宮大子殿大物忌之支配」である、と述べていることも興味深い。伊勢神宮・内宮の明治一二年七月付「旧師職総人名其他取調帳」によれば「館町四拾弐番地」に「元師職　孫福館大夫　士族　孫福弘富」があり、この家は「皇太神宮権禰宜職世襲宮守物忌父代々栄爵ヲ蒙リ従五位下ヨリ正四位上ニ昇進ス」とあり[28]、同家が「宮守物忌父」を世襲したことが知られる。毎年々末になると翌年配札用の神札を持って内宮御師荒木田孫福館太夫が太夫村を訪れたといい、山本源太夫家に戦前まで孫福館太夫専用の座敷や風呂が遺っていたというのも、こうしたことと関係するのであろう。事実、森本長太夫家伝来文書中には孫福館太夫の書状なども遺されており、伊勢大神楽の太夫たちと荒木田孫福館太夫との密接な関係を伝えて

いる。[29]

西角井正大氏は、

彼ら（伊勢大神楽の太夫たち）が伊勢の御師と結託したり、末席に連なる御師のように祭る説があるが、調べた限りでは伊勢神宮認可の御師は大神楽獅子を舞わすような職能性を持つことはなかった。（中略）いままでよく説かれてきたような伊勢大神楽が伊勢神宮の御師であったことはなかったと考えている。私製のお祓い札を出すことはあっても神宮暦を配って回ったとも聞いていない。

と述べ、伊勢大神楽の太夫たちと神宮御師との関係を否定的にとらえるが、[30]太夫たちが御師そのものでなかったことはもちろん事実であるが、彼らと伊勢神宮（内宮）・御師との関係については否定できないものと考えている。

ところで、伊勢大神楽の江戸下向については、さらに詳しく述べた史料が遺されている。木村七郎太夫家伝来の宝暦一一年（一七六二）四月付の「以書付奉申上候」がそれで、「伊勢国神郡三重郡阿倉川　高宮大明神祠官　館与四太夫」がしたためたものである。[31]以下がその内容の一部である。

江戸御表御繁昌に付、寛文元年に三重郡阿倉川神人共大勢罷下り神職仕候処、寺社御奉行小笠原山城守様・加賀爪甲斐守様御両所より御召寄被遊、何所より参り申候と御吟味の上、伊勢四日市御代官佐野平兵衛様に御尋被遊候所に三重郡阿倉川の百姓祢宜に御座候由、寺社御奉行に被為仰上、江戸下谷上野町一丁目に家屋敷相調、神職仕罷在候寺社御奉行様より伊勢大神楽の事御尋被遊、委細神職の道乍恐口上にて奉申上候、賢談為人日（ママ）関所何れ共頭役人無之候由者不埒に相見え申候間、頭先立可有由御申被遊候に付、延宝三年佐野左衛門に支配頭役御願申候、得（ママ）て被為仰付難有仕合奉存候、其上御墨付頂戴仕候

江戸御表山王御宮・神田大明神毎年御神事の節は只今迄不相変御神事相務、御城様に参上仕、大神楽執行仕候、伊勢両宮には大社神楽、是者諸国え相廻申候て大神楽と称し可申由、諸国天下泰平・国家安全・御武運長久・五穀成就の御祈禱の儀御免被遊候

寛文九年酉三月より今年迄相不更江戸御表にて寺社御奉行所に毎月相務申候、阿倉川神人共宮元には御座候て江戸支配頭の下にては無御座候得共、御公方様御宣下の節惣代罷下り、寺社御奉行様に支配頭同道参上仕候、去辰十月惣代石川源太夫罷下り、松平周防守様御屋敷にて毛利讃岐守様・阿部伊豫守様御列座にて伊勢宮元神人共御府内の支配頭先規により被為仰付候通、無違背相勤申候様に被為仰付難有奉存罷帰申候

これによると、伊勢大神楽が初めて江戸に下ったのは寛文元年（一六六一）のことで、このとき寺社奉行の小笠原長頼と加々爪直澄から召し出され、その素姓などに関し吟味を受けた上で、江戸・下谷の上野町一丁目に家屋敷を賜り、延宝三年（一六七五）に至って、「佐野左衛門」が初めて「支配頭」に任命されたという。この「支配頭」は、「阿倉川神人共宮元には御座候て江戸支配頭の下にては無御座候」とも記されているので、あくまでも江戸に活動の拠点を移した人々の「支配頭」、すなわち「江戸支配頭」であって、相変わらず東阿倉川村を本拠に活動する人々はその配下には属さなかった。彼らを支配したのは「高宮大明神祠宮　舘与四太夫」で、舘家は東阿倉川村の「開発草分神主」[32]として代々その地位を世襲した。こうした事情は、太夫村についても同様で、太夫村は慶長年

間（一五九六〜一六一五）頃に山本十右衛門・山本市太夫両人によって開発され、[33] 尾張・津島神社の牛頭天王の神札を配る師職家と、大神楽を業とする神楽家で構成されたが、[34] 山本十右衛門が師職家を支配したのに対し、山本市太夫が神楽家の支配頭を務めた。[35] 太夫村の伊勢大神楽の太夫たちは、「山本市太夫」「山本伊豆守」「山本市正」などを称して増田神社の神主を世襲した山本市太夫末裔の支配を受けたのである。「支配頭」の呼称については、

神祇道一札之事

一、伊勢桑名郡太輔（太夫）村立坂神社増田太明神社職

山本源太夫

右者、従古来当社神楽方之社人私支配ニ相違無御座候、依而舊例之通　御武運長久・国家安全・五穀豊饒為御祈禱太神楽執行ニ罷出候、此者神職不法之儀於有之者、拙官何方迄茂罷出、社法之通急度可申披候、万一及暮ニ候ハヽ、止宿之儀御世話奉頼候、猶又寺證文為致持参候、依而往来一札如件

伊勢国桑名郡太輔村

立坂神社増田太明神神主

太神楽神縄頭

寛政五歳丑三月　山本伊豆守

㊞（花押）

諸州[36]

神祇道一札之事

勢州立坂神社増田太明神社職

加藤孫太夫

右者、従古来当社神楽方之社人私支配相違無御座候、依旧例之通御武運長久・国家安全・五穀成就為　御祈禱太神楽執行ニ罷出候、神職不法之儀於有之者拙官何方迄茂罷出、社法之儀急度可申被候、御法度之趣相守候急（様脱）度申渡置候、及暮候ハヽ、止宿之儀御世話奉頼候、寺請証文為致持参候御往来一札如件

伊勢桑名郡太夫村増田太明神

太神楽神縄頭

神主山本伊豆守㊞

寛政六

寅三月

諸国驛所村々

御役人衆中(37)

などと記されるので、「神縄頭」と称されることもあったらしい。

伊勢の国元では、増田神社神主山本伊豆守（市太夫・市正）が太夫村の太夫たちを、高宮神社神主館与四太夫が東阿倉川村の太夫たちをそれぞれ支配し、文化年間（一八〇四～一八）には太夫村一二組に対し東阿倉川村は八組で、太夫村の方が優勢であったが、江戸においては東阿倉川村系の佐藤家が代々支配頭の地位を世襲し、江戸に活動拠

点を移した伊勢大神楽の太夫たちを、太夫村系・東阿倉川系にかかわらず、集団全体を支配する体制であったらしい。

先に紹介した宝暦一一年四月付「以書付奉申上候」によれば、延宝三年に至り、「佐野左衛門」が初めて江戸の「支配頭」に就いたとのことであったが、木村周吾氏所蔵文書[38]によると、その後江戸支配頭は、

元禄三年（一六九〇）　佐藤甚五左衛門
享保四年（一七一九）　亥六月
　　　　　　　　　　　佐藤源左衛門
享保九年（一七二四）　辰二月一八日
　　　　　　　　　　　佐藤丸右衛門
享保一七年（一七三二）　壬（閏）五月二七日
　　　　　　　　　　　佐藤内蔵介
寛保二年（一七四二）　一〇月六日
　　　　　　　　　　　佐藤縫殿亮
宝暦七年（一七五七）　子七月二三日
　　　　　　　　　　　佐藤斎宮

と推移したらしいから、初代江戸支配頭の名「佐野左衛門」も、「佐藤左衛門」の翻刻間違いと考えて誤りない。

先に出てくる「伊勢四日市御代官佐野平兵衛」に引きずられて「佐藤」とすべきところが「佐野」になってしまったのかもしれない。

このことは、安永八年（一七七九）二月一二日付で「伊勢太神楽支配頭　佐藤斎宮」らが幕府に提出した「伊勢方太神楽差出候書付」によっても確認できる。[39]

一、私先祖佐藤佐右衛門儀者、勢州東阿倉川村高野宮大明神之禰宜ニ而、勢州内宮太子殿御物器之御支配を請、太神楽職相勤罷在、勢州より年々御當地江罷下リ太神楽興行仕候處、寛文年中御當地江引越切ニ罷下リ町名不存下谷辺ニ住居仕候、然處、其頃之寺社御奉行加賀爪甲斐守様より段々御吟味之上、伊勢方太神楽支配佐右衛門江被仰付、私迄六代相続仕、神職人と相心得罷在候

この書付をしたためた佐藤斎宮は、七代前の初代支配領を「佐藤佐右衛門」と明記しており、宝暦一一年四月付「以書付奉申上候」にあった「佐野左衛門」が、やはり「佐藤左衛門」の翻刻間違いであったことを証してくれるのである。そして、初代の江戸支配頭佐藤佐右衛門が「高野宮（高宮）大明神之禰宜」であったことも記されていて、同社神主館与四太夫家のもとで禰宜を務めた佐藤佐右衛門が、江戸に下って定住した太夫たちの束ね役になったことが知られるのである。繰り返しになるが、伊勢の国元においては太夫村に比べて劣勢であった東阿倉川村が、江戸においては逆に優位にあったことがわかる。江戸の喜多村筠庭（一七八三～一八五六）が著した『嬉遊笑覧』に、「獅子舞は伊勢の吾鞍川より出るを学びて諸州に大神楽あり」などと記されるのは、そうした江戸における伊勢大神楽の現実を反映したものと考えてまず間違いなかろう。

また、『守貞謾稿』によれば、「又武府寺社奉行支配ニテ、江戸浅草田町壱丁目ニ住ス、佐藤斎宮ト云ヲ長トシテ、其下モ亦十二組ニ分ツ。コレヲ伊勢方と云」とのことであったが、これは誤りで、佐藤斎宮自身がこの「書付」で彼らは「勢州内宮太子殿御物器之御支配」を受ける「神職人」ではあったが、

一、職分之儀ニ付御願又者出入等有之候得ば、寺社御奉行様江罷出申候、併當時身分ハ町方御支配ニ而諸御触等家主より承之、人別等町方江指出、身分之儀ニ付御願其外出入等有之候得ば、町御奉行様江罷出申候

と述べているように、身分はあくまでも「町方」で、町奉行の支配を受けた。なお、ここにある「御物器」は既に見たとおり、「御物忌」の翻刻間違いである。

但し、この「書付」の次の条に、

一、諸願等前條ニ申上候通ニ御座候、且亦田舎ニ罷在候太神楽職之ものは凡伊勢方ニ而私配下之ものニ在之、新規太神楽職等相始申度者ハ私方江申出し、身元・家筋等相糺、其所之名主・組頭等請印取候上、職分私方より差免来候、尤も年々二月廿日在々配下之者私方江寄合、伊勢方作法等相改、職札相渡遣申候、在々配下之者職分ニ付諸願・出入等有之候得ば、私方江相届、夫より寺社御奉行様江御願申上来候

但受領之儀は内宮荒木田神主より免許被申付候、私方代替り家督等之節者寺社御奉行様江御届申上来、尤年頭五節句御禮寺社御奉行様江申上来候

とあるように、「神職人」としての「職分」に関しては寺社奉行の支配を受けており、寺社奉行とも全く無縁であったわけではなかった。そして、毎年二月二〇日には配下の太夫たちが全員佐藤家に集合し、作法を再確認するとともに、新規の「職札」を受け取る仕組みであったこともわかる。現在、増田神社で行なわれている「神講」も、文化一三年一二月付の「連中取締之事」[40]で、太夫村の一二人の太夫が連署して五つの条項を書き上げ、それらについて違反しないことを誓約し、支配頭（増田神社神主）の署名・捺印の後に「毎年連判相改、書替可有之事」と記されることからすると、本来は同様の意味合いを持っていた可能性が高い。さらに但書からは、佐藤家の「内蔵介」「縫殿亮」「斎宮」といった官途は内宮荒木田神主から得たものであったことも併せて知られ、ここでも伊勢大神楽と伊勢神宮（内宮）との関係があらためて確認できるのである。

ところで、伊勢大神楽には、壬申の乱にからめてその始源を物語る縁起譚が伝えられている[41]。

大海人皇子（のちの天武天皇）は、白鳳元年（六七二）壬申五月に、大友皇子の襲撃を受けて吉野を落去し、伊賀を経て伊勢国桑名に立ち到った。大海人皇子は第一皇子である高市皇子を美濃国に派遣し合戦を挑ませたが、大友皇子の軍勢は圧倒的に強く、高市皇子らは敗北し多くの戦死者が出た。ここに及んで大海人皇子は「朝敵退治」のため登保利川で禊をし、中臣大嶋子・神麻続麻呂弗の両名を祓主と定めて、自らの軍勢全員の「解除《はらえ》」をさせた。そののち大海人皇子は増田庄霞ケ岡に登って、ここから天照大神を遥拝し、朝敵退治・宝祚万歳を祈願した。それから大海人皇子は仮殿に入り、しばしまどろんで霊夢を見る。一つの星が忽然と天から降って来て、大海人皇子に対し、「我は『天木綿筒《あめのゆうづつ》』という者なり。このたび天照大神の神勅によって助力すべく遣わされた。逆徒を征誅し、国土を安穏ならしめん」と告げた。大海人皇子はその様子をながめていたが、すると星は「忿怒ノ猛獣」へとその姿を変じ、金色の獣毛を落としながら西南の空へと飛び去って行った。大海人皇子が夢から覚めてかたわらを見ると、周囲が一丈（約三メートル）以上もある巨石があった。里人は、以前はこの場所にこのような石はなかった、星が降って石となったのではないかといい、大海人皇子がその石をたたいてみると、石の中から轡《くつわ》の音が聞こえた。大海人皇子の軍勢はこれに力を得て、全軍で川に入り禊をした。そして、「登保利川」の名を改めて「星川」とし、その地の地名も「石占《いしうら》」と名付けた。また里人が、霞ケ岡の丘陵の東側に金色の獣毛がたくさん落ちているというので、その辺りの地名も「尾ノ浦」「尾ノ山」と名付けた。勢いを得た大海人皇子の軍勢は白鳳元年八月二七日に見事大友皇子の軍を破り、大友皇子は近江で自殺を遂げ、国土は安穏となった。これに感謝した大海人皇子は、霞ケ岡に天照大神・建御雷命《たけみかづちのみこと》・経津主命《ふつぬしのみこと》・保食命《うけもちのみこと》を祀り、四神合わせて「増田大明神」と称し、尊崇した。そしてこのとき大海人皇子は神麻続麻呂弗とその類属に命じて、天木綿筒飛行の像および中臣猿女・猿彦の面像を彫刻させ、古風の神楽に加えて戯曲を奏させ、神慮を慰め、大海人皇子や百官の「鬱滞」をほぐさせた。大海人皇子は九月八日に桑名へ還り、そこで宿泊したのち大和に帰って、飛鳥浄御原宮《あすかきよみはらのみや》で即位し、天武天皇となった。以来、増田神社の神職は神麻続麻呂弗の後裔が代々務め、天武天皇の佳例にならい、たびたび雲上へも召されてきた。そのほか、武運長久・五穀成就・疫病鎮護などの祈禱も諸国檀越の依頼に応じて行なっている、というのである。

　伊勢大神楽の総舞一六曲のうち「吉野舞」はこの伝承に因んだ演目で、伊勢大神楽の獅子は、ここに記されるとおり、「天木綿筒命」という神名で呼ばれる。宵の明星のことを「ゆうつづ」というので、大海人皇子が見た星とは金星で、伊勢大神楽の獅子は金星を神格化したものであるらしい。

　壬申の乱の折に大海人皇子が「登保利川」付近で天照大神を遥拝したことは、『日本書紀』天武天皇元年（六七二）六月丙戌（二六日）条に「旦《あした》に、朝明郡《あさけのこおり》の迹《と》太《ほ》川の邊《へ》にして、天照太神を望拝《たよせにおが》みたまふ」とあり[42]、同年九月八日に皇子が桑名の地に還幸したことについても、やはり『日本書紀』天武天皇元年九月丙申（八日）条に「車駕還《おおみまかえ》りて伊勢の桑名に宿りたまふ」とあるが、[43]既に記したように、増田神社が鎮座する太夫村自体が慶長年間（一五九六〜一六一五）頃に開発されたに過ぎず、そのことは、同村に住む太夫たち自らが正徳五年（一七一五）五月付「覚」で語っているのであるから、[44]この物語は壬申の乱の史実に仮託して伊勢大神楽の由来・霊験について述べた縁起譚と理解すべきものである。

この伊勢大神楽の縁起伝承は、寛文元年三月日付の「伊勢太神楽由来ノ抜キ書」[45]に記されるもので、天保五年（一八三四）に没した桑名城下伝馬町の浄土真宗寺院長円寺の第一一代住職義道がしたためた『稿菴随筆《こうあんずいひつ》』にも「享和三（一八〇三）癸亥二月、大夫村治右衛門（森本忠太夫）ヨリ借用、写之」として、「寛文元年辛丑歳三月日」付の「伊勢大神楽由来抜書」が全文収録されている。[46]

「抜キ書」「抜書」という題名からすると、より詳しく伊勢大神楽の濫觴を物語る由緒書が存在したことも想定されるが、それよりも筆者はこの「抜キ書」「抜書」に記される寛文元年三月という年時に注目したい。なぜなら、それが伊勢大神楽が初めて江戸に下向する時期とピタリと一致するからである。これはおそらく単なる偶然ではないであろう。伊勢大神楽に全く馴染《なじ》みのない江戸に初めて下るにあたって、伊勢大神楽の由緒や霊験を簡単にまとめて持参したのではなかろうか。筆者は「伊勢太神楽由来ノ抜キ書」の成立を、太夫たちの初めての江戸下向とからめて、そう考えている。

こうした伊勢大神楽の縁起譚は、文化三年（一八〇六）八月三日付の「太神楽由緒書写」[47]にも収められているが、この史料には「本家市令太夫　山本伊豆ノ守」が、「往古より今に至りて貴賤の尊敬する事不可勝計、悉く爰挙んと欲すといへども、事繁けれバ略し訖ぬ、今の世に至りてハ其流れ列国に盛にして既に根本を失ハんとす、故に其起源を記して後世に伝へんといふはかり」と締め括った後に、「桑名上野村組」として森本長太夫ら一二組を列記

し、「阿倉川組」として石川宗太夫ら八組を列記する。そしてそのさらに後に「参州太神楽名簿」として、

西別所村　　近藤五太夫
　　　　　　近藤清太夫
東別所村　　田村平太夫
小坂井村　　榊原忠太夫
ト金村　　　川辺佐太夫
　　　　　　菊田奥右衛門
キラ吉田村　山沢半太夫

の七組を掲げる。「本家市令太夫」とは「市正《いちのかみ》太夫」の意であろうが、これによって、太夫村・東阿倉川村、そして江戸以外に、三河にも伊勢大神楽を業とする太夫たちのいたことが知られる。さらに同史料は彼ら七人の太夫たちの名を列記した後に、「以上、江戸神楽支配也。〆七組」と記す。すなわち三河国を本拠に活動した七組が、太夫村や東阿倉川村の支配を直接受けるのではなく、江戸支配頭佐藤家に属したことがわかるのである。

伊勢大神楽講社所属各組の回檀の範囲が、三重県・岐阜県[48]・福井県を東限とし、これを越えない理由もわかった気がする。尾張国・三河国（いずれも現、愛知県）など、これより東の地域は江戸支配頭の管轄範囲だったのであろう。

ちなみに、三河を本拠に活動した伊勢大神楽については、その系譜を引く渡辺勘太夫組が「三河伊勢神楽」を称

して活動を続け、昭和三二年には「形原獅子芝居」の名で愛知県指定の無形民俗文化財にもなったが、後継者がいなくなり、昭和六〇年に指定が解除された[49]。

四　伊勢大神楽と「江戸大神楽」

伊勢大神楽は寛文元年（一六六一）に初めて江戸に下り、同九年三月には寺社奉行小笠原長頼・加々爪直澄両人の吟味を得た上で「神楽職」を許され、東阿倉川村・高宮神社の禰宜であった佐藤佐右衛門が延宝三年（一六七五）に初代の江戸支配頭となり、江戸に拠点を移して活動することになった太夫たちは彼の配下に属し、江戸支配頭の地位は佐藤家が代々世襲した。

では、『東都歳時記』で「江戸太神楽は右二派なり」と、伊勢派と並び称された熱田派（尾張派）の江戸進出はどうだったのであろうか。

実は、伊勢大神楽の江戸支配頭佐藤斎宮が「伊勢方太神楽差出候書付」を提出した安永八年（一七七九）二月に、熱田派の鏡味権之進も「熱田方太神楽差出候書付」を提出し、幕府からの照会に回答している[50]。

都而太神楽ニ伊勢方・熱田方と両様有之候處、熱田方之儀者生国尾州ニ而熱田太神宮禰宜之二男三男之族御當地江罷出太神楽職仕、尤私共仲間ニ頭支配幷配下と申儀無御座、烏帽子・浄衣・奴袴着用、受領等之儀ハ熱田社役人江相願被差免候迄ニ而御座候、且又仲間古来ハ拾貳組有之候處、右之内両人先年致病死、跡相続人無之断絶仕候、自今右両人之跡を熱田禰宜二男三男又者私共仲間之内二男三男を以取立候節ハ熱田社役人幷寺社御奉行所様江御届計仕候儀ニ御座候、近頃音羽町何町目にて有之候哉相知不申、菊田外記と申もの、元文五年迄家業致罷在候處、致病死、其後跡相続人無之中絶致し候ニ付、私共仲間之内菊田主馬弟幸七儀外記跡之養子ニ相成相続致し候ニ付、熱田社役人江相届候上、明和四年十二月十二日寺社御奉行土岐美濃守様江御届申上、且又新規ニ太神楽致度旨申候者有之候節者、當時仲間拾人有之候ニ付相談之上不残仲ケ間之者共得心仕候得ハ、其上寺社御奉行所様江御願申上、御下知次第仲ケ間ニ仕候積相心得罷在候、尤前書之通、明株取立候儀者御座候得共、新規ニ取立候儀者唯今迄無御座候

これは、「一、太神楽家業之者共儀者神職人ニ属候哉」という質問に答えた部分であるが、伊勢派が「寛文年中御當地江引越切ニ罷下リ」と、江戸移住の時期について明言するのに対し、熱田派の方では江戸下向の時期に関しては一切触れていない。彼らの組織についても、伊勢派では、太夫村・東阿倉川村双方の支配頭とは別に「江戸支配頭」が成立し、関東を中心に東日本を管掌したと考えられるのに対して、熱田派の方では「頭支配幷配下と申儀無御座」と述べ、支配頭を頂点に整然と組織化されていた伊勢派に比べ、組織という点でかなり脆弱だった観は否めない。この「書付」を提出した鏡味権之進の肩書きについても、同時に提出した伊勢派の佐藤斎宮が「上野町二町目　三郎兵衛店　伊勢太神楽支配頭」とあるのに対し、ただ「元大工町新道　彦右衛門地借」と記されるのみであることも、それに対応しよう。宮尾與男氏は、この鏡味権之進が熱田派一二組の支配頭であったというが[51]、そうでなかったことは当の鏡味権之進自身がこの「書付」で述べている。そして、熱田派は「十二組」の株で構成されたが、相続人がなく断絶する例もしばしばあり、「明株」が出ている状況についても詳しく述べている。これらの記述からは、熱田派が伊勢派に比べて組織が脆弱なだけでなく、衰微しつつあることも明瞭に見てとれる。

続いて、「一、身分者町方支配ニ而人別等町方江差出候得、其家業筋者何れ之配下と申ニ而も無之候哉」という問いに対する鏡味権之進の回答を見てみよう。

熱田大宮司社役人より免許を請、風折烏帽子・浄衣・奴袴着用仕候、且又熱田社役人ハ正禰宜と唱申候、熱田を放れ他国江罷出候ものハ皆権禰宜と相唱、加持祈禱被相頼候得ハ則札ニ権禰宜と相認申候、寛文九酉年寺社御奉行加賀爪甲斐守様・黒田山城守様御勤役之節伊勢方・熱田方江太神楽新規ニ致し候もの有之候ハ、御訴申上候様御書付被下置候
右身分町方御支配ニ而人別等も町方江差出申候、家業筋之儀者寺社御奉行所様御支配請候儀と相心得罷在候、尤熱田方太神楽仲ケ間ニ而壹人宛年番相勤、右年番ニ相當候者ハ年始五節句幷寒暑等寺社御奉行所様御廣間迄罷出申候

身分が町方支配であり、大神楽という家業については寺社奉行からも支配を受けるというのは、伊勢派と同じであるが、この一節からは「支配頭」を持たない熱田派では「株」を有する者たちが互いに対等な関係で、「年番」で組織を代表する立場を務めていたことを知ることができる。また彼らは、尾張・熱田大社の「権禰宜」として、同社の信仰普及に努めたようで、風折烏帽子・浄衣・奴衣も、同社の許可を得て着用していると述べている。そして、寛文九年には伊勢派とともに加々爪直澄ら寺社奉行の吟味を受けたと記しているので、明確な年時はともかく、この頃には伊勢派とともに江戸で活動していたらしい。ちなみに「里田山城守」とあるのは、「小笠原山城守」の誤りである。

また、「一、田舎杯に罷在候者共之儀ハ右体之節如何致来候哉之事」という質問に対しては、

右田舎太神楽之儀ハ都而伊勢方之者ニ而右頭下谷上野町佐藤斎宮江御尋被成候得ハ相知申候

と回答しており、熱田方の行動範囲が江戸市中のみにとどまっていたのに対し、伊勢派の方は相当広範囲に活動領域が広がっていたことが知られる。先の「明株」に至った事情といい、伊勢派・熱田派と並び称されるものの、両者の勢力にはかなりの差があったことはおそらく紛れもない事実だったのであろう。

実際、熱田派の方はもともと一二組であったのに「明株」が生じているのに対し、伊勢派の方は、万延二年（一八六一）二月の段階で、佐藤玄蕃・菊池遠太夫・木村主計・館三太夫・野崎八郎太夫・藤井長太夫・池田藤太夫・林源之進・内藤惣太夫・神山常之進・小松崎丹太夫・小林万太夫・酒井忠太夫・鏡味浅之進・木村幸太夫・鈴木金太夫・佐藤右膳の一七人に膨れあがっている[52]。

ところで、安永八年二月に「伊勢方太神楽差出候書付」を提出した佐藤斎宮の肩書きが「伊勢太神楽支配頭」であったことにあらためて注目したい。先に紹介した年月日未詳の「乍恐以口上書御訴訟申上候[53]」でも、これをしたためた佐藤縫殿亮は、自らの肩書きを「伊勢大神楽支配頭」と記していた。次の三点の史料も同様である。

定

一、㊞伊勢大神楽御府内不及申、於諸国　天下泰平御祈禱之義、従先規被為遊　御免候、然ル處宝暦六子年七月廿三日　寺社御奉行様

本多長門守様
青山因幡守様
鳥居伊賀守様
阿部伊豫守様

御宅御列座にて大神楽支配頭被為仰付、伊勢神楽銘々職札被渡置候、御職札無之大神楽は伊勢神楽盗候者共、相互令吟味、支配頭宅へ可申来候、依之毎年二月二十日右職札相改可申候間、無遅滞支配頭宅へ寄合可申候、其節職札認替相渡可申候、為其仍如件

伊勢大神楽支配頭
慶応三卯年二月廿日　佐藤斎宮㊞
木村　幸太夫殿(54)

定

一、㊞伊勢太神楽御府内不及申、於諸国　天下泰平御祈禱之(義脱)、従先規被為遊　御免候處、宝暦六子年七月廿三日　寺社御奉行様本多長門守御同座ニ而、御免太神楽支配頭被為　仰付候処、今般王政一新ニ付、明治元辰年十月四日社寺向御役所被為　召出、是迄之通　御免許被遊、然る上猥ニ不相成様神職大切ニ相守可申事、依之巡村先ニ而故障ケ間鋪者在之候節、其村役人江届置、早速東京府江可申出者也

伊勢太神楽支配頭
明治二巳年二月　佐藤斎宮㊞
後　見　佐藤右膳
佐藤右膳殿(55)

定

一、㊞伊勢大神楽御府内不及申、於諸国　天下泰平御祈禱之義、従先規被為遊　御免候處、宝暦六子年七月廿三日　寺社御奉行様本多長門守様御宅御列座ニ而大神楽支配頭被為　仰付候処、今般王政御一新ニ付、明治元辰年十月四日社寺局御役所様より被為　召出、是迄之通　御免許被為遊、然ル處猥ニ不相成候様神職大切相守可申事、依之巡村先ニ而故障ケ間敷者在之候節、其村役人江相届置、早速東京府江可申出者也

伊勢大神楽支配頭
明治二巳年二月　佐藤斎宮㊞
後　見　佐藤右膳㊞(56)

これら三点の定書は、いずれもまさに幕末・維新の動乱期のもので、佐藤家が初めて江戸支配頭の地位についたのを宝暦六年（一七五六）七月二三日のこととしており、宝暦一一年四月付の「以書付奉申上候[57]」に見られた延宝三年（一六七五）とは八〇年も食い違い、年月の経過とともに、記憶に大きな揺れが生じたことが知られる。

それはともかくとして、これらの文書からは、幕末・維新期に至ってもなお、毎年二月二〇日に江戸の佐藤家に太夫たちが寄り合い、職札の改めが行なわれていたことが確認できるが、加えて佐藤家が江戸時代を通じて「伊勢大神楽支配頭」を名乗り続けたこともわかる。『東都歳時記』のように、伊勢派と熱田派の総称として「江戸大神楽」という呼称が用いられることはあったのかもしれないが、伊勢派は一貫して「伊勢大神楽」を用いており、熱田派については、『徳川禁令考』では「熱田方太神楽差出候書付」という文書名を付けているものの、「熱田方太神楽」とか「熱田大神楽」「尾張大神楽」という呼称は一度も用いていない。たとえそういう呼び方があったとしても、伊勢派・熱田派を総称して「江戸大神楽」とする呼び方は、通称としてはともかく、正式なものでなかったことは間違いない。『東都歳時記』の記す「江戸大神楽」は、「江戸の大神楽」「江戸における大神楽」といった程度のものと考えておくべきであろう。したがって、もちろん伊勢大神楽のように、江戸大神楽という芸能があったわけでもない。

昭和五五年、東京都は「江戸太神楽」を無形民俗文化財に指定した。対象は、一二代鏡味小仙社中を中心とした「江戸太神楽保存会」で、演目は①曲撥②曲鞠③傘の曲④長撥の曲⑤羽子板相生の曲⑥花籠鞠の曲⑦相生茶碗の曲⑧五階茶碗の曲⑨水雲井の曲⑩末広一万燈の立物⑪悪魔除獅子の舞⑫天鈿女の舞⑬鹿島の舞で、これを「太神楽十三番」と呼ぶのだそうである[58]。

しかし、これまで見てきたように、「江戸大神楽（江戸太神楽）」という呼称はあったとしても通称に過ぎず、伊勢派と熱田派がともに同じ演目を演じたとは到底考えられないので、もし仮にこれらが鏡味小仙社中に伝承された演目であるということであれば、「江戸太神楽熱田派」あるいは「熱田方大神楽」の演目とするのが本来は正しい。

一二代鏡味小仙師は、熱田派の江戸下向を寛文四年（一六六四）とし、伊勢派の下向はそれより二、三〇年も遅れるとたびたび語り、それが通説化していたが、実際には伊勢派が寛文元年の江戸下向、寛文年中の「江戸引越切」を伝え、熱田派の下向については年時が明らかでないことがわかった。寛文九年には、ともに寺社奉行の吟味を受けていることから、その頃には既に熱田派も江戸に進出していたらしいが、組織の面においても、活動範囲においても、江戸時代においては伊勢派が熱田派をはるかに凌駕していたことは疑いない。

そうした状況であったにもかかわらず、熱田派にはほとんど史料らしい史料も遺っていないのに、熱田派優位の歴史が語れるようになる。

それにはどうやら、近代の東京における大神楽界の事情が反映しているようである。東京の大神楽師たちは、首都東京の近代化・巨大都市化、また関東大震災など、さまざまな理由で檀那場を失い、従来のような回檀ができなくなり、もっぱら曲芸師として生き残ってきた。昭和四年には大日本太神楽曲芸協会

写真３　太神楽曲芸協会による東京都新宿区神楽坂の町内まわり（2006年２月３日　北川央撮影）。この２月３日節分の日の町内まわりは1996年に復活させたもの。2006年からは元旦の台東区浅草の町内まわりも復活させている。

（現、太神楽曲芸協会）が結成されたが、その組織名にもそうした事情がはっきりと表れている。初代会長は一一代鏡味小仙師が務め、その構成員は熱田派の人々とともに水戸大神楽の人々が多数を占め[59]、伊勢派の人々はきわめて少数に過ぎなかった。平成八年の時点では、曲独楽や里神楽、またジャグリング出身者を除くと太神楽曲芸協会の構成員は、鏡味・翁家・柳貴家・宝家・柳家・叶家の六つの姓・家号に収斂してしまっていた。この内、鏡味姓は熱田派の系譜を引くが、柳貴家は水戸大神楽のそれであり、翁家[60]・宝家[61]・柳家[62]は水戸大神楽から東京に進出を果したもので、叶家勝二師の本来の家号は「豊来家[63]」で、これまた翁家・宝家同様、水戸大神楽出身の家号である。伊勢派の系譜は、太神楽曲芸協会の理事長を務めた館三太夫師（明治四三年生まれ、平成一五年没[64]）を最後に完全に協会から消え去ってしまったのである。

江戸における伊勢大神楽が太夫村系よりも東阿倉川村系が優勢で、支配頭の地位も同系統の佐藤家が世襲した現実が、『嬉遊笑覧』の「獅子舞は伊勢の吾鞍川より出るを学びて諸州に大神楽あり」という記述を引き出したように、近代においても熱田派優勢という現実が「江戸大神楽」における熱田派優位の伝承を生み出したのではないかと思われる。

五　「江戸大神楽」と水戸大神楽

前章では、近代になって水戸大神楽出身の大神楽師たちがさかんに東京へ進出を果たし、現在では熱田派系統の人々と太神楽曲芸協会を二分する勢力になっていることを紹介した。では一体、この水戸大神楽とはいかなる系譜の大神楽なのであろうか。従来いわれてきたように、「江戸大神楽」熱田派の流れと考えて間違いないのであろうか。本章では、この点について考えることとする。[65]

筆者は、平成一二年二月に、茨城県北茨城市内を回檀する水戸大神楽宗家家元柳貴家正楽社中に同行したが、正楽師は回檀先のお宅を訪れると、「今年も足黒《あしぐろ》神楽が参りました」と挨拶をして、獅子を舞い、放下芸を披露する。伊勢大神楽の回檀では、一軒一軒のお宅では竈祓い・悪魔祓いの獅子を舞うだけで、放下芸は行なわないが、正楽社中の回檀では、それぞれのお宅で、獅子舞のあとに必ず複数の放下芸を披露する。したがって、伊勢大神楽の回檀に比べて、水戸大神楽の場合、一軒あたりの所要時間は断然長く、それだけ一日の内に回る軒数は少なくなる。

写真４　茨城県北茨城市関本町関本中を回檀する水戸大神楽宗家家元柳貴家正楽社中（2000年２月５日　北川央撮影）

ところで、正楽師の挨拶に登場する「足黒」であるが、これは、常陸国茨城郡の足黒村（現、茨城県東茨城郡茨城町秋葉）を指す。正楽師の自宅には、「御免　御祭禮御用神楽　足黒村　宮内求馬」「水戸　御免御祭禮御用神楽　宮内求馬藤原利幸」「免許　水戸大神楽　足黒村宮内」などと記された木札（会符）が数枚伝存する。足黒村の宮内求馬なる人物が水戸東照宮の祭礼に際して神楽を奉仕したことを示す確かな証拠である。

この足黒村の宮内氏が東照宮祭礼の神楽をつとめることになった経緯について、天明六年（一七八六）成立の『水府地理温故録』は、「此町（臺町《だいまち》、現、水戸市元台町《もとだいまち》）に夷金之衛門といふもの、先年より　権現様御祭禮の砌、本取して大神楽の獅子舞を出し来りしが、困窮に及び、天明五巳四月より足黒村の夷宮内といふ者に株を譲る」と記している。[66]
また天明五年の「太田村御用留」（太田村は、現、茨城県常陸太田市宮本町ほか）には、

御祭禮神楽幷在々相廻候神楽ともニ臺町栗林主計壱人之持前ニ有之候所、右主計相果候ニ付、此度足黒村宮内求馬と申者江神楽司申付候間、在々へも右求馬名目ニテ相廻候旨、相心得可申候、此廻文見届早々相廻、留りより追而役所へ可被返候、以上

四月十二日　石川源左衛門
梶　清次衛門

という藩からの廻文の写が収められている。[67] 両史料によると、元来東照宮祭礼の神楽をつとめたのは、水戸城下台町に住む「夷金之衛門《えびすきんのえもん》」こと「栗林主計」であったことがわかる。原因は二つの史料で異なるが、彼が経済的困窮に陥ったためか、あるいは亡くなったため、その職は足黒村の「夷《えびす》宮内」こと「宮内求馬」が継承することとなったのである。『新編常陸国誌』巻一二の「東照宮祭禮」の項に「神楽獅子（主計）」とあるのも、[68] かつて台町の栗林主計が水戸東照宮の祭礼に神楽獅子を出していたことを示している。中村茂子氏は、江戸大神楽の「宮内丹後守」が天明五年「巡業」中に水戸徳川家に召されて、城下に屋敷を賜り、水戸藩領内を回檀するようになって水戸大神楽が成立したと述べたが、[69] 事情は全く違い、天明五年に宮内求馬が継承する以前から水戸大神楽は既に存在していたのである。

ところで『新編常陸国誌』の「東照宮祭禮」の項には、いま一つ「獅子二頭二行〔申大夫神主共〕」とあって、同祭礼には栗林主計のものとは別に、「申大夫《さるだゆう》神主《かんぬし》」の獅子二頭が供奉していたことが知られる。[70] この「申大夫」について『新編常陸国誌』は、巻四「裏一町目」の項で、

寺社便覧云、市神ノ祠ハ、帝姫神ト称シ、天照大神宮ヲ奉レ祭共イヘリ、代々申太夫ト称シ、世ニイフ舞々太夫ノ類属ナリ、竈神ノ画影ヲ出ス、此画影西ノ宮ノ社人〔所謂夷〕ノ出ス處ト異ナリ、夷ノ出ス所ハ中ニ鳥居ヲ画キ、両方ニ神馬ヲ率ヒタルサマナリ、申大夫が出ス画影ハ、京師ノ稲荷ノ御影ニ似タリ、四季ヲ表シタリトカヤ、申太夫モ旧キ家ナル由〔本苗塩谷氏〕、御祭禮渡御初リ候砌〔東照宮ノ祭禮ヲ云フ〕、御先キ露払ノ御榊ノ次ニ立ツ、獅子二頭〔春日ノ作ナリト云〕ヲ、此者先祖へ御預被レ遊ケルトゾ、イカ成ル故ニヤ、由緒有事成ルベシ

と記している。[71]

申太夫は、ここに記されるとおり、水戸城下裏《うら》一町目（現、水戸市本町一丁目）の「市神《いちがみ》」の祠（現、市杵姫《いちきひめ》神社）の神職を代々世襲した塩谷氏の称であった。「世ニイフ舞々太夫ノ類属ナリ」と記され、同じ「裏一町目」の項に「毎年参州ヨリ来ル萬歳、初メニ此申太夫ヲ訪ヒ、其後諸方へ分散スルト云」とあることから、この申太夫は、江戸・浅草田原町に住し三社権現社（現、浅草神社）の神主職を務めた神事舞太夫頭・田村八太夫の配下で、常陸一国の触頭的な地位にあったと考えられる。[72]

「神事舞太夫由緒」に収められた「神事舞太夫由来」（文政一三年〈一八三〇〉四月付で、田村八太夫が幕府の寺社奉

行所に宛てて提出したもの）の中で、田村八太夫が、「私支配下之儀者、諸国散在仕、神主・宮持・社役人之品有之」として、その冒頭に、

　一、常陸国水戸
　東照宮様御祭禮、毎年四月十六日ゟ十七日迄、乍恐　天下泰平・御武運長久御祈禱御神楽、奉幣国堅メ神楽、
　八乙女神楽、其外品々何連茂、烏帽子装束ニ而、神事舞太夫之者共相勤申候

と記すのも、[73] 申太夫が田村八太夫配下の神事舞太夫であったことを示すとともに、その組織の中における地位の高さを物語っている。

さて水戸大神楽の歴史を考えるにあたっては、その担い手が「夷金之衛門」「夷宮内」（傍点筆者）というように「夷《えびす》」を冠して呼ばれていたことに注目しておかなければならない。

『新編常陸国誌』は巻一二で「蝦夷」の項を掲げ、「水戸ノ吉田臺町ニモエビスト云部類アリ」と記し、「コレ等ハスベテ蝦夷俘囚ノ裔」、すなわち古代「蝦夷」（えみし・えぞ）や「俘囚」（ふしゅう。律令国家に帰服した蝦夷のこと）の末裔であると、もっともらしく述べるのであるが、[74] これは全く事実に反する。実際には先に記した「裏一町目」の記述に、「西ノ宮ノ社人（所謂《いわゆる》夷《えびす》）」とあったように、「夷」を冠して呼ばれた人々は、戎《えびす》神の総本社たる摂津国西宮神社（兵庫県西宮市）の信仰普及の担い手で、「西宮夷願人《にしのみやえびすがんにん》」と呼ばれた人々であった。

実は彼ら西宮夷願人と神事舞太夫との間には長い対立の歴史があった。

承応三年（一六五四）に火災で本殿が焼失した西宮神社は、寛文三年（一六六三）に至り、社殿造営の資金確保

のため、諸国への夷札《えびすふだ》配布を幕府から許可された。各地の戎（夷あるいは蛭児）社の神官たちが配札の任にあたり、彼らが「夷願人」と呼ばれたのである。彼ら夷願人は一国単位で触頭に統轄され、さらにそれを西宮本社の夷願人頭が支配した。また関東の場合は、一国の触頭と本社の夷願人頭の中間的存在として西宮江戸役所があり、関八州の夷願人たちをその支配下に置いた[75]。

こうして西宮神社は、諸国の戎社を強固な組織のもとに掌握したのであるが、夷願人が夷札の配札を主たる職務としたがゆえに、大黒天の札とともに夷札を配っていた神事舞太夫との間に争論が勃発した[76]。

寛文七年（一六六七）閏二月二七日、幕府寺社奉行の裁許により、神事舞太夫は大黒の像だけを配ること、夷願人は夷の像だけを配ること、ということで一応の決着をみた。しかし元禄一五年（一七〇二）に至り、神事舞太夫側が配札をめぐって再び提訴した。理由は、夷願人たちが相変わらず紛らわしい札を配っている等々であったが、同年閏八月二七日、幕府の裁許が下り、神事舞太夫側は大黒札・青襖札・絵馬札以外の札は配ってはならぬとされ、夷願人の配る札も夷札・田の神札・神馬札の三種に限定され、例えば神馬札が「鳥居を付し、馬弐疋・弐人ニ而牽候」というように、それぞれの札について図様が定められた。『新編常陸国誌』が「裏一町目」の項で、中太夫の出す「竈神」の画影について、「此画影西ノ宮ノ社人〔所謂夷〕ノ出ス處ト異ナリ、夷ノ出ス所ハ中ニ鳥居ヲ画キ、両方ニ神馬ヲ率ヒタルサマナリ」と記したのは、まさにこのことを指していたのである。

水戸大神楽の担い手であった「夷金之衛門」こと栗林主計、「夷宮内」こと宮内求馬らが西宮夷願人であったことは、これでほぼ確実となった。

足黒神楽を伝承した宮内家は、慶応四年（＝明治元年、一八六八）生まれの宮内数太夫（本名繁次郎）が昭和三年に没したのを最後に廃業し、その道統は数太夫の一番弟子であった鴨川嘉之助が受け継ぎ、彼が昭和四六年に亡く

写真５　水戸大神楽宗家家元柳貴家正楽家に伝存する夷札の版木（1996年12月６日　於茨城県水戸市・柳貴家正楽師宅　北川央撮影）

写真６　水戸大神楽宗家家元柳貴家正楽家に伝存する神馬札の版木（1996年12月６日　於茨城県水戸市・柳貴家正楽師宅　北川央撮影）

写真７　「えびす大黒舞」を演じる柳貴家正楽師(左)と柳貴家寿翁（先代正楽、故人）師（2000年２月５日　於茨城県北茨城市平潟町　北川央撮影）

なると、先代柳貴家正楽（本名大高四郎、平成一五年没）がこれを継ぎ、昭和六三年に一八代家元となった現在の柳貴家正楽師（本名大高弘靖）が今に伝承している。[77]

その柳貴家正楽家には、「西宮太神宮」と刻まれた夷札の版木、「鳥居を付し、馬弐疋・弐人ニテ牽候」という図柄そのものの神馬札の版木が伝存し、水戸大神楽の担い手が間違いなく西宮夷願人であったことを証している。水戸大神楽の重要な演目に「えびす大黒舞」があるのもそのことと関係しよう。[78]

水戸大神楽は、本家・足里神楽以外に、鯉渕神楽・海老三神楽など、さまざまな分流が生じ、それぞれ檀那場を持って回檀したが、その一つに足黒神楽の宮内求馬が妻の実家・高瀬家のある常陸国那阿郡野口村（現、茨城県常陸大宮市野口）に隠居して成立したという野口神楽がある。この野口神楽・高瀬家伝来文書の中に、

常陸国那珂郡野口村夷社之祠官高瀬能登掾藤原信継、着風折烏帽子・狩衣、任先例可専神役者、神道裁許之状、如件

元文三年四月六日

神祇管領長上正三位行右兵衛督兼侍従

卜部朝臣兼雄[印]

常陸国那珂郡野口村蛭児社祠官高瀬伊予守藤原清次、着風折烏帽子・狩衣、可専恒例之神役者、神道裁許之状、如件

安永六年四月廿一日

神祇管領長上正二位　卜部朝臣兼雄[印]

という、二通の神道裁許状が存在する。[79] 野口神楽・高瀬家が野口村の夷（蛭児）社祠官を務めていたことが明らかである。おそらく、この高瀬家も、足黒神楽の宮内家同様、「夷」を冠して「夷高瀬」と呼ばれた、西宮夷願人だ

ったのであろう。

以上の検討により、水戸大神楽が「江戸大神楽」熱田派に属するものでないことが明らかとなった。「江戸大神楽」の伊勢派はすなわち伊勢大神楽で、伊勢神宮（内宮）の信仰普及を担い、熱田派が同様に尾張・熱田神宮の信仰普及を担ったのに対し、水戸大神楽の場合はいずれとも異なり、摂津・西宮神社の戎信仰の普及を担う大神楽だったのである。

六　おわりに――本稿の成果と今後の課題――

本稿では、「三大神楽」とも称される伊勢大神楽・江戸大神楽・水戸大神楽、三者の相互の関係を、文献史料の検討を通じて考察してきた。その結果、明らかになった点はおおむね以下のとおりである。

（一）　伊勢大神楽が江戸に「引越切」で定着したのは寛文年間（一六六一～七三）のことで、太夫村・東阿倉川村両系統の太夫たちが江戸に下ったが、大勢を占めたのは東阿倉川村の方で、江戸支配頭は、東阿倉川村高宮大明神の禰宜であった佐藤家が代々これを務め、毎年二月二〇日には、佐藤家に配下の太夫たちが全員集まり、「職札」の再交付を受けた。三河を本拠に活動した七組も、この江戸支配頭佐藤家に属して活動した。

（二）　江戸に定着した伊勢大神楽の太夫たちは「江戸大神楽」の伊勢派と通称されることとなるが、「江戸大神楽」には今一つ熱田派（尾張派）と称されるグループがあり、尾張・熱田神宮の信仰普及に努めたが、こちらについては江戸定着の時期が定かではなく、支配頭も置かれず、輪番で集団の代表を務めた。

（三）　伊勢派の太夫たちは、江戸時代を通じて一貫して「伊勢大神楽」を称しており、こんにち一般に使われる

「江戸大神楽」は伊勢派・熱田派をまとめて呼ぶ際の総称・通称に過ぎず、「江戸大神楽」という一つの神事芸能が存在したわけではなかった。

（四）熱田派の活動範囲が江戸市中に限られ、江戸時代後期にはかなり衰退の兆しを見せているのに比べ、伊勢派の方は江戸市中はおろか関東をも越えて広く活動していたことが推定され、太夫家の数もかなりの増加が見られる。

（五）にもかかわらず、近代以降現在に至るまで「江戸大神楽」における熱田派の優位が繰り返し語られてきたのは、近代以降、とりわけ昭和四年設立の大日本太神楽曲芸協会（現、太神楽曲芸協会）において熱田派系統の大神楽師が圧倒的に優勢で、今では伊勢派系統の大神楽師が一人もいなくなってしまったという、現実を反映したものと考えられる。

（六）その太神楽曲芸協会においては、熱田派と並んで水戸大神楽系の大神楽師が多数活躍し、現在においては熱田派系統と水戸大神楽系統の二派で協会が構成される状況となっているが、その水戸大神楽はこれまでいわれてきたような熱田派ではなく、彼らは西宮夷願人として、摂津・西宮神社の戎信仰の普及に努めた。

これら本稿で明らかとなった事実は、関東の大神楽に対する従来の考え方に、根本的な見直しを迫るものである。それとともに、従来ともすれば伊勢大神楽こそが大神楽の発祥そのものであり、ほかの大神楽はそこから派生したものと考えられがちであったが、そうした見方にも修正を促すものであると思っている。

『嬉遊笑覧』が、「獅子舞は伊勢の吾鞍川より出るを学びて諸州に大神楽あり」と記したのは、江戸大神楽の伊勢派において東阿倉川村系統が大勢を占め、同村出身の佐藤家が代々支配頭を世襲した事実が反映したものと考えられた。

江戸での状況とは裏腹に、地元伊勢においては、太夫村の方が東阿倉川村より、どちらかといえば優位に立っていたのであり、そもそも伊勢大神楽においてさえも、太夫村と東阿倉川村のどちらが本来の発祥地であるのかは俄に判断しがたい。

私自身は、大神楽という芸能の発祥地を特定することは難しく、しかもあまり有益な作業であるとは思っていない。それよりはむしろ、伊勢国の太夫村や東阿倉川村、尾張、三河また紀伊や常陸といった地域で、いわば同時多発的に大神楽が誕生したという事実の方に興味を覚える。[80]

『勢桑見聞略志』は桑名藩士山中七太夫が宝暦二年（一七五二）にしたためたものであるが、彼は同書巻之六「春日神社」の項で、「此邑太夫村ト云。陰陽師此所ニ居ス故なり」と述べ、太夫村の人々が実は「陰陽師」であることを明らかにしている。[81] そして彼は、「歳末柳ノ枝ニ歳末巻数名ヲ下ニ書タル短冊ヲ付テ家中門毎ニサシ、年頭素袍・烏帽子ヲ着シ年礼ニ来ル、此時米ヲ遣スコト、定綱公定メ玉フトソ」と、太夫村の人々の年末・年始の活動を具体的に記している。[82]

太夫村は江戸時代、尾張・津島社の御師の手代として諸国檀那場に同社の神札を頒布してまわった師職家の人々と、大神楽を業にした神楽家の人々とで構成されたことは既に述べたとおりであるが、師職家の人々も神楽家の人々も本来はともに「陰陽師」だったのであり、それが津島社に属するグループと伊勢神宮（内宮）に属するグループとに分かれたために、師職家・神楽家の区別が生じたのである。

かつて筆者は、伊勢大神楽と萬歳の芸能としての親近性に言及したことがあるが、[83] 伊勢大神楽三河七組の近藤五太夫・田村平太夫・榊原忠太夫らが本拠とした西別所村・東別所村・小坂井村は、まさに三河萬歳の本拠地であり、萬歳もまた陰陽師たちの芸能であった。[84] 元治元年（一八六四）に土御門家配下の陰陽師について、国ごとの触頭な

どを書き留めた『諸国触頭名前仮留』には、「参河国」として、

一、参河国　参州触頭　吉田城下 安形讃岐
年始万歳職　東別所村小頭　碧海郡東別所村 成瀬内蔵八
同断　西別所村小頭　同郡 西別所村 若杉典膳
神楽職　小坂井村小頭　榊原志摩
年始万歳職　西尾組小頭　坂部彦太夫

とある。(85) ここに「神楽職　小坂井村小頭　榊原志摩(86)」とあるのが、小坂井村を拠点に活動した伊勢大神楽三河七組の一つ榊原忠太夫のことで、「年始万歳職」すなわち萬歳と、「神楽職」すなわち大神楽が、陰陽師という同じ根を持つ芸能であったことを明瞭に示している。

榊原忠太夫ら三河七組は、伊勢大神楽の江戸支配頭佐藤家に属し、同家文書中には、寛政八年（一七九六）二月二〇日付で榊原忠太夫に宛てた免許など、佐藤家からの文書が数通伝存するが、三河七組の存在を記す「太神楽由緒書写(87)」がまとめられた文化三年（一八〇六）の翌年、文化四年に佐藤家の支配を離れ、陰陽師支配の土御門家に

属するようになった[88]。そのため、土御門家の『諸国触頭名前仮留』に、「神楽職」としてその名が載ることとなったのである。

大神楽の源は、「声聞師」と称された中世の下級陰陽師の中で醸成されてきた芸能であった。だからこそ同時多発的に大神楽という芸能が成立し得たのである。太夫村の人々が、あるグループは尾張・津島社に属し、あるグループが伊勢神宮（内宮）に属することによって、師職家・神楽家が成立したように、伊勢大神楽の太夫たち（神楽家）が伊勢神宮（内宮）を頼ってそこに属したのに対し、「江戸大神楽」熱田派の人々は熱田社に属して、同社の信仰を普及した。また水戸大神楽の担い手は、西宮神社に西宮夷願人として取り込まれ、同社の戎信仰の普及に努めたのである。

その一方で、水戸大神楽の担い手が西宮夷願人だったからといって各地の夷願人全てが大神楽という芸能を携えたわけではない、という事実にも注意しておく必要があるであろう。西宮夷願人と一口にいっても、その実態はさまざまなのである。三河萬歳の太夫たちの中にも、西宮神社の夷札を配った者があったことは、その版木が遺っていることからも知られる[89]。かといって、三河萬歳の担い手全てが西宮夷願人であったわけではない。三河萬歳の担い手の一部が西宮夷願人であったとしても、彼らの多くは土御門家の支配を受ける「陰陽師」であった。

他方、西宮夷願人である水戸大神楽は京都・吉田家から神道裁許状を得ていたことは興味深い。同様に、伊勢大神楽の太夫たちは「太神楽由緒書写」でもわざわざ「京都吉田之支配也」と記され、実際彼らは京都・吉田家から神道裁許状を得ている。『勢桑見聞略志』の著者である桑名藩士山中七太夫には、彼らの活動は「陰陽師」のそれに見え、事実彼らは中世には声聞師と称された下級陰陽師たちの末裔には相違ないと判断されるが、彼らは近世には土御門家の支配は受けなかったのである。つまり近世の「陰陽師」ではなかったのである。

それに対して、三河を拠点に活動した伊勢大神楽の榊原忠太夫ら七組は、途中で伊勢大神楽の組織を離脱し、近隣の三河の萬歳師たちと同様に土御門家の配下に入り、「陰陽師」として把握されるようになる。こうしたことも、彼らがもともと中世の声聞師だったからこそ生じ得たのであろうが、それにしても同じ伊勢大神楽の集団内においてさえ、異なる道をたどったことは実に興味深い。

こうした大神楽の太夫たちをめぐる複雑で錯綜する諸関係は、大神楽という芸能とその担い手だけを見ていても簡単に解き明かせるものではない。神事舞太夫・西宮夷願人や近世の陰陽師など、大神楽の周辺に位置する存在も広く視野に入れて、稿を改めて考察を試みたい。

註

（1）大神楽については、史料上「太神楽」「代神楽」「太々神楽」など、さまざまに表現されるが、本稿においては、団体名や指定名称、原史料の引用部分などを除き、原則として「大神楽」を用いることとする。
ちなみに、国から重要無形民俗文化財の指定を受ける宗教法人伊勢大神楽講社は「大神楽」を用い、東京の太神楽曲芸協会は「太神楽」、茨城県指定無形民俗文化財の水戸大神楽宗家家元・柳貴家正楽社中では「大神楽」をそれぞれ使用している。
（2）『日本随筆大成　新装版別巻8　嬉遊笑覧2』（吉川弘文館、一九七九年）。
（3）『月刊文化財』二〇九（一九八一年）。
（4）『日本名所風俗図会12　近畿の巻Ⅱ』（角川書店、一九八五年）。
（5）文化一三年一二月付「連中取締之事」（山本源太夫家所蔵文書）。
（6）文化三年八月三日付「太神楽由緒書写」（伊勢大神楽講社所蔵文書）。
（7）文政三年三月付「口演」（加藤孫太夫家所蔵文書）。

（8）『影印校注　久波奈名所図会　中巻』（久波奈古典籍刊行会、一九七七年）。
（9）『日本名所風俗図会3　江戸の巻Ⅰ』（角川書店、一九七九年）。
（10）一二代鏡味小仙「太神楽」（『日本の芸談　第七巻　雑芸』所収、九藝出版、一九七九年）。文中の（ママ）は筆者が付した。
なお、表現は異なるものの、同様の見解は、一二代鏡味小仙『江戸太神楽由来』（私家版、一九六八年）、同『江戸太神楽』（江戸太神楽保存会、一九八〇年）でも示されている。
（11）中村茂子「大神楽の発生と展開および萬歳周辺の芸」（中村茂子・三隅治雄編『大衆芸能資料集成　第二巻　祝福芸Ⅱ　大神楽』所収、三一書房、一九八一年）。
（12）河野弘「水戸太神楽の系譜」（『茨城の民俗』一五、一九七六年）。
（13）伊勢大神楽の概要については、堀田吉雄編『伊勢大神楽』（伊勢大神楽講社、一九六九年）、鈴木武司『伊勢大神楽』（私家版、一九九二年）、同『伊勢大神楽探訪』（私家版、一九九九年）、拙文「伊勢大神楽概説」（記録映像『伊勢太神楽』付録、北勢地域伝統文化伝承事業実行委員会、二〇〇四年）、拙著『国指定重要無形民俗文化財　伊勢大神楽』（佛教大学アジア宗教文化情報研究所、二〇〇八年a）、拙著『神と旅する太夫さん　国指定重要無形民俗文化財「伊勢大神楽」』（岩田書院、二〇〇八年b）などを参照されたい。
また筆者には伊勢大神楽を扱ったものとして、ほかに「旅する舞人・伊勢大神楽――現代に生きる『奇跡』の遊行宗教者たち――」（『宗教と現代』一五―四・五、一九九四年）、「伊勢大神楽の展開――檀那場の形成をめぐって――」（『宗教民俗研究』九、一九九九年）、「伊勢大神楽――その成立をめぐって――」（横田冬彦編『シリーズ近世の身分的周縁2　芸能・文化の世界』所収、吉川弘文館、二〇〇〇年a）、「伊勢大神楽は私の心の原風景」（『伊勢人』一一八、二〇〇〇年b）、「伊勢大神楽」（佐藤次高責任編集『歴史学事典8　人と仕事』所収、弘文堂、二〇〇一年a）、「大神楽　獅子舞と放下芸が紡ぐ心の交流」（『別冊太陽　日本のこころ一一五　お神楽』所収、平凡社、二〇〇一年b）、「伊勢大神楽の〝こんぴら講〟」（『ことひら』五七、二〇〇二年a）、「陰陽師と芸能」（『大阪人』五六―五、二〇〇二年b）、「伊勢大神楽の回檀と地域社会」（園田学園女子大学歴史民俗学会編集『漂泊の芸能者』所収、岩田書院、二〇〇六年）、「伊勢大神楽における檀那場の継承」（亀岡市文化資料館『特別展　春の丹

波に獅子が舞う　諸国をめぐる伊勢大神楽』図録所収、二〇〇九年a）、「伊勢大神楽にみる『霊性』『聖性』の付与——信仰が地域をこえる理由——」（『宗教民俗研究』一九、二〇〇九年b）などがあるので、あわせてご一読頂ければ幸いである。

なお、以下本稿で拙文を表記する際には、拙文二〇〇〇年a、拙著二〇〇八年bというように記すこととする。

（14）文化一三年一二月付「連中取締之事」などには「佐々木勘太夫」とあるが、のち「山本」に改姓。

（15）加藤孫太夫の分家。

（16）堀田吉雄「伊勢大神楽について——組織と活動状況を中心に——」（『歴史手帖』一二—七、一九八四年）、拙文二〇〇二年a。

（17）「町方以後留」（玉置家文書、『岡山県史　第二十三巻　美作家わけ史料』所収、岡山県、一九八九年）。

（18）「自文化十五至文政二年一ヶ年間久保町逗留願控」（鳥居家文書、『新修　尾道市史』第四巻所収、尾道市役所、一九七五年）。

（19）『紀州田辺町大帳』第六巻〜第八巻（清文堂出版、一九八八年）。

（20）森本長太夫家伝来文書（伊勢大神楽講社保管）。なお、大福田寺は桑名市東方《ひがしがた》にある高野山真言宗の寺院で、桑名城下きっての名刹として知られ、太夫村の太夫たちのほとんどが同寺の檀家であった。現在も、山本源太夫師が同寺の檀家総代を務めている。

（21）前掲註(13)拙文二〇〇六年。

（22）『守貞謾稿』第一巻（東京堂出版、一九九二年）。

（23）前掲註(10)一二代鏡味小仙「太神楽」。

（24）山路興造「大神楽考——江戸の大神楽を中心に——」（『民俗芸能研究』三一、二〇〇〇年）。

（25）西角井正大「大神楽と、水戸の大神楽」（『民俗芸能』八一、二〇〇〇年）。

（26）『海蔵小誌』（四日市市立海蔵小学校、一九五五年）、および前掲註(13)拙文二〇〇二a、拙著二〇〇八年a・二〇〇八年b。

（27）桑名市博物館所蔵。

(28) 皇學館大學史料編纂所編『資料叢書　第一輯　神宮御師資料　内宮編』(皇學館大學出版部、一九八〇年)。

(29) 前掲註(13)拙文二〇〇二年a。

(30) 前掲註(25)西角井論文。

(31) 木村周吾氏所蔵文書(前掲註(26)『海蔵小誌』所収)。文中意味の通らないところがあり、翻刻の誤りであろうと考えられるが、原文書や写真での確認ができないので、そのままとした。

(32) 海蔵神社棟札(同右)。

(33) 正徳五年五月付「覚」(加藤巌家所蔵文書)。前掲註(13)拙文二〇〇〇年a、拙著二〇〇八年a・二〇〇八年b。

(34) 小島廣次「伊勢御師と津島御師」(『歴史地名通信』一五、一九八三年)。

(35) 前掲註(13)拙文二〇〇〇年aならびに拙著二〇〇八年a・二〇〇八年b。

(36) 山本源太夫家所蔵文書。

(37) 加藤孫太夫家所蔵文書。

(38) 前掲註(26)『海蔵小誌』所収。

(39)『徳川禁令考　前聚　第五帙』所収(吉川弘文館、一九三二年)。

(40) 前掲註(5)。

(41) 前掲註(13)拙文一九九四年・二〇〇〇年a・二〇〇四年・二〇〇六年、拙著二〇〇八年a・二〇〇八年bなど。

(42)『日本古典文学大系六八　日本書紀　下』(岩波書店、一九六五年)。

(43) 同右。

(44) 前掲註(33)文書。

(45) 山本源太夫家所蔵文書。

(46) 桑名市博物館所蔵。

(47) 前掲註(6)文書。

(48) 岐阜県は、現在伊勢大神楽講社に属する六組の回檀範囲には含まれないが、平成五年に廃業した松井嘉太夫組が近年まで回檀した。江戸時代も彼らが美濃国を回檀したことについては、前掲註(13)拙文二〇〇六年を参照されたい。

(49) 須藤功『神と舞う俳優たち　伝承芸能の民俗』(青弓社、二〇〇〇年)、前掲註(13)拙文二〇〇四年、同二〇〇六年、拙著二〇〇八年a・二〇〇八年b。

(50) 前掲註(39)書所収。

(51) 宮尾與男『獅子舞と曲芸の芸能史　道ゆく大神楽』(演劇出版社、二〇〇六年)。

(52) 万延二年二月付「儀定書之事」(柳貴家正楽家所蔵文書)。柳貴家正楽家は水戸大神楽の宗家家元であるが、本文書は栃木県今市の大神楽鈴木家伝来の史料を現柳貴家正楽師が継承したものである。

(53) 山本源太夫家所蔵文書、前掲。

(54) 木村幸太夫家所蔵文書。木村幸太夫は、相模国藤沢を拠点に活動した伊勢派の太夫家で、その後は社中の島本氏に名跡が継承され、同家が大正年間に神奈川県厚木市に移住したため、一九八〇年厚木市から無形民俗文化財の指定を受けたが、現在は後継者不足から活動を休止している。なお、この木村幸太夫に関しては、岡部貞一「伊勢十二座太神楽について」(『県央史談』三四、一九九五年)がある。

(55) 翁家和楽家所蔵文書。翁家和楽家自体は、後述のように水戸大神楽系統の家筋であるが、本文書は一時同家に属して活躍した大神楽師が遺していったものとのことである。

(56) 柳貴家正楽家所蔵文書。栃木県今市の大神楽鈴木家伝来。

(57) 前掲註(31)文書。

(58) 前掲註(10)一二代鏡味小仙『江戸太神楽由来』、同「太神楽」、同『江戸太神楽』。

(59) 昭和一六年に大日本太神楽曲芸協会茨城支部が発足し、初代柳貴家菊蔵が支部長に就任している。

(60) 初代翁家和楽は、水戸大神楽の初代柳貴家菊蔵の弟子で、東京に出て「翁家」を興し、のち二代宝家楽翁を襲名した(大高弘靖・大高宜靖『水戸藩御用　水戸の大神楽』ふじ工房、一九八四年)。

(61) 初代宝家楽翁は、茨城県多賀郡内を回檀した山小屋神楽の出身で、上京して「宝家」を興し、宝家和楽を名乗り、のち宝家楽翁と名を改めた(同右)。

(62) 初代柳家とし松は、水戸の海老三神楽の間船宮次の三男で、一〇歳の時に天下野《けがの》神楽・鈴木長之介の養子となり、長之介のもとで修業を積み、上京後、落語家の柳家三吾楼から「柳家」の家号をもらった（同右）。
(63) 豊来家宝楽は、茨城県久慈郡天下野（現、常陸太田市天下野町）の生まれで、天下野神楽出身の大高神楽・大高浅吉に入門し、二代目宝家楽翁（初代翁家和楽）の強い影響を受けて上京し、「豊来家宝楽」を名乗った（同右）。叶家勝二師は、この豊来家宝楽の弟子（柳貴家正楽『ひとろく――大神楽の世界――』新いばらきタイムス社、一九九四年）。
(64) 館三太夫は、安房国鴨川を本拠にした伊勢派の太夫家で、その「館」姓は東阿倉川村高宮神社神主の館家と関連すると思われる。この館三太夫に関しては、前掲註(62)柳貴家正楽『ひとろく』のほか、田村勇「房州太神楽のこと」（『房総文化』一七、一九九五年）がある。
(65) 以下の水戸大神楽に関する記述は、拙文「獅子が往く――水戸大神楽随行記――」（『季刊仏教通』八・九号、二〇〇四年）に拠る。
(66) 『水府地理温故録』巻之五「下街町家之部」（『茨城県史料　近世地誌編』所収、茨城県、一九六八年）。
(67) 常陸太田市役所蔵。
(68) 『宮崎報恩会版　新編常陸国誌』（崙書房、一九七六年）。
(69) 前掲註(11)中村論文。
(70) 前掲註(68)書。
(71) 同右。
(72) 神事舞太夫については、林淳「陰陽師と神事舞太夫の争論」（『人間文化』八、一九九三年）、同「相模国の舞太夫集団の展開」（『愛知学院大学文学部紀要』二八、二〇〇三年）、同「神事舞太夫の家職争論」（『人間文化』一八、二〇〇三年。のち同著『近世陰陽道の研究』所収、吉川弘文館、二〇〇五年）、橋本鶴人「習合神道神事舞太夫に関する一考察」（『所沢市史研究』一九、一九九四年）、同「近世相州の神事舞太夫と神楽師集団の動向――愛甲郡萩原家・祓講を中心に――」（『民俗芸能研究』三六、二〇〇四年）、同「習合神道神職集団の形成と展開――近世武州における神事舞太夫の事例を中心に――」（『埼玉地方史』五六・五七、二〇〇六年・二〇〇七年）、鈴木晶子「田村家由緒書に関する一考察　その一」（『学苑』六五〇、一九九四年）、同「神事舞太夫の新資料」（『芸能』四一

八、一九九五年)、佐藤晶子「西宮夷願人と神事舞太夫の家職争論をめぐって」(橋本政宣・山本信吉編『神主と神人の社会史』所収、思文閣出版、一九九八年)など、たいへん豊かな研究蓄積があるので参照されたい。最新の成果には、中野洋平「信濃における神事舞太夫と梓神子――信濃巫女の実像」(小松和彦還暦記念編集刊行会編『日本文化の人類学/異文化の民俗学』所収、法藏館、二〇〇八年)があげられる。

(73) 東京大学史料編纂所所蔵。

(74) 前掲註(68)書。

(75) 鈴木良明「近世西宮戎信仰の地域的展開」(同著『近世仏教と勧化――募縁活動と地域社会の研究――』所収、岩田書院、一九九六年)。

(76) 以下、西宮夷願人と神事舞太夫の争論について、詳しくは前掲註(72)佐藤論文を参照されたい。

(77) 前掲註(63)柳貴家正楽書、同『家元襲名十周年記念写真集　大神楽の世界』(水戸大神楽宗家、一九九八年)。

(78) 水戸大神楽の演目については、前掲註(60)大高弘靖・大高宜靖書、前掲註(63)柳貴家正楽書を参照されたい。

(79) 前掲註(60)大高弘靖・大高宜靖書。

(80) 紀伊国に和歌山大神楽が存在し、同国内を回檀したことについては、前掲註(13)拙文二〇〇六年を参照されたい。

(81) 『桑名郷土誌叢書　勢桑見聞略志　中』(北勢史談会郷土資料刊行部、一九五四年)。

(82) 同右。

(83) 前掲註(13)拙文二〇〇〇年a。

(84) 萬歳・三河萬歳については、盛田嘉徳『中世賤民と雑芸能の研究』(雄山閣出版、一九七四年)、山路興造「萬歳の成立」(『民俗芸能研究』八、一九八八年。のち同著『翁の座　芸能民たちの中世』所収、平凡社、一九九〇年)、安城市歴史博物館『特別展　三河万歳――伝承された舞の形――』図録(一九九八年)、大阪人権博物館『万歳まことに　めでとう　そうらいける』図録(二〇〇七年)などが詳しいので、参照されたい。

(85) 前掲註(84)大阪人権博物館図録、出品番号九三。

(86) 前掲註(84)大阪人権博物館図録では、「柳原忠摩」と翻刻されているが(一三五頁)、六八頁所蔵の図版を見る限り「榊原志摩」が正しい。

（87）前掲註（6）書。

（88）林淳「三河万歳の組織」（原題は「近世三河万歳の組織」『人間文化』一七、二〇〇二年。のち改題して、同著『近世陰陽道の研究』所収、前掲註（72））。

（89）前掲註（84）安城市歴史博物館図録、出品番号九二、大阪人権博物館図録、出品番号八三。

〈付記〉本稿の内容は、平成一七年九月七日に東京・国立劇場の「太神楽研修」において、「関東の大神楽事情」と題して話したのが最初である。その後、若干の修正を加えながら、平成二〇年二月九日には天理大学おやさと研究所宗教研究会において「関東における大神楽事情――いわゆる『江戸太神楽』と水戸大神楽をめぐって――」と題して報告し、同年七月四日には再び東京・国立劇場の「太神楽研修」でやはり「関東の大神楽事情」と題して話をした。完成途上の拙い話をご清聴いただき、有益な助言を頂戴した方々に、この場を借りて厚く御礼申し上げる。

あとがき

本書のもとになった研究会「都市と旅——巡礼・布教——」は、二〇〇五年度から二〇〇七年度にかけて以下のように行なった。

第一回　二〇〇五年一二月三日（土）（会場：天理大学附属天理参考館）
幡鎌一弘　「近世の都市と宗教をめぐって——研究会の趣旨——」
中谷哲二氏「館蔵名所案内版図にみる富士山信仰の一例、及び、描出手法上の浮世絵版画の影響」
第二回　二〇〇六年七月二九日（土）（会場：天理大学おやさと研究所、以下同じ）
児山真生氏「地域の経済・生活秩序の変容と信仰受容の諸相——神道金光教会時代の名簿資料を手がかりとして考える——」
山形隆司氏「大和における富士信仰と富士講——南都の事例を中心に——」
第三回　二〇〇六年一二月九日（土）
望月真澄氏「江戸庶民の身延山巡拝——法華信仰の形態を探る——」
幡鎌一弘　「法華山一乗寺の巡礼札から見る近世の西国巡礼と庶民信仰」

第四回　二〇〇七年八月四日（土）
青柳周一氏「近世における近江八景の存立構造と参詣者——唐崎の松を事例に——」
神田秀雄氏「如来教の成立・展開に都市と旅が果たした役割——「国民」形成の時代趨勢と民衆宗教——」
第五回　二〇〇八年二月九日（土）
荻野裕子氏「富士参りへの憧れ——伊勢志摩地方の富士参りの唄——」
北川　央氏「関東における大神楽事情——いわゆる「江戸太神楽」と水戸神楽をめぐって——」

この研究会にリンクする企画として、二〇〇六年九月一八日に、東北大学で行なわれた日本宗教学会第六五回学術大会において、幡鎌をコーディネーター、佐藤浩司氏を司会・コメンテーターとして、「戦前における民衆宗教の布教実践」というパネルをたてた。児山氏に「地域の経済・生活秩序の変容と信仰受容の諸相」として研究会での内容を報告していただいたほか、堀内みどり氏「みかぐらうたの救い」、福島信吉氏「明治期大阪における金光教布教者の師弟関係の構築」、土居浩氏「地方で布教すること——ある『信仰日記』を手がかりに——」、幡鎌「天理教教会文書から見た明治期における実践活動」を発表した。要旨は、『宗教研究』第三五一号（二〇〇七年）に掲載されているので、あわせてご参照いただきたい。

この研究会に参加していただいたのは、歴史学・宗教史学・民俗学などの第一線で活躍されている方ばかりである。私にとって初対面の方もおられたが、たいへん近接した研究をしている方々が、実はこの研究会が初対面だったのは意外だった。公私ともに多忙ななか、時間を割いて天理までお越しいただき、また原稿を寄せていただいたみなさんに心よりお礼申し上げる。

研究会での報告の充実ぶりは、本書に寄せていただいた論考に表れていると思う。残念ながら、今回の論集に寄稿いただけなかったが、中谷哲二氏には、第一回目の報告にあわせて、天理大学附属天理参考館蔵の参詣図を数多く出していただき、拝見できたことは大変ありがたかった。

その後の報告でも、個人蔵の参詣図を持参のうえ詳しく説明していただいたり、あるいはビデオやパワーポイントを用いたりして、視覚的にもわかりやすく提示していただいた。おやさと研究所は、研究員の専門分野がまちまちで、ややもするとつっこんだ議論ができなかったりする。議論の性格上、モノを見ないとわからないところもあり、そうした工夫のおかげで理解が深められ、全く違う観点から興味深い指摘がでて、私にとってはたいへん刺激に満ちた時間になった。

年二回の研究会は、集まりやすい日程の都合で、どうしても夏と冬になってしまう。盆地独特の気候のせいで、天理の夏はやたらに蒸し暑く、研究会のあとの懇親会では、ビールがあっという間になくなった。逆に冬は底冷えし、最後の研究会は年に一度あるかないかの大雪で、天理市内は一面の雪だった。そんなこともずいぶんと昔のように感じられる。なにはともあれ、報告書の出版までこぎつけることができ、感謝の念を抱くとともに、正直なところほっとしている。

なお、書名は研究会のテーマとは異なるものとなった。歴史学での「民衆宗教」といえば、如来教や天理教・金光教から大本教までの一連の宗教運動をさすことが多い。本書では、民俗宗教のみならず日蓮宗や国学をも含みこんでいて、ややそぐわないようにもみえる。しかし、民衆宗教の基盤に民俗宗教があり、日蓮宗や国学も民衆生活のなかでの新たな展開を模索したものとしてとらえれば、「民衆宗教」は、本書の核心部分にある。そのような判断もあって、「近世民衆宗教と旅」という書名に落ち着いたことを申し添えておきたい。

おやさと研究所で行なった宗教研究会の報告書を出版するのは、二回目である。前回は、『戦争と宗教』と題して天理大学出版部から出版した。割付から表紙・カバーまですべて私が編集し、売り上げなど考えずに気楽なものだった（関心のある方は天理大学おやさと研究所までご一報を）。しかし今回は、諸般の事情により、この方式が難しくなった。二、三の出版社にあたってみたものの、返事は芳しくなく、近年の出版事情の厳しさを肌で感じざるをえなかった。

法藏館の編集長だった上別府茂氏とは、岡山県で行なわれた宗教史懇話会サマーセミナーで同部屋だったというご縁があった。その細い糸を頼ってお願いしたところ、西村明高法藏館社長には、快く出版をお引き受けいただいた。仏教史・宗教史の書肆として老舗の同社から、宗教史に関する報告書を出すことができるのは、誠に幸運である。また、戸城三千代現編集長・田中夕子氏には、編集者の立場から、たいへん丁寧に原稿に目を通していただき、ご意見を賜った。それぞれに衷心より謝意を表したい。

本報告書の出版には、天理大学おやさと研究所から助成を受けている。天理大学おやさと研究所および学校法人天理大学にあわせてお礼申し上げる。

二〇〇九年一二月

幡鎌一弘

執筆者紹介（五十音順）

青柳周一（あおやぎ　しゅういち）
一九七〇年生まれ。滋賀大学経済学部准教授。著書『富嶽旅百景――観光地域史の試み――』（角川書店、二〇〇二年）、論文「近世における寺社の名所化と存立構造――地域の交流関係の展開と維持――」（『日本史研究』五四七号、二〇〇八年）ほか。

荻野裕子（おぎの　ゆうこ）
一九六八年生まれ。奈良教育大学非常勤講師。論文「西伊豆、もうひとつの富士の姉山」（『中日本民俗論』、岩田書院、二〇〇六年）、「甲斐駿河における日蓮曼荼羅授与伝説の生成」（『口承文藝研究』第二七号、二〇〇四年）ほか。

神田秀雄（かんだ　ひでお）
一九四九年生まれ。天理大学人間学部教授。著書『如来教の思想と信仰』（天理大学おやさと研究所、一九九〇年）、共編著『如来教・一尊教団関係史料集成』（全四巻。浅野美和子共編著。清文堂出版、二〇〇三〜〇九年）、論文「一九世紀日本における終末観と社会運動」（歴史学研究会編　シリーズ歴史学の現在５『再生する終末思想』、青木書店、二〇〇〇年）ほか。

北川　央（きたがわ　ひろし）
一九六一年生まれ。大阪城天守閣研究副主幹。著書『大阪城ふしぎ発見ウォーク』（フォーラム・A、二〇〇四年）、『おおさか図像学』（編著、東方出版、二〇〇五年）、『大和川付替えと流域環境の変遷』（共編著、古今書院、二〇〇八年）ほか。

児山真生（こやま　まさき）
一九七〇年生まれ。金光教教学研究所所員。論文「「癩者」の金光教――教団の成り立ちへの問いかけとして――」（紀要『金光教学』第四〇号、二〇〇〇年）、「引揚教師の「布教」への問い、その意味」（紀要『金光教学』第四三号、二〇〇三年）ほか。

幡鎌一弘（はたかま　かずひろ）
→奥付に記載

望月真澄（もちづき　しんちょう）
一九五八年生まれ。身延山大学仏教学部教授。著書『近世日蓮宗の祖師信仰と守護神信仰』（平楽寺書店、二〇〇二年）、『法華信仰のかたち――その祈りの文化史――』（大法輪閣、二〇〇七年）、『御宝物で知る身延山の歴史』（日蓮宗新聞社、二〇〇八年）ほか。

山形隆司（やまがた　たかし）
一九七二年生まれ。芦屋市立美術博物館学芸員。共著『近世の畿内と西国』（清文堂、二〇〇二年）、論文「近世大名の分霊墓成立についての一考察――安福寺『尾州公廟』の事例から――」（『元興寺文化財研究所研究報告二〇〇三』、二〇〇四年）、「文政十三年おかげ踊りの再検討――飛神明・民俗芸能の視点から――」（『奈良歴史研究』五五、二〇〇一年）ほか。

幡鎌一弘（はたかま　かずひろ）
1961年生まれ。東京大学文学部卒業、神戸大学大学院文学研究科修士課程修了、天理大学おやさと研究所研究員。『奈良県の歴史』（共著、山川出版社）、『戦争と宗教』（共著、天理大学出版部）、「近代日本の宗教像」（『岩波講座　宗教１　宗教とはなにか』岩波書店）、「中近世移行期における寺院と墓」（『国立歴史民俗博物館研究報告』第112集）など。

近世民衆宗教と旅

二〇一〇年三月二五日　初版第一刷発行

編　者　幡鎌一弘
発行者　西村明高
発行所　株式会社　法藏館
京都市下京区正面通烏丸東入
郵便番号　六〇〇-八一五三
電話　〇七五-三四三-〇〇三〇（編集）
〇七五-三四三-五六五六（営業）
装幀者　佐藤篤司
印刷　立生株式会社・製本　新日本製本株式会社

ISBN 978-4-8318-6219-8 C3021